INTRODUCTION TO CORPORATE LAW

基礎から学べる 会社法

第5版

近藤光男＋志谷匡史＋石田眞得＋釜田薫子 著

Mitsuo Kondo＋Masashi Shitani＋
Masayoshi Ishida＋Kaoruko Kamata

弘文堂

第5版はしがき

　会社法の改正が令和元年に行われた。本書第5版の刊行はこれに対応したものである。

　令和元年の会社法改正の内容は、予想されていたよりも豊富なものになっている。主な改正項目だけでも、株主総会資料の電子提供、株主提案権の制限、取締役のインセンティブ報酬、社外取締役の義務づけ、社債管理補助者、株式交付と多様である。会社法は、商法の時代から改正が頻繁で、そのたびに規定が複雑になり、それを説明する教科書の記述も難解になり、ページ数も増大することが避けられなかった。一方で本書は、初学者にも分かりやすい教科書であることを徹底して目指してきた。そこで、このたびの本書の改訂に当たっても、改正法の内容をもれなく詳細に記述することに焦点を置くのではなく、新しい制度の要点をコンパクトに明確にし、法の基礎的な構造を理解してもらうことを優先した。その上で、新たな制度をより詳しく知りたい読者の要望には、「◆発展学習」において応えることにした。また、企業社会には様々な変化が日々生じており、これについて紹介する必要があると考え、「TOPICS」の差し替えも行っている。このような方針の下で、第5版も全体の頁数を押さえつつ、初学者が今回の改正法を含めて現在の会社法の基礎をもれなく学べるようにしている。

　コロナ禍での改訂作業ではあったが、弘文堂の北川陽子さんには、オンラインでの編集会議をはじめとして全面的に支援いただき、短期間での改訂が実現した。ここで深くお礼申し上げたい。

　　令和3年2月

執筆者を代表して

近藤　光男

第4版はしがき

　平成26年に会社法改正が行われ、これを盛り込む形で本書を改訂し、第3版として既に平成26年9月に刊行したところであった。しかし、そこでは平成27年2月に行われた会社法施行規則の改正によって改められた点を反映させることができなかった。また、同年にはコーポレート・ガバナンスをめぐって、法律ではないものの、コーポレートガバナンス・コードが制定され、それに対応して実務には大きな変化が見られていた。さらに、会社法の領域では最近の判例法の展開がめざましく、新しい判例について本書でもふれる必要性を感じていた。このようなことから、第3版刊行からわずか1年あまりではあったが、再び著者4名が集まり、本書を最新でより良いものにするために意見を交換した。その結果、本文をはじめ、「◆発展学習」や「TOPICS」等の内容を刷新することとなった。新しい内容を追加すると同時に、古くなった記述は削除することにして、本書として適度な頁数を維持することに努めた。読みやすい教科書として、引き続き多くの読者に本書を活用していただくことを願っている。

　第4版刊行にあたっても、弘文堂の北川陽子さんには関西学院大学での編集会議に出席いただき、全面的に支援していただいた。ここで深くお礼申し上げたい。

　　　平成28年3月

執筆者を代表して

近藤　光男

第3版はしがき

　本書の第2版を刊行してから4年あまりが経過したところで、会社法の本格的な改正が行われた。この平成26年改正法はコーポレート・ガバナンスのあり方や親子会社に関する新たな規律等、重要な領域への大きな改正といえる。そこで、第3版として、平成26年改正法の内容を十分に盛り込み、また最近の裁判例の動きにも目を配って改訂作業を行うこととした。

　本書は、全体の頁数を抑えながら、できるだけわかりやすく基礎から会社法を解説する教科書として、初版以来数多くの方々に利用していただいた。第3版でも、従来の執筆方針を維持している。一般に法律改正が行われると、これを盛り込むために大幅に頁数が増える場合が多いが、本書はそれをできるだけ避けて、適度な頁数でかつアップデートされた会社法の教科書となることを心がけた。旧版同様、幅広く多くの方々に読んでいただけることを心から願っている。

　なお、平成26年改正法では新たに監査等委員会設置会社が設けられることとなり、指名委員会等設置会社を含めると、基本となる株式会社形態が複雑に存在することとなった。このため本書の解説がわかりにくくなるおそれが生じた。そこで、監査等委員会設置会社および指名委員会等設置会社については、それぞれ別個の項で詳細に述べることとし、本書の一般的な解説は両者の形態をとらない会社であることを前提に説明することにした。

　第3版刊行においても全面的に支援していただいた弘文堂の北川陽子さんに深くお礼申し上げたい。

　　平成26年7月

執筆者を代表して

近藤　光男

第2版はしがき

　本書を刊行してからすでに2年あまりが経過した。その間には執筆者の私たちが予想していたよりもはるかに多くの方々に本書を利用していただいた。ただ、その後平成21年春には会社法施行規則と会社計算規則の改正が行われ、また株式振替制度が施行されるようになった。しかも、会社法に関わる事件や事象があらたに見られた。そこで、これらに関して記述を改めたり、追加して記述する必要性が出てきた。また、会社法をより良く理解してもらうために、本書でもう少し詳しく述べておきたいと思う箇所も現れた。そこで、この度これらを盛り込んだ上で、第2版を刊行することにした。もっとも、本書の執筆方針は初版と変わるものではなく、本書がより分かりやすく、また身近な書物として、これからも引き続き多くの方々に読んでいただけることを切に祈っている。

　今回の第2版刊行においても全面的に支援していただいた弘文堂の北川陽子さんに深くお礼を申し上げたい。

　　　　平成21年12月

執筆者を代表して

近藤　光男

はしがき

　会社法が施行されてからもうすぐ1年が経とうとしている。しかし、その内容をよく理解できないという声を多く聞く。会社法は条文の数が多いだけでなく、閉鎖会社向けの規定を原則にして定めていたり、また特殊な用語とその定義が置かれていたりで、条文を素読するのも難しく、このためまず概略を知ろうと思っても容易ではない。従来から会社法の初学者向けの本は数多くあったが、会社法自体が、旧商法の会社編の規定と比べて体系をはじめとして種々の点で異なるため、これらを利用することはできない。そこで社会人であればもちろんのこと、大学生であればどの学部の学生でも使える、文字通りやさしい会社法の教科書が必要であると強く感じ、本書を執筆することになった。

　とかく学者の執筆する教科書は難しくなりがちであり、また執筆者が複数であるとそれぞれの個性が出てしまい通読しにくくなるおそれがあることから、本書では、単なる分担執筆ではなく、4名の商法学者が集まり、各自の原稿を持ち寄ってじっくり時間をかけて内容を検討したうえで、1つの書物にまとめることにした。内容としては、なるべく図や表がある方が理解しやすいと思われたので、図や表をとりいれた。また、本書では会社法の全体の理解を容易にするために、難しいところ、少し学習の進んでいる人に読んでもらいたいところは、本文から外し「◆発展学習」という欄を設け、そこに記載することにした。また、現実の企業社会で起こっている動き等に興味を持ちながら会社法を学習してもらう趣旨で、「TOPICS」という欄を設けている。これらを読むことで、本書が会社法の上級書への橋渡しとなり、しかも別の欄にすることで、とにかく早く会社法を一通り理解したいと思う読者には、とりあえずこれらの欄は読むのを省略し、本文だけを読むことでその目的を達成できるようになっている。執筆者は、本書が最後まで読み通す気力がなくならない、本当にやさ

しい教科書となることを目標にしてきたし、本書を通して、多くの読者が会社法の基本を理解し、またそのおもしろさを感じていただけることを願っている。

　本書の刊行にあたっては、神戸大学で行った原稿検討会に、嵐にも記録的大雪にも負けずに毎回出席して、ご支援をいただいた北川陽子さんに大変お世話になった。ここに深く御礼を申し上げたい。

　　　　平成 19 年 1 月

執筆者を代表して

近藤　光男

●執筆者紹介●

近藤光男(こんどう・みつお)
・**現在**　神戸大学名誉教授
・**経歴**　1954年生まれ。東京大学法学部卒業。東京大学法学部助手、神戸大学法学部助教授・教授、神戸大学大学院法学研究科教授、関西学院大学法学部教授。
・**著書**　『会社支配と株主の権利』(有斐閣・1993)、『取締役の損害賠償責任』(中央経済社・1996)、『改正株式会社法 I〜V』(共著、弘文堂・2002〜2020)、『株主と会社役員をめぐる法的課題』(有斐閣・2016)、『商法総則・商行為法〔第9版〕』(有斐閣・2023)、『基礎から学べる金融商品取引法〔第5版〕』(共著、弘文堂・2022)、『事例体系　金融商品取引法』(共編著、弘文堂・2024)など。
・**メッセージ**　条文を見ると複雑で近寄りがたく思えるのが会社法です。しかし、実際には、経済社会の変化に伴い様々な興味深い問題が生じ、学問的にも大変おもしろい法分野です。本書を一頁一頁読み進むにつれて、そのおもしろさが徐々にわかっていただけると思います。とにかく本書を通読した後で、会社法の条文を読んでみてください。きっと会社法が親しみのある法律に変わると思います。

志谷匡史(したに・まさし)
・**現在**　大阪学院大学法学部教授、神戸大学名誉教授
・**経歴**　1958年生まれ。神戸大学法学部卒業、神戸大学大学院法学研究科博士後期課程単位修得。神戸商科大学商経学部助手・専任講師・助教授・教授、姫路獨協大学法学部教授、神戸大学大学院法学研究科教授を経て、2024年4月より現職。
・**著書**　『マーケットメカニズムと取締役の経営責任』(商事法務研究会・1995)、『改正株式会社法 I〜V』(共著、弘文堂・2002〜2020)、『起業家のための会社法入門』(中央経済社・2006)、『金融商品取引法』(共著、青林書院・2012)、『基礎から学べる金融商品取引法〔第5版〕』(共著、弘文堂・2022)。
・**メッセージ**　会社法は技術的で、冷たい印象を初学者に持たれてしまいがちな法律です。しかし、本書は、ソフトな記述、図表の多用をとおして、一般の固定観念を取り払おうとする意欲作です。読者の皆さん、どうぞ楽しく勉強してください。

石田眞得(いしだ・まさよし)
・**現在**　関西学院大学法学部教授
・**経歴**　1970年生まれ。愛媛大学法文学部卒業、大阪府立大学大学院経済学研究科博士前期課程修了、神戸大学大学院法学研究科博士後期課程単位修得。富山大学経済学部専任講師・助教授、大阪府立大学経済学部准教授を経て、2009年4月より現職。
・**著書**　『要説会社法〔第2版〕』(共著、法律文化社・2006)、『サーベンス・オクスレー法概説』(共著、商事法務・2006)、『基礎から学べる金融商品取引法〔第5版〕』(共著、弘文堂・2022)、『事例研究会社法』(共著、日本評論社・2016)、『事例体系　金融商品取引法』(共編著、弘文堂・2024)など。
・**メッセージ**　会社法は会社に関する基本法です。まずは、どんなことが定められていて、それはなぜなのか、といった基礎を押さえておく必要があります。本書を通じて、皆さんが普段から見聞きしている株式や取締役、株主総会、決算、合併などの言葉が有機的に結びついて、会社法への関心がさらに高まることを願っています。

釜田薫子(かまた・かおるこ)
・**現在**　同志社大学法学部教授
・**経歴**　1973年生まれ。同志社大学法学部卒業、同志社大学法学研究科博士後期課程修了。神戸商科大学商経学部助手・専任講師、大阪市立大学大学院法学研究科准教授を経て、2013年4月より現職。
・**著書**　『米国の株主代表訴訟と企業統治』(中央経済社・2001)、『企業結合法の総合的研究』(共著、商事法務・2009)、『プライマリー商法総則　商行為法〔第4版〕』(共著、法律文化社・2019)、『基礎から学べる金融商品取引法〔第5版〕』(共著、弘文堂・2022)。
・**メッセージ**　企業社会は「謎」に満ちています。本書は、これらの謎を解く「手がかり」を会社法という仕組みをとおして段階的につかめるよう工夫されています。まずは基礎的な知識と考え方を身につけて下さい。そしてさらに「発展学習」や「TOPICS」を通じて、1つでも多くの「謎」を解き明かしてもらえたらと思います。

第 **2** 章 設立

第 **3** 章　株主と株式　　55

第 **4** 章 **株式会社の機関**　　　　113

第5章　資金調達　185

第 **6** 章　**計算**　　　　　**230**

第 **7** 章　**組織再編**　　　　　　　　**255**

第1章 会社の意義

I 株式会社制度の概要——「株式会社」が選ばれる理由

❶………企業形態の選択

「企業」や「会社」という言葉はよく使われるものであるが、日常的にはあまり明確に区別されていないのではないだろうか。企業は会社より広い概念であり、会社は企業形態の1つである。そこで、まず企業とは何か、企業にはどんな形態があるのかを理解したうえで、会社について学んでいくことにしよう。企業とは、営利行為を継続的かつ計画的に行う独立した1つの経済主体である。営利行為をする、つまり営利を目的として活動するとはどのような意味であろうか。これは、収入と支出のバランスがとれること（＝収支相償う）を予定して活動するということである。実際の活動の結果、収益が上がらなかったとしてもかまわない。「収支相償う」という意味での営利は、広い意味（広義）の営利である。営利には、広義の営利と狭義の営利という概念がある。狭義の営利とは、対外的な活動を通して得た利益を構成員に分配することを意味する。

企業には、国や地方公共団体などが営む公企業と、私人が出資して営む私企業とがある。私企業はさらに次の2つに分類することができる。1つは広義の営利も狭義の営利も目的とするもの（＝営利企業）であり、もう1つは広義の営利は目的とするが、狭義の営利は目的としないもの（＝非

営利企業）である。これまで述べたことを整理すると、企業とは収支のバランスをとることを目的とする団体であり、企業の中で構成員への利益分配を目的とするものが営利企業、目的としないものが非営利企業である。非営利企業の例としては協同組合などが挙げられる。

　営利企業は、複数の人が出資したかどうかによって、さらに2つに分類される。個人が単独で出資したものを個人企業、複数の人が出資したものを共同企業という。企業というと、大規模なものを想像するかもしれないが、個人が経営する街の商店なども企業といえる。共同企業のうち、法人格を持つものを法人企業、民法上の組合など法人格を持たないものを非法人企業と呼ぶ。法人格が認められると、企業自身が権利や義務の主体となり、企業の名前で財産を所有したり、金銭を借りたりすることができる（法人格については後で詳しく述べることにする）。以上のような分類でいえば、「会社」は営利企業であり、共同企業であり、法人企業ということになる。

　このように「企業」にはいくつもの種類があるが、現代社会においては、会社とりわけ「株式会社」が広く利用されている形態といえる。他の形態に比べて、会社にはどのような長所があるのだろうか。比較の対象として、まず個人企業を例にとって考えてみよう。個人企業主は1人で出資を行い、利潤もすべて自分のものにできるし、使用人を雇ったり資金を借り入れたりすることで、規模の大きな事業を営むことも可能である。しかし、個人企業では信用に限界があるし、営業主が死亡すると企業は終了してしまうことになる。さらに個人企業では危険の分散が難しく、失敗した時に受け

る影響が大きいという短所もある。では、会社と同じ共同企業である民法上の組合などはどうであろうか。民法上の組合は、共同企業であるという点では個人企業の持つ限界は克服できるだろう。しかし前に述べたように民法上の組合などは法人格を持たないので、組合自身が権利や義務の主体となることは認められない。したがって、組合の活動の結果生じた権利義務は、共同の権利義務として組合員全員に帰属することになる。このように、出資者である組合員の間に高度の信頼関係が必要という限界がある。

　これに対し会社には法人格が認められ、出資者とは別の主体として扱われるので、民法上の組合などの持つ限界を超えることが可能である。つまり、出資された財産は会社自身に帰属することになり、企業活動から生じた権利義務も会社に帰属するので、出資者間に高度の信頼関係は必要なくなる。このような長所を備えることから、いくつもの企業形態の中で会社が選択されるようになってきたのである。

◆発展学習　**商法改正の歴史**

　平成18年5月1日に施行された会社法は、かつての商法典「第2編会社」、有限会社法、商法特例法の条文をもとに、大幅な修正を加えて成立したものである。商法典の第2編は、経済事情の変化に対応してたびたび改正されてきた。特に平成9年からは、頻繁に改正が行われ、新たな制度が設けられてきた。平成9年には合併法制についての改正がされ、平成11年には株式交換・株式移転制度、平成12年には会社分割制度が創設された。平成13年の3回の改正では、自己株式取得・保有規制の緩和、取締役の責任軽減制度の創設などがなされた。平成14年には委員会設置会社（現在の指名委員会等設置会社）制度が導入され、平成15年には自己株式の取締役会決議による取得が認められた。平成16年には電子公告制度が導入された。そして平成17年商法改正によって会社法が成立した。平成17年改正では多くの項目が改正されたが、以下の点が特に注目される。①株式会社と有限会社が統合され、株式会社という1つの類型になった。②各会社が機関設計を柔軟にできるようになった。③組織再編制度の見直し、組織再編行為の対価の柔軟化、簡易組織再編の要件の緩和がなされ、略式組織再編規定が設けられた。④取締役の責任について過失責任が

原則とされた。平成26年には「企業統治のあり方」と「親子会社に関する規律」の観点から、①監査等委員会設置会社、②多重代表訴訟制度、③キャッシュ・アウトに関して、株式等売渡請求制度、④組織再編に関して、株式買取請求、差止請求についての規定、⑤詐害的会社分割に関して、債権者保護のための規定が設けられた。さらに令和元年には、①株主総会にかかる改正として、株主総会資料の電子化、株主提案権を行使して株主が提案できる議案の数の制限、②取締役にかかる改正として、取締役報酬や会社補償、役員等のために締結される保険契約にかかる改正、社外取締役の設置義務づけ、③社債管理補助者の設置、④株式交付制度の創設、などについて改正された。

❷………株式会社の特徴

　個人企業に比べて危険の分散がしやすく、組合などのように高度の信頼関係が必要ないことから、会社形態が選ばれることはわかった。会社には合名会社・合資会社・合同会社・株式会社の4種類がある。合名会社・合資会社・合同会社の3つは持分会社と呼ばれる。会社法は、持分会社に対する規制を1つの編にまとめ、3つの会社に対してほぼ同じ規制をしている（575〜675条）。では、現代社会において「会社」の中でも特に「株式会社」が重要な役割を果たすといわれるのはなぜだろうか。ひとことで言えば、それは、多数の者から多額の資金を集め、大規模な事業ができるか

【会社の種類】

らである。会社への出資者を「社員（株式会社では株主）」と呼ぶが、株式会社の主な特徴は、①株主の有限責任と②株式の発行という点にある。以下では、これらの特徴について順に見ながら、株式会社が多数の者から多額の資金を集められる理由を探っていくことにしよう。

(1) **株主有限責任の原則**　ここでは、社員の責任の負い方という観点から株式会社の特徴をとらえることにする。会社は、出資者である社員から独立した法的地位（＝法人格）を持つから、金銭の返済を求める権利（＝債権）も金銭を返済する義務（＝債務）も会社自身に帰属している。社員の責任の負い方とは、会社が会社債権者に対して負っている債務について、すでに出資した分を超えて、社員が自分自身の財産から金銭を返還する義務を負うかどうかということである。社員が会社債権者に対して金銭を直接支払う義務（＝弁済義務）を負うことを「直接責任を負う」といい、会社に対してすでに出資した金銭を通じてのみ責任を負うことを「間接責任を負う」という。間接責任の場合には、すでに会社に出資した金銭は会社財産となり、会社債権者の返済に充てられるが、社員自身の財産から会社債権者に支払う必要はないのである。また、会社債権者に対して出資額を超えて責任を負う社員を無限責任社員と呼び、一定限度でしか責任を負わない社員を有限責任社員と呼ぶ。

合名会社は無限責任社員だけで構成される会社であり、社員個人が会社の債務について連帯して直接無限責任を負う（580条1項）。合資会社には無限責任社員と有限責任社員とが存在する。有限責任社員は会社債権者に対して間接有限責任しか負わないが[1]、無限責任社員は合名会社と同様の責任を負う（580条1項）。これらに対し株式会社の社員（＝株主）は、出資した金額（＝株式の引受価額）を限度とした間接有限責任しか負わない（104条）。このように株主が債権者に対して間接有限責任しか負わないことを、株主有限責任の原則という。合同会社の社員も有限責任しか負わない点では株式会社と同様である（580条2項）。

---

1)　定款に記載された出資額をすべて履行すれば間接有限責任しか負わないが、未履行の部分については、会社債権者に対して直接責任を負う（580条2項）。

個人企業には信用に限界があり、営業主の死亡によって企業が終了したり、危険の分散も難しいという短所があることはすでに述べたとおりであるが、このほかにも会社形態が選ばれる理由がある。その理由としては、法人は個人企業よりも経理が明確化されていること、制度が合理的に整備されていて使いやすいということ、節税ができることが挙げられる[2]。第二次世界大戦後は、これらの会社形態が持つメリットに着目して、個人企業が株式会社になるケースが非常に多かった。これは個人企業の「法人成り」と呼ばれるものである。「法人成り」した会社は、比較的小規模な非上場会社が多い。「法人成り」した個人企業が着目したメリットは、株式会社に限ったものではないが、会社形態の中でも特に有限責任を伴う株式会社が選ばれてきたのである。

　(2)　**株式**　　ここでは、株式の発行という観点から株式会社の特徴をとらえることにする。株式会社への出資者を株主と呼ぶことは前述したとおりであるが、株式会社は、「株主としての地位」を細分化して「株式」と呼ぶ均一の割合的単位として発行する点が大きな特徴である。この意味をもう少し詳しく見ていくことにしよう。株主は会社との間に種々の法律関係を有しているが、これらをまとめたもの（＝総体）を「株主としての地位」と呼ぶ。ではそれを細分化するとはどういうことだろうか。たとえば、会社にとって 1,000 万円の出資が必要として、1,000 万円もの出資をしてくれる人を見つけるのは困難である。そこでこの「株主としての地位」を小さく均一に分けて、10 万円を 1 単位として 100 人の出資者に出資してもらうとする。10 万円ずつ出資してくれる人を 100 人見つけるのはそんなに困難なことではないだろう。この例では 10 万円が割合的単位であり、株式ということになる。多くの出資を希望する人は何単位も出資すればよいし、会社との関係は、会社に対して割合的単位を何単位持っているかということで表される（＝持分複数主義）。これによって法律関係も明確になり、取引にも適している。これに対して株式会社以外の会社では、各社

---

2)　個人企業であれば、累進税率にもとづいて個人の所得に課される所得税を支払わなければならないが、法人企業であれば、原則として所得額にかかわらず一律に課される法人税を支払えばよい。

員はそれぞれ一個の持分を有し（＝持分単一主義）、その持分の量は出資の価格を反映してそれぞれ異なり、持分の取引相場の表示が困難なので、活発な取引の対象とするには適していない。

　以上のように、有限責任の原則と株式制度によって多数の人から多くの金銭や財産を集めやすいことから、株式会社が選択されるのである。

❸………株式会社の資本制度

　株式会社の社員である株主は、会社債権者に対して間接有限責任しか負わない。これは、会社債権者にとって債権を担保するのは会社財産だけということを意味する。そこで会社法は「資本制度」を設けて、会社財産を確保するための基準を示し、それに応じた財産を株式会社に保持させるようにすることで会社債権者の保護を図っている。ここでは、資本制度に関連する原則として、①資本充実・維持の原則、②資本不変の原則、③資本確定の原則を紹介する。

　⑴　**資本充実・維持の原則**　　資本の額を形式的に定めたとしても、現実に会社に財産が存在しなければ債権者にとっては何の保護にもならない。そこで資本の額に相当する財産が出資者から確実に拠出され、保有されることを要求するのが、この資本充実・維持の原則である。株式会社の資本金の額は、会社法に別の規定がある場合を除いて、設立または株式発行の際に株主となる者が会社に対して払込みまたは給付をした財産の額である（445条1項）。そこで会社法は、資本充実・維持の原則を具体化するために、株式発行価額の全額払込や現物出資全部の給付を定め（34条1項・63条1項・208条1項2項・281条1項2項）、現物出資などについて厳格な調査を要求している（33条・207条・284条）。

　⑵　**資本不変の原則**　　資本充実・維持の原則によって会社に現実に財産が保有されたとしても、資本の額の引下げが自由にできるのでは債権者が不利益を受けることになる。そこで、資本金額がいったん定められた場合には、その自由な減少は禁じられている。これを資本不変の原則という。ただし資本減少手続という厳格な手続に従えば資本減少をすることができ

る（447条・449条）。これに対し、資本の増加については比較的容易に認められている（450条）。

(3) **資本確定の原則**　資本確定の原則は、本来は、定款で確定した資本金に相当する株式全部が引き受けられなければ会社の設立や増資を認めないというものであった。この原則は、かつては大きな意味を持っていたが、現在では、会社設立の場面において一定の意味を持つにすぎない[3]。会社の定款には、設立に際して出資される財産の価額またはその最低額を記載しなくてはならない（27条4号）。この定款に記載した額について出資されなくてはならないという範囲でのみ、資本確定の原則は残っているといえる。

◆発展学習　**最低資本金制度と債権者保護**

　会社法成立前には、株式会社を設立するには最低1,000万円の資本金が必要とされていた。これは最低資本金制度と呼ばれるもので、平成2年に法定された制度である。この制度の目的は、泡沫会社の濫立防止と会社債権者の保護であった。最低資本金制度は具体的には、次の3つの役割を担うと考えられてきた。それは第一に、会社の設立の際に払い込むべき金銭等の価額の下限、第二に、剰余金分配規制における純資産額の下限、第三に、資本として表示する額の下限をそれぞれ規制する役割であった。しかしこの制度は、資本金額に相当する財産が常に会社に存在することを保障するようなものではなかったため、債権者保護の機能を十分に果たすものではないとの批判がなされるようになってきた。なぜなら、事業の損失によって会社財産が資本に満たない額しか存在しなくても、解散や増資を求められてはいなかったからである。このように最低資本金制度自体の意味

---

3)　昭和25年商法改正前は、会社の設立時または新株の発行時に定款に記載された資本額に相当する株式全部が引き受けられることを要するという原則であり、大きな意味を持っていた。しかし25年改正によって、会社は設立時に定款に記載された発行可能株式総数の一部を発行すればよく、残りの株式数については、必要と認めたときに発行する権限が取締役会に与えられた（＝授権資本制度）。授権資本制度が導入されたことで、会社が設立に際して発行する株式全部について引受けが確定されるべきことが、資本確定の原則の現われとなった。さらに会社法によって、設立時発行株式数は定款の記載事項ではなくなり、設立時に出資される財産の価額またはその最低額についての出資のみが求められるようになった。

があまり認められないことに加え、新規創業の促進・雇用の受け皿という観点から、相当額の資金を用意できない者に対して会社の設立を困難とするような制度は廃止すべきであるという意見が出されたので、最低資本金制度は廃止された。最低資本金制度が担っていた剰余金分配規制における純資産額の下限の規制には意味があったため、会社法には、資本金の額にかかわらず純資産額が 300 万円未満の場合には株主に剰余金を配当することができない旨の規制が設けられている（458 条）。

Ⅱ　株式会社の意義──株式会社はどのような性質を持つのか

　株式会社を含むすべての会社は営利社団法人であるとされる。そこで、以下では「営利性」「社団性」「法人性」とはどのようなものか、また、これらをめぐってどのような問題が生じうるのかを順に見ていくことにしよう。

❶………株式会社の営利性

　会社は、対外的な活動によって得た利益を剰余金や残余財産として構成員である株主に分配するという意味での営利性を有している（狭義の営利性）。会社が営利社団法人であるという場合の営利性は、この狭義の営利性である。

◆発展学習　**商人の営利性**

　会社は狭義の営利性を有していることから、会社法は 5 条で「会社がその事業としてする行為及びその事業のためにする行為は、商行為とする」と定めている。自己の名をもって（法律上の行為から生じる権利・義務の帰属主体となること）商行為を業として行う者は固有の商人となる（商 4 条 1 項）。したがって会社も固有の商人である。業として行うとは、集団的計画的に同種の行為を行うことであり、また、企業（＝商人）としての

営利性を有していることである。商人としての営利性とは、狭義の営利性とは異なって、収支のバランスをとることを目的とすることである。

❷………株式会社の社団性

　株式会社を含む会社は社団、つまり特定の共同目的達成のために複数の者が結合する団体であるといえる。この結合の構成員が社員すなわち株主ということになる。複数の者が集まって力を出し合うことで、資金も労力も大きくなり、すべての活動を１人で行う場合に比べて様々な面で有利になる。

　では、社団が複数の者の集まりであれば、構成員が１人になった場合には社団とは認められないのだろうか。つまり１人で会社を作り運営することは可能なのかどうかということである。この点につき、会社法は「発起人」と呼ばれる構成員１人で会社を作ることができるとし、会社が作られて後に構成員である株主が１人になったとしても、そのことを法定解散事由とは定めていない（471 条）。このように構成員が１人しかいない会社を「一人会社」と呼ぶ。これは、仮に一人会社を認めないとすると、個人企業が法人成りしたり大企業が事業の一部を完全子会社の形で運営するといった場合には一人会社が必要であるという、社会的要請に応えないこととなるからである[4]。

　社団とは複数人の団体であるから、一人会社を認めるのは矛盾するようである。しかしこれについては、たとえ一人会社であっても、その構成員が所有している株式が他の者に譲渡される可能性があるということから、社団と呼ぶことに問題はないという説明ができるだろう。

◆発展学習　**社団と組合**
　会社法の成立前には、会社は社団である旨を明記する規定があったが

---

4)　会社法は、持分会社についても株式会社と同様に一人会社を認めている（641 条 4 号）。

（平成17年改正前商法52条）、会社法では削除された。しかし会社が社団であることには変わりはない。

　通常、社団という語は民法上の組合（民667～688条）と対比する概念として理解されている。組合とは、共同の事業を営むことを約する契約であり、構成員が少数で、構成員の個性が重視される団体である。さらに財産は組合員全員に帰属する。これに対して社団とは、構成員が多数であって構成員同士のつながりは希薄であり、社団の財産は社団自身に帰属するような団体をいうと理解される。

❸………株式会社の法人性

　株式会社を含む会社のように、自然人以外で権利義務の主体となる地位を持つものを「法人」と呼ぶ。「法人」は自然人である株主とは別個の独立した人格すなわち「法人格」を持つ。株式会社が法人格を持つことで、次のような利点があるといえる。株式会社の対外的な活動から生じた権利義務は法人である株式会社に帰属する。これは、会社が取得した財産については、会社自身の名前で登記などができるということを意味する。仮に会社に法人格がないとすると、会社の財産については構成員全員の名前で登記しなくてはならず、不便である。このほかにも会社自身の名前で訴訟を起こしたり起こされたりするようになる。このように、法人格を持つことで、権利義務の帰属や社団の管理が簡明になり、団体としての統一的活動が容易になるという利点が見出せるのである。

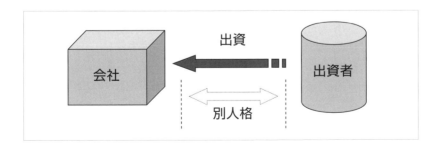

❹………会社の権利能力

　株式会社を含む会社が法人格という独立した人格を持ち、権利義務の主体となれることはわかった。では株式会社はどのような活動をしてもよいのであろうか。ここでは、株式会社の活動が制限される場合について見ていくことにしよう。

　株式会社は法によって法人格を与えられているのだから、法の範囲内でのみ権利能力を認められることはいうまでもない。このような法による制限の他に、株式会社は会社の根本規則（＝定款）に書かれた「会社の目的」によっても制限される。株主は、定款に書かれた企業活動のために出資をしているのであり、会社が株主の承認もなく定款に書かれたものと全く関係のない活動をすれば、株主にとって不利益となる可能性が生じるからである。しかし定款の目的を達成するための活動であれば、定款に具体的に書かれていないとしても、株主の期待に合致するともいえるだろう。また、具体的に書かれていないものをすべて無効にすれば、取引の安全を害することにもなりかねない。このようなことから、判例は目的の範囲を広く解して、会社の行為が客観的に見て目的達成に必要な事項であれば、定款の目的の範囲と認めている（最判昭和45年6月24日民集24巻6号625頁）。したがって、裁判所が、目的外の行為という理由で会社の行為を無効とする可能性は、非常に低いといえる。

◆発展学習　**会社は他の会社の無限責任社員になれるか**

　会社が法の範囲内で権利能力を認められることはすでに述べたとおりであるが、会社法の成立前は、特に次のような制限が設けられていた。それは、会社は他の会社の無限責任社員となることができないというものである（平成17年改正前商法55条）。この根拠としては、会社が他の会社の無限責任社員になれば、他の会社の債務について責任を負うことになり、財産的な基盤がおびやかされる可能性が生じるからという説や、会社には無限責任社員としての人的信用の基礎または事業遂行のための人的要素が欠けるからといった説が唱えられていた。しかし、会社自身は無限責任を負っていること、発起人や組合の業務執行者に法人がなることは妨げられ

ないこと等からすれば、これらの説のいずれもが実質的根拠とはならないため、会社法ではこの規定は撤廃された。その結果、株式会社を含む会社は他の会社の無限責任社員となることができるようになった。

❺………法人格否認の法理

　株式会社は法人であり、その構成員たる株主とは別個の独立した人格を持つことは、すでに述べたとおりである。しかし、この原則を貫くことが第三者にとって正義・公平に反すると認められる場合にまで法人格を認める必要があるのだろうか。このような場合に、特定の法律関係に限って会社の法人格の独立性を否定し、会社とその背後にいる株主を同一視して、当該事案の公平な解決を図る法理が裁判所の判例によって適用されてきた。このような法理を「法人格否認の法理」と呼ぶ。この法理は特定の法律関係に限って適用されるにすぎず、その会社の法人格を全面的に否定するものではないことに注意が必要である。

　法人格否認の法理は、法人格が形骸化している場合と、法人格が濫用されている場合の2つの場合に適用が認められてきた。法人格が形骸化している場合の例としては、法人格が名ばかりのもので、実際は会社が株主の個人営業である状態などが挙げられる（最判昭和44年2月27日民集23巻2号511頁）。これは、株主総会や取締役会が開催されず、株主と会社が営業所を共同で利用していたり、会社と株主個人の業務が混同されているといった様々な状況が積み重なっている場合に認められるものである。これに対し、法人格が濫用されている場合の例としては、法人格が株主によって道具のように使われており、かつ株主に違法または不当な目的がある場合が挙げられる（最判昭和48年10月26日民集27巻9号1240頁）。たとえば、会社が行っている取引と競合する取引をしてはいけないという義務（＝競業避止義務）を負っている者が別の会社を設立して、実際には自分が会社と競業をする場合などに認められるものである。ただし法人格否認の法理は一般的な法理であり、これを広く適用することには慎重でなくてはならない。

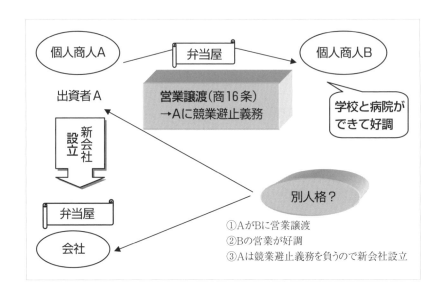

Ⅲ　会社法の規制──どのようなことを規制しているのか

❶………会社法の概要

　(1)　**株式会社に関係する法律**　　株式会社の規制といえば会社法が中心
となるが、会社法以外にも関係する法律は多数存在する。たとえば、独占
禁止法は公正自由な競争を促進して消費者の利益の保護および経済の健全
な発展を促進する観点からカルテルや私的独占等について規定しており、
株式会社はその適用を受ける。労働法は、従業員の利益を保護する観点か
ら、従業員の権利や労働条件の最低基準等について規定する。また、株式
会社は売買や金銭等の貸借を行う。このような取引に関する権利義務関係
などには民法・商法が適用される。取引代金の決済に手形や小切手を使う
場合は、手形法、小切手法の定めに従うことになる。取引所に株式を上場
すれば、金融商品取引法で規定される詳細な情報開示が要求されることに
なる。このほか、会社法では重要事項を登記することが要求されている。

登記は公告や通知と並んで株主や会社債権者に対して情報を提供するための方法であり、具体的な登記手続については商業登記法が定めている。

(2) **会社法の編成**　では、六法を開いて会社法の全体を見てみよう。第1条から第979条まで実に多くの条文がある。これらは大きな括りとして次のように「編」で分けられている。

第1編の総則には、会社法の目的規定や会社法で使われる用語の定義規定のほか、商号規制の規定、支店長・部課長・代理商等の会社の使用人等の権利義務、事業譲渡をした場合の譲渡会社・譲受会社の義務・責任に関する規定が置かれており、これらは株式会社・持分会社を問わず会社であれば適用される規定である。第4編以下も株式会社・持分会社の両方に関係する規定である。

第2編はもっぱら株式会社に関する事項を規定している。設立、株式、新株予約権、機関、計算等、定款変更、事業譲渡等、解散、清算に関する規定がここにある。第7編の雑則には、裁判所による会社の解散命令、訴訟（各種無効の訴えや株主代表訴訟等）、非訟事件の手続、登記、公告に関する規定が設けられている。また会社法の勉強では私法上の効果（無効や損害賠償責任など）を議論することが多いが、企業経営の健全性を確保するために一定の行為について刑罰や過料を科す旨の規定が置かれていることも注意が必要である（第8編）。

```
第1編　総則
第2編　株式会社
第3編　持分会社
第4編　社債
第5編　組織変更、合併、会社分割、
　　　　株式交換、株式移転及び株式交付
第6編　外国会社
第7編　雑則
第8編　罰則
```

ところで、会社法の条文を読んでいると「法務省令で定める……」といったフレーズが多いのに気づくだろう（たとえば、188条2項、435条2項、941条など多数）。ここにいう法務省令とは、会社法施行規則、会社計算規則、および電子公告規則である。会社法では詳しい規制内容を省令に委任している事項が多い。そのため、これらの法務省令の内容もその都度確認しておく必要がある。

　(3)　**会社法による関係者の利害調整**　会社法は、設立から消滅に至るまでそれぞれの段階において、株式会社をめぐる関係者（主に株主および会社債権者）の利益を公正に調整する役割を担う。会社債権者は契約どおりに弁済を受ける利益を有する。株主は投資利益の最大化という利益を有する。たとえば、株主有限責任の原則のもとで株主は会社債権者に対し何ら追加的責任を負わない。そこで会社債権者の利益を保護するために、前述の資本に関する三原則や厳格な剰余金分配規制、会社の財務内容・経営成果を表す計算書類の作成・公開等が要請される。このほか、株主・取締役でも利益がぶつかり合うことがあり、利害関係の調整を要することがある。そのような例として、取締役が自派の株主に対し株式発行（第三者割当て）を行う場合が挙げられる。その結果生じる他の株主の持株比率の低下や経済的損失の不利益をどう保護するのか、といったことも会社法が取り扱う問題である。さらに、少数派株主の締め出しの場面のように、会社の株式の大多数を保有する大株主と、わずかの割合しか持たない少数派株主との利害調整が必要となることもある。

❷………会社法の強行法規性

　会社法の株式会社に関する規定には強行法規が多い。強行法規に反する行為・決定等は無効となる。たとえば、資本金の額の減少について債権者保護手続（449条）を排除するような定款（会社の組織および活動に関する自治ルールのこと。巻末資料を参照）規定や、定款変更にかかる株主総会決議に反対する株主の株式買取請求権（116条1項）を排除するような定款規定などは無効であると解される。これは、会社の組織・活動に関するル

ールの設定をそれぞれの会社に任せると、取引の安全や債権者の利益が害されたり、経営者や大株主の圧迫・専横によって一般株主の利益が害されるおそれがあるからである。

　なお、会社法の規定は、株主有限責任の原則のようにすべての株式会社に対して一律に適用されるルールのみから成っているわけではない。一定事項についてはそれぞれの会社の自治に任せているものもある。たとえば会社は定款に定めを設けておけば、監査等委員会設置会社制度や指名委員会等設置会社制度の利用（326条2項）、配当優先株式などの種類株式の発行（108条1項2項）、一定のまとまった株式数を出資単位とする単元株制度の採用（188条1項）、取締役の会社に対する損害賠償責任の取締役会決議による軽減（426条1項）、取締役の任期を1年とする会社において株主総会ではなく取締役会が剰余金配当を決定すること（459条1項4号）等が可能となる。最近では、このような定款に定めを設けておけば利用できる制度の範囲が拡大している（定款自治の拡大）。

Ⅳ　株主と経営者との関係
——所有と経営の関係と会社法の規制

❶………所有と経営の分離

　典型的な大規模な株式会社は以下に述べるように所有と経営が分離している。株式会社は多数の出資者から資金を集めて事業を営むことを前提としている。先に述べたように、株式会社制度のもとでは出資者の地位は均等に細分化された株式という形になっている。つまり、均等な大きさの一口の出資に対して1株の地位が与えられるのである。こうすれば多くの出資者を集めやすくなるし（もちろん複数口の出資をした者はそれだけ持株数が増える）、株主有限責任の原則によって、出資をしたあとに追加的に何らかの責任が生じることはなく、出資者のリスクの限度が予測可能なものとなるため、出資者は安心することができる仕組みとなっている。

多数の者からの出資金を集めることができたとしても、常にこれら全員が対外的な取引契約の締結、業務展開、資金調達などの会社の業務について機動的に意思決定をして実行することを要求するのは非効率的であるし不可能でもある。そこで株式会社においては、株主から会社業務の意思決定と実行を委ねられた経営の専門家である取締役がこれにあたる。取締役は会社の株主であることを要しないだけでなく、取締役の資格を株主に限定することは禁止されている（331条2項本文）。株式会社では、このように制度のうえで所有と経営の分離がなされているのである。

　株主は資金を拠出するだけで経営に関して何もなすすべがないわけではない。たとえば、利益の処分や会社の行方を決めるほど重要な事項（定款の変更、解散、合併など）を決定する権限は、依然として株主総会にある。さらに株主は自分たちが経営を委ねる役員を株主総会という場を通じて選任および解任することができる。つまり自分たちが拠出した資金の運用者を決めることができるのである。はたして株主は株主総会での選任・解任権を通じて取締役を有効にコントロールできるのであろうか。現実は経営者による会社支配が進んでおり、以下のような状況が見られる限り株主による株主総会を通じた有効なコントロールは期待できないであろう（所有と支配の分離）。

　まず、大規模の株式会社にあっては株式所有が広く分散しているため、1株当たりの相対的な発言力はきわめて小さい。個人株主は、わざわざ株主総会の会場へ行って決議に参加することは少なく、議決権行使書面（書面投票用紙）ですら返送しないことも少なくないのが現実である。むしろ多くの個人株主の関心は株式価格の上昇による値ざや獲得（キャピタル・ゲイン）にある。出資した会社に魅力を感じなくなったなどの場合は経営者を解任したり責任追及したりするよりも株式を売却するのであるが、市場を利用すれば投下資本の回収はより容易である。このようなことから株主総会を通じて積極的に経営に参加する個人株主は多くないのである。

　さらに、従来からわが国では、株式の持合（相互保有）という現象が見られる（詳しくは121頁参照）。最も単純な例として、P社がQ社の株主と

なり、Q社がP社の株主となる場合を見てみよう。Q社の株主総会でP社がQ社（取締役会）提案の議案に反対するならば、こんどはP社の株主総会でQ社が同様の行動にでるかもしれない。そこで、P社もQ社も、自分の提案には賛成してほしいので相手方の取締役会提案には反対しない。このことは、取締役の選任議案のケースを想像すればわかりやすいだろう。こうして長期的・安定的に自社取締役会の提案を支持してもらえる大口の株主を得るのである。株主総会を通じて経営に参加するといっても、そこでは批判的な投票行動はとらないのが一般的である。

❷………所有と経営の一致

　親族や知人など少人数の者が出資して設立する株式会社では、上に述べた場合と異なり、株主と経営者すなわち所有と経営がほぼ一致することが少なくない。このような会社では、出資者が相互の信頼関係を重視するため、定款で株式の譲渡制限を設けることもある（107条1項1号・2項1号）。実体は所有と経営が分離していない人的会社の特徴を有しているが、先に述べたような理由（2頁以下を参照）から、株式会社の形態が利用されることがある。

　このような株式会社においては、所有と経営の分離がなされた大規模会社を前提とする厳格で詳細な機構や手続を遵守することは煩雑でコストのかかることである。たとえば取締役会の設置を要求しても取締役の員数3名以上を確保するために名目だけの者を就任させる会社もでてくる。少人数の身近な者のみが株主であれば株主総会の招集通知を総会の会日の2週間前までに発送する必要性が低い場合もあるだろう。会社法の規定によく出てくる「公開会社でない株式会社にあっては……とする」[5]という部分は、まさにこのようなタイプの株式会社に配慮した内容となっている。

5）「公開会社」とは、発行している株式の全部または一部の内容として、定款に譲渡制限の定めを設けていない株式会社をいう（2条5号）。すなわち、発行している株式のすべてに譲渡制限がかかっていない会社または一部だけに譲渡制限がかかっている会社は公開会社である。したがって、「公開会社でない株式会社」（非公開会社と呼ばれる）とは、発行している株式のすべてが譲渡制限株式である株式会社である。

なお、このような株式会社にあっては、次のような問題が生じる。すなわち、株主の相互信頼関係が崩れた場合、意思決定が著しく困難な状態（デッドロック状態）に陥ることもあるし、法の不遵守を理由とする訴訟に発展したりすることもある。また、株主が同時に取締役や従業員等を兼ねて会社の利益を配当という形ではなく役員報酬や給料の形で還元している場合、その地位から締め出された少数派株主は何ら経済的利益を得ることができなくなるだけでなく、株式を売却しようとしても流通市場が存在しないため投下資本の回収も困難となる。

Ⅴ　株式会社と証券市場の関わり──株式上場の意義

　東京証券取引所などの取引所市場では、日々株式の売買が行われている。市場は売り手と買い手の出会いの場である。そこでは需要（買い手）と供給（売り手）の関係にもとづいてモノの価格が決定される。株式会社の株式等の有価証券について売り手と買い手が出会う場を証券市場という。特に大規模な会社にあっては証券市場との関わりは重要である。

　自社の株式が証券市場で自由に売買できるようにすることを上場という。誰でも自由にその会社の株式を売買することができるようになるため、株式公開と呼んだりもする。会社は上場を希望する市場に申請を行って、各市場が定める一定の基準（上場基準）を満たせば、上場会社となる。

　上場会社では株式の流通性が制度的に保障されている。株主が保有株式の売却をする場合、市場だと買い手が比較的見つかりやすいし、売買価格（株価）が公表されているので安心して売却できる。つまり、株式会社では出資の払戻しがなされない代わりに原則として株式の譲渡が自由とされており、上場されていれば投下資本の回収がより容易に行われるので、安心して株主となることができるのである。買い手にとって証券市場は、新規にその会社の株式が発行されるときを待たずに、現在の株主からすでに発行された株式を容易に安心して譲り受ける手段を提供する。

多額の資金を調達する大規模会社は現在の株価（時価）を新株の発行価額の基準とすること（時価発行）が一般的である。投資対象としての魅力に欠けて時価が低くなれば、目標調達額のために多くの株式を発行しなければならず、またそもそも需要が低いために発行しても買い手がつかない場合も考えられる。このように、既発行の株式について売り手と買い手の需給をもとに形成される価格（流通市場価格）は、会社が新規に株式を発行（新株発行）する際の価格（発行価格）やコストに影響してくるのである。証券市場で株式の価格形成が公正になされるようにするため、上場会社には金融商品取引法や取引所の自主規則等による詳細な情報開示の義務が課せられるとともに、取引関係者の不公正な行為も細かく規制されている。最近では取引所の関心は、自主規制によって上場会社に対するコーポレート・ガバナンスに関する規制を行うことに向けられている。

Ⅵ　会社法とコーポレート・ガバナンス
——よき企業統治を求めて

❶………コーポレート・ガバナンス論の意義

　近時コーポレート・ガバナンスの議論が活発になされている。そこでの議論の１つは、会社は誰のものか、株主だけのものか、それとも従業員や地域住民等の株主以外の利害関係者（ステーク・ホールダー）の利益に配慮すべき、または配慮することができるかという観点からなされるものである（たとえば、赤字路線のバスの運行を廃止することによって地域住民の交通手段がなくなるケースを想定してみよう）。他の１つは、会社経営を有効に監視するにはどのような仕組みがよいのか、効率的な経営管理機構はどうあるべきかという観点からなされるものである。バブルの崩壊や大規模会社の不祥事などを背景に、わが国では後者の観点からの議論が中心であり、なかでも粉飾決算や贈賄、総会屋への利益供与、談合などの取締役の不正行為をどのように防ぐのかに重点が置かれている。

コーポレートガバナンス・コード

　平成 27 年 6 月、東京証券取引所「コーポレートガバナンス・コード―会社の持続的な成長と中長期的な企業価値の向上のために」（以下、「CG コード」という）が公表された。CG コードの目的は、それぞれの会社において持続的な成長と中長期的な企業価値の向上のための自律的な対応が図られることを通じて、会社、投資家、ひいては経済全体の発展にも寄与することにある。同コードでは、「コーポレートガバナンス」は、会社が、株主をはじめ顧客・従業員・地域社会等の立場を踏まえたうえで、透明・公正かつ迅速・果断な意思決定を行うための仕組みを意味するものとして定義されている。CG コードは、上場会社における実効的なコーポレートガバナンスの実現に役立つ主要な原則を取りまとめたものであり、上場会社は同コードの趣旨・精神を尊重しなければならないこととされている（東証・有価証券上場規程 445 条の 3。他の証券取引所も同様の定めを置く）。

　CG コードは、①株主の権利・平等性の確保、②株主以外のステークホルダーとの適切な協働、③適切な情報開示と透明性の確保、④取締役会等の責務、⑤株主との対話という 5 つの「基本原則」と、そのもとに定められた「原則」および「補充原則」から成る。2 名以上の独立社外取締役の設置などのように、法令の要求より高いレベルの規範の実施を求める規定も含まれている。CG コードの特徴は、「Comply, or explain（遵守せよ、さもなければ理由を説明せよ）」というルールの実施手法を用いている点にある。また、細則を規定する方法（ルール・ベース）ではなく、原則を定める方法（プリンシプル・ベース）を採っている。したがって、各上場会社は、原則等の具体的な実施内容については創意工夫をして自らの状況に適するものを定めることができるし、原則等に従って実施しない場合は、理由を説明したうえで、会社の規模や置かれた状況に応じて最適と考える対応をすることができる。

　株主と上場会社との対話の重視は、機関投資家を名宛人とする日

本版スチュワードシップ・コードにおいても見られる。日本版スチュワードシップ・コードの目的は、機関投資家と投資先企業との対話・意見交換を通じて、投資先企業の企業価値の向上や持続的成長を促すことにより、顧客・受益者の中長期的な投資リターンの拡大を図ることにある。つまり、機関投資家の行動による上場会社のガバナンス強化への期待が込められているのである。したがって、CG コードと日本版スチュワードシップ・コードは、上場会社のコーポレートガバナンスの強化に関し、車の両輪のように機能することが期待されるのである。日本版スチュワードシップ・コードについては、TOPICS **日本版スチュワードシップ・コード** 25 頁を参照。

❷･･･････ 平成期以降の商法・会社法改正による対応

平成期以降の商法または商法特例法の改正による対処としては、平成 5 年に監査役の任期が 2 年から 3 年に延長され、監査役会制度および社外監査役制度が導入されたこと、平成 13 年に、監査役の任期がさらに 4 年へと延長されるとともに、大会社では監査役の半数以上を社外者とするよう義務づけられたこと等が挙げられる。これらは監査役の独立性をより一層確保することによって、経営者の職務に対する監視を強化することを狙ったものであり、会社法にも引き継がれている。

また平成 14 年には、経営の効率性を向上させるために米国型の経営管理機構を備えた委員会等設置会社が導入された。従来の制度のもとでは、取締役会が業務執行権能と監督権能を併せ持ち、監査役による業務監査も行われる。これに対し委員会等設置会社では、執行役が業務執行を担当し、その監督は取締役会によって行われる。そして取締役会には 3 つの委員会（指名委員会、監査委員会および報酬委員会）が設置され、監督機能が発揮されるようにするため各委員会の構成員の過半数は社外取締役でなければならないとされた。会社法のもとでも株式会社は任意にこの制度を利用す

ることができるものとされ、名称は指名委員会等設置会社と改められている（2条12号）。

　平成26年の会社法改正では、社外取締役制度を活用しやすくする観点から、監査等委員会設置会社制度が創設された。監査等委員会設置会社では、3つの委員会を設置しなければならない指名委員会等設置会社とは違って、監査等委員会のみで足りる。この会社形態の採用は任意である。さらに、上場会社など一定の要件を満たす監査役会設置会社は、社外取締役を置いていない場合、社外取締役を置くことが相当でない理由を定時株主総会で説明することが義務づけられることとなった（327条の2）。

　令和元年の会社法改正では、上記の327条の2の規定が改正され、相当でない理由を説明する制度は廃止となり、社外取締役の設置が義務づけられることとなった（327条の2）。

【監査の機関からみた株式会社の3つのタイプ】

> 監査役(会)設置会社
> 監査等委員会設置会社(2⑪の2)
> 指名委員会等設置会社(2⑫)

　不正行為を行うのは取締役だけではなく従業員であることもある。取締役は従業員や他の取締役による不正行為をどのようにして、どの程度まで監視・監督しなければならないのか。いわゆる内部統制システムの問題である。かねてより、取締役の注意義務（監視義務）に関して、内部統制システムの構築・維持が注目されるようになっている。平成14年の改正では、委員会等設置会社について監査委員会の職務遂行のために必要なものとして「執行役の職務の執行が法令及び定款に適合し、かつ、効率的に行われることを確保するための体制」を取締役会が決定しなければならないとして、内部統制システムに関する明文規定を設けた。会社法では、内部統制システムの内容としてコンプライアンス（法令遵守）体制やリスク管理体制、さらに監査実施体制の整備を盛り込んで具体化・明瞭化するとともに、大会社である取締役会設置会社に対しても内部統制システムの構築

義務を課している。平成26年の改正で導入された監査等委員会設置会社についても、内部統制システム構築義務が課せられている。

❸………機関投資家株主の台頭──モノ言う株主

　先に述べた株主総会による取締役の有効なコントロール機能に関して、最近では莫大な運用資金を株式に投資する機関投資家（年金基金、生命保険、投資信託等）の行動が注目される。株式を大量に保有する機関投資家の議決権行使は株主総会の結果に大きな影響を与える。かつて機関投資家は株主総会の議決権行使に際して会社側の提出議案に反対することはほとんどなかったが、最近では反対票を投じるケースも出てきている。また、背後にいる年金加入者や投資信託の受益者等に対する受託者責任を強く意識する傾向にあり、資金を投じた会社の経営に厳しい目を向けるようになってきている。

TOPICS

日本版スチュワードシップ・コード

　機関投資家（投資運用会社や年金基金・保険会社など）の行動規範について、平成26年2月、金融庁に設置された日本版スチュワードシップ・コードに関する有識者検討会が、「『責任ある機関投資家』の諸原則《日本版スチュワードシップ・コード》～投資と対話を通じて企業の持続的成長を促すために～」（以下、「日本版コード」という）を策定・公表した。これは、2010年に英国で定められた「スチュワードシップ・コード」を参考にして策定されたものである。

　日本版コードにおいて、機関投資家の責任は、スチュワードシップ責任と表現されている。これは本文で述べた受託者責任よりもやや広い概念であると考えられる。スチュワードシップ責任が最終的に目指すところは、機関投資家と投資先企業との建設的な対話や意見交換を通じて、投資先企業の企業価値の向上や持続的成長を促すことにより、顧客・受益者の中長期的な投資リターンの拡大を図る

ことにある。

　日本版コードには、このような責任を果たすために有用と考えられる8つの原則（およびこれらの指針）が規定されている。そこでは、各機関投資家がその置かれた様々な状況に応じて方針等を決められるようにするため、細則を規定する方法（ルール・ベース）ではなく、原則のみを規定する方法（プリンシプル・ベース）が採られている。

　近年、機関投資家が、投資先企業の議決権行使に際し、議決権行使助言会社のサービスを利用する例が少なくない。その場合、機関投資家は、助言会社の推奨に無条件に依拠するのではなく、投資先企業との対話の内容等を踏まえ、自らの責任と判断のもとで議決権を行使すること、さらに助言会社のサービスをどのように活用したかについても公表することが求められている。

　日本版コードは、法的拘束力をもつ規範ではなく、機関投資家がこれを受け入れるかどうかは任意である。各機関投資家は、受け入れの表明に加え、基本方針等について自らのウェブサイトで公表することが求められる。金融庁は、受け入れを表明した機関投資家のリストを公表することとされている。

　機関投資家は、すべての原則を実施する必要はなく、実施しない原則がある場合、その理由の説明を自らのウェブサイトで公表すれば足りる。ここでは前述の「Comply, or explain（遵守せよ、さもなければ理由を説明せよ）」と呼ばれるルールの実施方法が採用されている。

Ⅶ　企業の社会的責任——社会の一員としての責任

　株式会社は社会や公共の利益に反する行為をしてはならないのは当然である（民1条1項）。それでは社会や公共の利益に積極的に貢献するべく、株式会社は、慈善活動や学術・教育活動、環境保全活動などの社会活動に

相応の支出をすることはできるだろうか[6]。株式会社が社会の要請や社会的に望ましいと考えられることに配慮しながら経営を行う結果、長期的に見て株主の利益につながることも多いであろうから、そのような行為が一切できないわけではない。行きすぎた利益第一主義により社会の要請や期待から乖離することは、かえって株主の長期的利益を損ねることもあるであろう。ただし、何が社会の要請で、どの程度それに応える必要があるのかについての評価は、取締役、株主、債権者、地域住民等、個々の関係者ごとに異なるし、場合によっては関係者の間で利害が対立することもある。

　大規模な株式会社の活動は社会全体に対して大きな影響を及ぼす。わが国では、昭和40年代後半から大企業の社会的責任をめぐる議論が盛んになった。大企業のもたらした公害問題はその大きな背景の1つである。学説では、株式会社が社会的責任を負う旨の規定を会社法の中に設けるべきであるとする立法論がある。しかし、これが積極的な法的義務の形で規定されるとなると、そもそも何が社会的に望ましい行為なのか人によって判断の異なることもあるため要件が不明確な実効性の乏しい規定となる、さらに取締役が経営成果の責任を回避する口実として社会的責任を持ち出すおそれがあるとして、これに反対する学説が少なくない。

TOPICS

ESG（環境・社会・企業統治）重視の流れ

　ESGとは、Environment（環境）、Social（社会）、Governance（企業統治）の頭文字を合わせた言葉である。環境（気候変動や汚染等）、社会（労働条件や人権等）、企業統治（不正行為や役員構成の多様性等）に関する課題への取組み姿勢が、企業の中長期的な持続可能性や企業価値に影響を与えると考える投資家が多くなってきている。このようなESGの要素を考慮して投資先企業を選定する

6）　最近、企業の社会的責任は、CSR（Corporate Social Responsibility）という言葉で見聞きすることが多い。企業が経済活動のみに目を向けるのではなく、社会の一員として社会貢献にも積極的に取り組むことへの期待の表れであるといえる。

投資運用は ESG 投資と呼ばれ、公的年金基金や投資信託などの機関投資家を中心に、世界的に拡大する傾向にある。社会・環境問題をはじめとする持続可能性をめぐる課題への対応は、企業にとって重要なリスク管理の一部であるともいえる。ESG への対応に関する企業の情報開示の重要性は高くなっている。

わが国においてコーポレートガバナンス・コードや、スチュワードシップ・コードにも、ESG を重視する観点が取り込まれている。

第 2 章

設立

I 設立手続の概要──どのような手続で会社はできるか

❶………株式会社の設立手続

　会社の設立手続とは、会社という1つの団体を、段々と形成させていき、成立させるまでの手続のことである。その内容は会社の種類によって異なり、持分会社については、会社法の設立に関する規定は簡単である（575～579条）。これは、社員相互に信頼関係がある比較的小規模の会社だからである。これに対して株式会社については、きわめて複雑で厳格な手続が定められている。これは、株式会社では社員相互の関係が希薄である場合を主に予定しており、社員の数も多く利害関係の調整が複雑であり、また大規模な企業の成立にも耐えられるような手続となる必要があるためである。

　株式会社の設立手続を単純化して具体的に述べれば、まずはじめに会社の基本的な規則である定款を作成し、次に会社に出資をしてくれる者（＝社員）を確定し、出資を履行してもらう。そして、会社のいわば手足となって動くことになる者（＝会社の機関）を決める。最後に会社の存在を公に示すために、設立の登記を行う。この設立登記によって会社が成立したこととなる（49条）。この時点でこの会社に法人格が与えられる。

【設立手続の流れ（発起設立の例）】

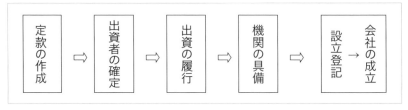

定款の作成 ⇨ 出資者の確定 ⇨ 出資の履行 ⇨ 機関の具備 ⇨ 設立登記 → 会社の成立

❷………発起人とは

　設立を計画し、会社の成立に向けて行動する者が発起人である。人数は複数である必要はないが、安易で無責任な設立を防止するため、発起人になると必ず株式を1株は引き受けなければならないし（25条2項）、発起人には設立行為に関して重い責任が負わされている（52条・52条の2・53条・56条）（詳しくは、52頁以下参照）。このため、誰が発起人にあたるのかが大きな意味を持つ。一般に会社の定款において発起人として署名した者（26条1項）が発起人であると解されている。このように形式的に判断するのは法律関係を明確にするためである。ただし、株主を募集する広告等で設立に賛成して協力する旨を記載した者（＝疑似発起人）は、定款に発起人として署名をしなくても、法律のうえでは発起人として扱われて、発起人と似た責任が課せられる（103条4項）。このような責任を負わされるのは、発起人らしい外観を信じた第三者を保護するためである。

　発起人は、会社の設立の段階で、後からできあがる会社のために何でも行うことができるのであろうか。この点は、発起人の権限の範囲はどこまでかという形で学説上争われている。言い換えると、まだ会社が成立していない段階で発起人が行った行為について、その効果をどこまで設立後の会社に帰属させてよいのかという問題である。これが問題になる意味は、もしも仮に設立中に発起人の行ったあらゆる行為について、成立後の会社がすべて責任を負うとしてしまうと、まだできたばかりの会社なのに、すでに締結した会社にとって不利な契約を色々引き受けさせられ、その結果財産的な基盤が弱められているということになってしまうので、好ましく

ないからである。その結果、会社の株主や債権者が大きな損失を受けるおそれが高いことにもなる。そこで、一般に、発起人の権限は、設立自体を目的とする行為に限られると解されてきている。判例[1]も同じ考えである。これに対して、成立後に会社が使う営業所を借り入れる行為等の、設立後の営業自体に向けた準備行為（＝開業準備行為）等を行うことはできない。ただし、後で述べるように、特別に定款に記載された事項（財産引受契約等の変態設立事項）は、会社の成立後に、その効果を会社に帰属させることができる。

❸………発起設立と募集設立

設立手続には、発起人だけで会社を成立させる発起設立と、発起人以外からも出資者を集めて会社を設立する募集設立とがある（25条1項）。発起設立は小規模会社の設立に適している。なぜならば、相互に信頼関係のある少数の発起人だけで設立手続を進め、社員相互の密接な人的関係をそのまま維持できるからである。これに対して募集設立では、発起人は株式の一部だけを引き受け、残りの株式については他から引受人を募集するため、社員相互の人的な関係は薄くなるが、多数の出資者に出資してもらえるので、大規模な会社の設立に適している。

募集設立の場合には、株式を引き受けてくれる者を募集し、その後で創立総会を開催して役員を選任する（88条1項）など手続は複雑である。これに対して、発起設立の場合には、株式を引き受ける者は発起人だけなので人数が少なく、手続も簡単で、役員の選任は定款で定めるか発起人の議決権の過半数によって決められる（38条4項・40条1項）。

❹………「設立中の会社」の意味

会社は設立登記によって法律上成立したことになるが、段階をふんだ設立手続を経ており、会社が突然現れるのではなく、会社に近い実態が徐々

---

1) 最判昭和38年12月24日民集17巻12号1744頁。

に形成されていくというのが現実である。このような登記前のいわば会社の前身は「設立中の会社」と呼ばれている。このような存在を考えるのはなぜであろうか。それは、設立段階における発起人による設立行為が、そのまま特別の移転行為を経ることなく、成立後の会社に引き継がれることをうまく説明させるためである。実質的に見れば、設立中の会社と設立後の会社は同一の存在であると考えられる。たとえば設立中の会社で株式を引き受けた者（＝株式引受人）は、設立後の会社の株主となる。ただし、登記前であるから設立中の会社には法人格がないため、設立手続の中で発起人が取得した権利や義務は、会社名義とすることはできないのであり、発起人名義とするほかはない。

　ところで、設立手続が途中で挫折した場合（会社の不成立）にはどうなるのであろうか。この場合設立中の会社は解散することになるが、設立に関してなされた行為はすべて発起人の責任となる（54頁を参照）。

❺………発起人組合

　多くの場合発起人は複数存在する。このような複数の発起人の間では、契約を結び会社の設立を目的とした組合を作る。この組合が発起人組合である。設立しようとする会社の中身は、この場合の組合契約において決められる。また組合契約の履行として、定款を作成したり、設立事務を行う。発起人組合は、会社設立が目的であり、会社が成立すれば解散することになる。

　発起人組合は、設立中の会社と紛らわしいが、設立中の会社はいわば説明するのを容易にするための1つの方法にすぎないものであり、その存在を考えることが必ずしも必要というわけではない。これに対して、発起人組合は発起人が複数のときは必ず存在する。発起人組合は民法上の組合であって、民法の組合の規定が適用される。発起人組合の意思決定は発起人の過半数による（民670条1項）。ただし、設立時に発行する株式に関する事項については、重要事項であり、発起人全員の同意が必要である（会社32条1項）。業務執行は組合員全員で共同して行うのが原則であるが、発

起人総代のような形で、その内の1名または数名を業務執行者と定めることも可能である。

Ⅱ　定款の作成——会社の決まりを作る

❶………定款の内容

　株式会社を設立するには、発起人が会社の基本的な決まりである定款を作成し、その全員が署名しなければならない（26条1項）[2]。これは、設立に関して責任を負う発起人を明らかにするためである。さらに定款は、公証人の認証を受けなければ有効とはならない（30条）。このような手続を要求するのは、内容を明確にして不正行為を防止し、定款の定めをめぐって後日紛争が生じないようにするためである。ただし、この後で定款を創立総会で変更する場合には、公証人の認証が要求されていない。それは、この場合には総会の議事録という形で記録が残るから、後から定款の規定について争いが生じる心配が少ないからである。

　定款に記載する事項は、絶対的記載事項、相対的記載事項、任意的記載事項と3つに分けられる。絶対的記載事項とは、それを必ず記載しなければならず、記載がないと定款自体が無効となり、したがって設立自体が不可能になる事項である。相対的記載事項とは、特に記載しなくても定款自体を無効にするものではないが、その事項について定款に定めておかないとその効力が否定される事項である。さらに、任意的記載事項とは、これら以外の事項であり、会社は記載してもしなくてもよい事項である。そのような事項としては、強行規定に違反したり公序良俗に反しない限り、何を記載しても定款規定として認められる。そのような事項を記載してしまうと、定款に記載することで明確にできるというメリットがあるが、一度

---

2)　定款は、電磁的記録によって作成することも可能で、その場合には署名に代わる措置（＝電子署名）が必要となる（26条2項）。また、電磁的記録による定款の記録は、書面の記載と同じ扱いがされる。以下の説明では記載に記録が含まれるものとする。

定款に規定してしまうと、それを変更するためには株主総会による厳格な定款変更の手続（466条・309条2項11号）を経なければならないことになる。これは、定款は会社の最も根本的な決まりであり、それを定めたり変更したりするときには、多くの株主の意思が反映されるようにしなければならないため、株主総会の決議の中でも、要件の重い特別決議が必要となっているのである。

❷………絶対的記載事項

　会社法によれば、必ず定款に記載すべき事項を以下のように規定する。

　(1)　**目的（27条1号）**　　会社およびその取締役の活動範囲を画するために記載が求められる。

　(2)　**商号（27条2号）**　　会社の商号の中には会社の種類（株式会社・合名会社・合資会社・合同会社のうちいずれか）を示さなければならない（6条2項）。他の会社であると誤認されるおそれのある商号の使用は禁じられる（8条1項）。

　(3)　**本店の所在地（27条3号）**　　本店の所在地は、会社の住所と考えられる（4条）。会社が設立登記をするのも本店所在地である（49条）。

　(4)　**設立に際して出資される財産の価額またはその最低額（27条4号）**

　出資額の最低額については、会社法に制限はなく、会社が任意に定めることができる。また、設立時に発行される株式数についてはここで定めることが求められていない（32条1項・58条1項2項参照）。さらに、設立時の資本の金額についても制約はない。

　(5)　**発起人の氏名または名称および住所（27条5号）**　　発起人全員についての情報である。

　このほか、少なくとも設立登記の時点までには、今後会社が発行することのできる株式の総数（＝発行可能株式総数）も、必ず定款に定めておかなければならない（37条1項2項）。この数は、公開会社にあっては[3]、設

---

3)　公開会社では取締役会が株式の発行を決定できるので（201条）、その濫用が心配されるため、このような制約が必要となる。

立時に発行される株式総数の4倍以下でなければならない（同条3項）。このような制限が置かれているのは、設立後に発行される株式が、あまりにも多いことになると、現在の株主の権利が薄められることとなり、不利益をもたらす可能性が高いからである。

❸………相対的記載事項

　会社法は相対的記載事項として以下の4つを定める（28条）。ここに該当する事項は変態設立事項、あるいは危険な約束とも呼ばれている。その理由は、特にこれらの事項は、発起人等がその権限を濫用して、設立した会社の財産的基盤を弱くする等、会社関係者に不利益を与える危険性が高いからである。このため、原則として裁判所の選任した者（＝検査役）がこれらの事項を調査することになっている（33条1項以下。この例外が同条10項にある）。検査役は発起人の行為に不当な点がないか必要な調査を行い、調査結果を裁判所に報告する（同条4項）。裁判所は、不当な事項があったならば、定款に記載された事項の変更を決定する（同条7項）。検査役の調査結果は発起人にも報告される（同条6項）。裁判所の変更に不服のある発起人は、株式の引受けを取り消すこともできるようになっている（同条8項）。

　(1)　**現物出資（28条1号）**　　出資者（＝株式引受人）は、通常株式の対価として金銭を出資することになっているが、金銭以外のものを出資することも認められている。これを現物出資と呼ぶ。たとえば、会社の事業に必要な土地を提供する場合のように、現物出資は会社にとって有利な場合も少なくない。ただし、金銭と違いこのような財産については評価が難しい。そこで、現金以外の財産の出資をする者の氏名または名称、当該財産およびその価額、その者に対して割り当てられる株式数を定款に記載することが求められ、これについて不正がなされていないかどうか、検査役の調査が要求される。このような現物出資は、いざというときに厳しい責任が問われる発起人だけができると解されている（34条参照）。

　(2)　**財産引受け（28条2号）**　　財産引受契約とは、発起人が会社のた

めに第三者との間で結ぶ、会社の成立を条件にある財産を譲り受けること
を約束する契約のことである。これは会社に効果が帰属する契約なので、
たとえば発起人が第三者に過大な対価の支払いを約束すれば、成立後の会
社の財産的基礎を損なうことになってしまう。また、財産引受けが現物出
資の規制を免れるために利用されることも心配される。そこで、財産引受
けも現物出資と同様の規制のもとに置くこととし、会社成立後に譲り受け
ることを約束した財産およびその価額、譲渡人の氏名・名称を定款に記載
させることにしている。

　仮に、発起人が成立後の会社のために第三者と財産の譲受契約をしても、
定款に記載しなければ会社法の規定に違反する無効な行為となり、その契
約は会社に帰属しないことになる。

◆発展学習　**事後設立**

　設立中ではなく、会社が成立した後であれば、会社は第三者から事業用
の財産を譲り受けることも自由であろうか。しかし、特に成立後間もない
場合には、財産引受けと同様の問題が考えられる。会社法は、この点につ
いても、現物出資や財産引受けの厳格な規制を免れることを防止するため
に、規制をしている。すなわち株式会社がその成立後2年以内に、成立前
から存在する事業用の財産であり、会社の事業のために継続して使用する
ものの取得は、対価が一定の額以上の場合（当該財産の対価として交付す
る財産の帳簿価額の合計額が、原則として当該会社の純資産額として法務
省令で定める方法により算定される額の5分の1超にあたる対価で取得す
る場合）であれば、契約が効力を生じる日の前日までに株主総会の承認決
議が必要である（467条1項5号）。これは事後設立と呼ばれる。ただし
検査役の調査は要らない。

(3)　発起人の報酬等（28条3号）　　発起人は、会社のために設立の職
務を行っているのであるから、その対価として報酬を会社から得られるの
は当然といえる。しかし、発起人自らがその額を決めるとなると、不当な
額になるおそれもある。そこで、発起人の受ける報酬についても定款に記
載させることにしている。また、報酬という形ではなく、会社設立の功労

者である発起人の労に報いるために特別の利益（たとえば、株式を優先的に取得できる権利）を与えることもあるが、これも報酬と同じ規制のもとに置かれる。

(4) 設立費用（28条4号）　発起人が設立中の会社の機関として行為を行い、会社設立のための費用を要した場合、これを設立後の会社に請求できるのは当然である。しかし、会社が過大な額の請求を受けたり、不当な支出が行われたりして、会社の財産的基礎を危うくするおそれもあることから、これも定款に記載させ検査役の調査のもとに置いている。ただし、定款の認証についての手数料等のように、設立に必ず必要な費用で、額が決まっているため、発起人の権限濫用の心配のない費用は、この規制の対象外となっている。その他会社に損害を与えるおそれがないものとして法務省令で定めるものも同様である。

　ただし、以上の(1)〜(4)の4つの事項に該当する場合であっても、あえて厳格な規制を行うまでもない少額の場合、不当な評価がなされるおそれがない場合、公正な評価方法がとられる場合等に関して、検査役の調査が要らない旨が規定されている（33条10項）。もっともこれらの場合でもそのような事項があれば定款に記載することは必要である。

Ⅲ　出資の履行──会社の財産をどのように形作るか

　出資の履行の手続については、発起設立と募集設立とでは内容が異なるので、分けて説明する。

❶‥‥‥‥発起設立の場合

　発起設立の場合には、出資の履行手続は、募集設立のように株式を引き受ける者を広く募集することが要らないため、単純である。定款を作成した後、発起人が全部の株式を引き受けるからである。発起人は引き受けた後すぐに、それぞれの引き受けた株式について出資する金銭の全額の払込

みをし、現物出資であれば財産の全部を給付しなければならない（34条1項）。金銭の払込みは、発起人の間で定めた払込みの銀行等の払込取扱いの場所で行うことになる（同条2項）。ただし、登記や登録といった第三者に対する対抗要件については、この時点で完全に満たしておかなくてもよい。会社の成立後に登記等を行えばよいのである（同条1項ただし書）。むしろ、会社成立前なので会社名義で登記や登録ができないともいえる。

　発起人のうち、出資の履行をしていない者がいた場合には、他の発起人がこの者に対して期日を定めたうえで、その期日までに履行をしなければならない旨を通知する（36条1項）。通知は期日の2週間前までに行う必要がある（同条2項）。この期日までに履行がないと、その発起人は株主となる権利を失うことになる（同条3項）。

❷………募集設立の手続

　募集設立の場合には、発起人が株式を引き受けるほかに、他の株式の引受けをする者の募集をする（57条）。この募集は不特定多数の者を相手にしたもの（＝公募）であっても、特定の者を対象とするもの（＝縁故募集）であってもかまわない。募集にあたっては、発起人全員の同意で、募集株式の数、払込金額、金銭の払込期日・期間等を決める（58条1項2項）。

　募集に対して株式を引き受けようとする者が申込みをすることになる。発起人は申込みをしようとする者に対して、定款に記載されている事項等を通知する（59条1項）。一方、申し込む者（＝株式申込者）は書面に引き受けようとする株式数等を記載し、引受けの申込みをする（同条3項）。

　株式申込者の中で、発起人が株式を割り当てた者が株式引受人となる。言い換えると、株式の割当てとは、株式申込者に何株引き受けさせるかあるいは引き受けさせないかを決めることである（60条1項参照）。この点の決定は発起人の裁量に任されている（＝割当自由の原則）。そして、発起人は出資の金銭の払込期日（または払込期間の初日）の前日までに割り当てる株式数を株式申込者に通知する（同条2項）。

　割当てが行われたならば、株式引受人は一定の期日までに、発起人の定

めた払込取扱場所（銀行等）において、払込金額の全額の払込みをしなければならない（63条1項）。払込みをしないと株主となる権利を失う（同条3項）。発起設立の場合と異なり、発起人は、払込みの取扱いを行った銀行等に対して払い込まれた金銭の保管証明の交付を請求できる（64条1項）。この証明を交付した銀行等は、その記載が事実と異なっていたり、払い込まれた金銭には返還に制限が付いていたりしたとしても、成立後の会社にその旨を対抗できない（同条2項）。これは、銀行と株式引受人とで共謀して、払い込んでいないのに払込みの形だけを作るといった行為を防止することをねらっている。すなわち形式的な払込みとならないようにして設立された会社の財産を確保するためである。たとえば、A会社の発起人であるBが現金を動かすことなく、払込取扱場所であるC銀行から金銭を借りたうえで、その金銭を出資金として払い込んだという形を作る場合を考えてみよう。これでも出資の形式は整えられる。これが預合と呼ばれる仮装行為である（◆発展学習　見せ金参照）。この場合、C銀行としては、出資金をA会社に引き出されると困るため、Bとの間で現実に金銭が払い込まれない限り出資金は引き出さないことを合意すると思われるが、会社法は、このような合意をC銀行はA会社に対して主張できないことにしているわけである。

◆発展学習　**見せ金**

　実際に払込みをすることなく出資の払込みを装う行為として見せ金がある。たとえば発起人Cがはじめから払込みをする意図をもたずに、A銀行から資金を借り入れて、払込取扱場所であるB銀行に出資の履行をする。会社が成立した後で、Cは会社を代表してこの金銭をB銀行から引き出し、次にCが会社からこの金銭について融資を受け、Cはこれを使ってA銀行に借入金の返済を行う。ここでは預合の場合と異なり、発起人が払込取扱金融機関と異なるところから資金を借り入れており、現実に資金の移動が見られている。

　かつて判例は、この場合の出資の履行を無効とした（最判昭和38年12月6日民集17巻12号1633頁）。

❸………**仮装の出資履行の場合における履行義務**

　預合や見せ金（◆発展学習　**見せ金** 39 頁参照）といった行為がなされると、形式的には出資が履行されたように見えても、会社に必要な資金が確保されないおそれがある。しかし、この場合に発起人や株式引受人を失権させてしまうと、かえって会社に十分な資金が入らない結果ともなりうるし、第三者の信頼を害するおそれもある。そこで、払込期日や払込期間が経過した後でも、発起人や株式引受人は、株主となる権利を失うことなく、引き続き出資を履行する義務を負うこととされている（52 条の 2 第 1 項・102 条の 2 第 1 項）。

　発起人や株式引受人は、この払込義務が履行された後でなければ、株主としての権利を行使できない（52 条の 2 第 4 項・102 条 3 項）。もっとも、取引の安全から、さらに彼らから有効な株式と信じて譲り受けた者の保護を図る必要がある。そこで、譲受人は悪意または重過失がない限り、出資未履行の株式でも、株主としての権利を行使することができるとされている（52 条の 2 第 5 項・102 条 4 項）。

Ⅳ　会社機関の具備——会社の機関をどのように選任するか

❶………**会社機関**

　(1)　機関の意義　　最初の株主の確定・出資という手続を経て、いよいよ会社設立手続の第三幕といえる段階を迎える。会社設立手続の第三幕は、会社機関の具備である。取締役選任後も会社が成立するまでは、発起人がなお会社のために活動する。しかし、会社が無事に成立（49 条）に漕ぎ着けるならば、そこで設立企画者である発起人の仕事は終わる。いつまでも発起人に頼るのではなく、成立した後に一人前の法人として会社が活動していくうえで必要な機関を選出しなければならない。会社の頭脳となり、また手足となって仕事をする者をあらかじめこの段階で選出する。自然人であれば胎児の間に頭脳・肉体が形成される。これと同様に法人である会

社は、胎児にあたる設立中の会社のときに機関を備えていく。なお、最初の株主となる者（＝設立時株主。65条1項かっこ書）の構成はすでに決まっている。したがって、後述する創立総会の構成員はすでに整っている。

　(2)　**会社成立後にどのような機関が必要か**　それぞれがどのような役割を果たしていくかについては第4章で扱う。ここでは設立中の会社において一定の役割を果たすべき機関を説明する。会社法は、設立中の会社の機関を設立時○○と呼び、会社成立後の機関と区別している。これは同じ名称であってもその職務が異なるからである。

　①株式会社の設立に際して取締役となる者（＝設立時取締役）。公開会社か否か、大会社か否か、にかかわらずどのようなタイプの株式会社であれ、この取締役の選任は必須である（38条1項・88条1項）[4]。

　これに対して、②株式会社の設立に際して監査役となる者（＝設立時監査役）については、監査役を置く会社を設立しようとする場合に設立時監査役の選任が求められる。たとえば公開会社を設立しようとすると、設立時監査役の選任が必要である（38条3項2号・88条1項）。

　①②以外に、③設置自体は任意であるが、会計参与を置く株式会社を設立しようとする場合には、会社の設立に際して会計参与となる者（＝設立時会計参与）の選任が求められる（38条3項1号・88条1項）。また、④株式会社内部の役員ではないが、会計監査人を設立時から会社に置く場合には、会社の設立に際して会計監査人となる者（＝設立時会計監査人）の選任が必要である（38条3項3号・88条1項）。

　これらの①から④の者を合わせて会社法は設立時役員等と呼んでいる（39条4項かっこ書）。

　設立時役員等は員数の制限があるのか。会社法は上述の①および②について次のような制限を法定している。つまり、設立しようとする会社が取締役会設置会社である場合は、設立時取締役は3名以上選任される必要が

---

4)　設立しようとする会社が監査等委員会設置会社である場合には、設立時取締役の選任は、設立時監査等委員である設立時取締役とそれ以外の設立時取締役とを区別して行う必要がある（38条2項・88条2項）。

ある（39条1項）。また、設立しようとする会社が監査役会設置会社である場合は、設立時監査役は3名以上選任される必要がある（同条2項）。これらの制約に反しない限り、たとえば取締役会設置会社に該当しなければ、設立時取締役を1名選任することにより会社法の要請は最低限満たしているといえる。

(3) 設立時役員等について特定の資格あるいは能力が必要か　詳しいことは、144頁および157頁で述べる。ここでは設立時会計参与や設立時会計監査人に対しては資格が求められること、これに対して設立時取締役や設立時監査役には特に積極的な資格要件は求められてはいないこと、を理解しておいてもらいたい（39条4項）。

❷………会社機関の選任

(1) 選任権者　会社法の基本的考え方は、会社機関は出資者によって選任されることを原則とするという点にある。この考え方は設立時役員等にもあてはまる。会社設立の手続が発起設立と募集設立に大別されることはすでに述べた。会社機関の選任についても、これら両手続の間で特徴的な差異がみられる。

(2) 発起設立の場合　発起設立から説明しよう。発起設立の場合は、最初の出資者（＝成立後株主となる者）は、発起人のみからなる。したがって、設立時役員等の選任権は発起人にある（38条）。発起人が1人なら、その意向ですべて決まる。もっとも、発起人が複数の場合は選任のルールが必要になる。この場合に仮に民法のルールに従うと1人1票原則が適用されることとなりそうである（一般社団・財団法人法48条1項本文）。しかし、会社法は、設立時役員等の選任の場面では発起人は出資者の立場にある者と解したうえで、一般社団法人のルールとは異なり、会社法特有のルール、すなわち一株一議決権を基礎に資本多数決のルールを適用する（40条1項2項本文）。

もっとも、この場合にも重要な例外がある。すなわち、①単元株制度を採用する場合（40条2項ただし書）、②発起人が出資した株式に役員等選任

につき議決権が行使できない株式（＝議決権制限株式の一種）がある場合（40条3項5項）、③設立時に発行する株式が種類投票株式である場合（41条）、さらに④設立時に発行する株式のうちに設立時役員等選任にかかる拒否権付種類株式が含まれる場合（45条）が、例外に該当する。これらについての詳細は、60頁、65頁、94頁を参照されたい。

これに対して、あらかじめ定款において設立時役員等を定めておくことが許される（38条4項）。この場合は、発起人の出資完了を条件に、定款記載の者が設立時役員等に選任されたものとみなされる。発起人の自治を認め、手続の簡便を図る趣旨である。

なお、発起人が設立時役員等を選任する際に、特に会合を持つことを会社法は強制していない。前述の選任ルールに従って選出される限り、どのような選任の方法（会議の開催、持ち回り決議など）を選択するかは自治に委ねられている。

(3)　募集設立の場合　　募集設立の場合はどうか。募集設立においては出資者の中に、発起人と株式引受人（＝設立時募集株式の引受人）の両者が含まれている。そのため、発起人だけの意思で設立時役員等を選任することは許されない。その選任には株式引受人の意向も反映されねばならない。したがって、発起設立にはみられない特有の工夫が会社法に組み込まれている。それが創立総会の制度である。募集設立の場合は、設立時役員等の選任権限は創立総会にある（88条1項）。創立総会は設立時株主の総会と定義されている（65条1項かっこ書）。第4章で詳述するように成立後の株式会社には最高の意思決定機関として株主総会が置かれる。これに対して、以下に述べるように創立総会は株主総会とは異なる面がみられる。

創立総会は、設立時募集株式の払込期日または払込期間の末日のうち最も遅い日以後、遅滞なく招集されねばならない（65条1項）。会議体であるから、これを開催するには招集権限を持つ者（＝発起人）が、所定のルールに従い（67〜71条）、招集する。

　創立総会の権限は、会社法に規定する事項および株式会社の設立の廃止、創立総会の終結その他株式会社の設立に関する事項の決定に限定される（66条）。その最も重要な決議事項の１つが設立時役員等の選任である（88条１項）。選任のルールはやはり資本多数決原則である（72条１項本文）。もっとも、決議要件が比較的厳重である（73条１項）。

　創立総会に関しても資本多数決原則に対し以下のように重要な例外がみられる。

　　　　(あ)相互保有等による議決権停止のルールが適用される（72条１項かっこ書、会社則12条）。

　　　　(い)単元株制度の適用がある（72条１項ただし書）。

　　　　(う)議決権制限株式の場合の例外がある（同条２項）。

　　　　(え)設立時取締役特有の例外として、一種の比例代表制度である累積投票制度が認められている（89条、会社則18条）。

　　　　(お)種類投票株式を設立時株式として発行している場合の、当該設立時種類株主を構成員とする種類創立総会決議による選任が認められている（90条）。

　　　　(か)拒否権付種類株式を設立時株式として発行している場合の例外が認められている（84条）。

　これらの諸制度の詳細は、60頁、65頁、94頁、121頁、131頁を参照されたい。なお、創立総会には電子提供措置（123頁）の適用はない。

❸………設立時代表取締役の選定等

　設立時役員の範囲は、指名委員会等設置会社や監査等委員会設置会社では、それ以外の会社と異なる。以下では、説明をわかりやすくするため、指名委員会等設置会社または監査等委員会設置会社についてはふれないこととする。これらの会社の機関構成については本書第４章参照。

　設立時代表取締役の選定・解職　　　設立時役員等が選任されることにより、設立中の会社は一応機関を具備したように思われよう。たとえば取締役会を設置しない会社としてスタートするのであれば、最低限の機関として株主総会と取締役が揃っていれば機関設計上は問題はない。監査役設置

会社であれば、さらに監査役が選任されていればこれも適法に会社運営が可能である。

　もっとも、取締役会設置会社の場合は、取締役が所定員数選任されているとしても、それだけでは機関構成が適法とはいえない。なぜなら指名委員会等設置会社以外の場合には取締役の中から代表取締役を選定しなければならないからである（362条3項・399条の13第3項）。しかも、設立登記の申請に代表取締役があたらねばならないから、設立を待って代表取締役を選定する余裕はない。

　そこで、設立時取締役の1人1票による多数決をもって、設立時取締役の中から設立時代表取締役を選定することが義務づけられている（47条1項3項）。やむなく解職する場合にも設立時取締役の多数決をもって対処しうる（同条2項3項）。これは発起設立、募集設立のいずれであっても同様である（25条1項参照）。

◆発展学習　**設立時役員等の解任**

　前述したように発起設立、募集設立のいずれにおいても所定の手続を遵守することにより、設立時役員等が具備される。発起人あるいはその縁故者のうちから候補者が選ばれるケースが通常であろう。したがって、いったん選任された者を会社が成立する前に解任してしまうことは稀であろう。もっとも、やむなく解任せざるをえない事態が生じることも予想されることから、会社法は、実務の円滑な運営に配慮して、発起設立（42条）および募集設立（91条）のいずれの場合も、会社成立前の段階で、いったん適法に選任された設立時役員等を解任することができるものとしている。

　ここでの会社法の基本的な態度は、「選任権在るところに解任権在り」である。すなわち、

　(a)発起設立の場合。発起人が解任権限を有する。定款記載によりみなし選任された者も解任の対象となる（42条かっこ書）。解任の決定にも一株一議決権が原則として適用されるが、選任の項（42頁）で述べた①から④の例外がこの場合にもあてはまることに留意されたい（43条2〜5項・44条・45条）。さらに、設立時監査役の解任は単純多数決よりも要件が重

❹………設立経過の調査

　(1)　**設立時取締役等の職務**　　設立中の会社が成立後は監査役設置会社
となる場合、設立時取締役および設立時監査役の両者が選任される。これ
らの者は、会社が成立すれば取締役としてあるいは監査役として法定の職
務を行うことが求められる。それでは、選任から成立に至るまでの間、何
も仕事がないのであろうか。実はそうではない。重要な職務が法定されて
いる。それが設立経過の調査である。それゆえに会社法は、これらの者に
「設立時」という名称を冠して区別しているものと解される。そのことか
ら設立段階における設立時取締役および設立時監査役は、設立企画者であ
る発起人に対する監督者的立場にあると考えてよかろう。これらの者が選
任されるまでは、企画者である発起人の手で設立の手続が進められていく
わけだが、設立時取締役等が選任された段階でそれまでの設立の経過を調
査させて、いいかげんな設立がされないように配慮したものである。なお、
会社法は設立時取締役と設立時監査役との間で、設立過程の調査という職
務に関して後述するように若干の違いを設けている（53頁参照）。

　(2)　**職務の内容**　　まず発起設立の場合を見てみよう。設立時取締役お
よび設立時監査役は、選任後遅滞なく、定款に記載・記録された現物出
資・財産引受けについての価額の相当性、専門家の証明の相当性、発起人
の出資の履行が完了していること、その他会社の設立手続が法令定款に違
反していないことを調査しなければならない（46条1項）。調査だけでは
済まない。調査の結果、法令定款違反や不当な事項が見つかれば、その旨
を発起人に対し通知し、善処を求めねばならない（同条2項）。場合によ

っては定款の変更が必要となって、手続を一からやり直す事態に迫られる可能性もある。

次に、募集設立の場合はどうか。発起設立の場合と同様に設立時取締役および設立時監査役に対し調査義務を課している（93条1項）。募集設立の場合は、発起人に対し設立に関する事項を創立総会に報告し、検査役調査報告の内容・専門家の証明の内容を提出するように義務づけている（87条）。そのうえに設立時取締役等による調査結果が創立総会に報告されるようにしている。創立総会において説明を聞いたうえで、設立手続を続行するか否か等を設立時株主が判断する仕組みが採用されている（93条2項3項）。変態設立事項について定款変更決議も可能である（96条）。

設立経過の調査の結果は設立時株主、特に設立時募集株式の引受人に対し重大な影響を及ぼしうるものであり、それゆえに調査が公平に行われることが必要である。したがって、設立時取締役および設立時監査役の全部または一部が発起人である場合は、調査の公正さが疑われるので、創立総会決議により、別途調査担当者を選任して、これに調査させることができる（94条）。

V　設立の登記──どのようにして会社は成立するか

❶………設立の登記

ここまで会社設立手続の流れを時系列で見てきた。これまでに会社の実体が段階をおって形成されてきた。外形的にはすでに法人として存在するかに見える。事業を開始してよさそうだ。しかし、いくら外形上会社としての実体を備えていても、法律上はいまだ法人として認められない。何が足りないのか。

それは設立登記である。会社は、その本店の所在地を管轄する商業登記所に備えられた会社登記簿に登記をすることによって成立する（49条）。設立登記が持つこのような効力を、創設的効力と呼んでいる。登記の法的

効力の中でも特殊な効力である。設立登記は、会社としての実体に法人の衣装（＝法人格）を与える役割を果たしているといえよう。設立登記を経て初めて会社は一人前の法人になる。形式的すぎると思うかもしれない。しかし、会社の実体は段階を経て形成されていく。それゆえに、法的に会社として認知される手続を明確にして、法的関係を画一的に処理しておかないと、かえって無用の混乱を招いてしまうおそれがある。設立登記はこの要請に応える。以上の説明は、発起設立、募集設立を問わずあてはまる。

　本店所在地における設立登記につき登記期限および登記事項の詳しい手続は、911条を参照されたい。なお、令和元年の改正により、支店所在地における登記は不要となった。

❷‥‥‥‥‥登記の効果

　(1)　**主要な効果**　　会社は設立登記によって成立し、法人格を取得する。設立登記の直接的な法的効果は、法人格の取得といえる。しかし、設立登記の法的効果はこれにとどまらない。より重要なことは、会社が法人格を取得することによって、出資者は株主になるという効果である。すなわち、発起人は出資の履行をした設立時発行株式の株主となり（発起設立・募集設立、50条1項）、設立時募集株式の引受人は、払込みを行った設立時発行株式の株主となる（募集設立、102条2項）。発起人について「出資の履行」という言葉を使う理由は、会社法は発起人についてのみ金銭出資だけでなく現物出資を許容するからである。なお、会社法は株式会社についていわゆる労務出資・信用出資を認めていない。

　会社の機関に対する効果はどうか。選任あるいは選定された者は、会社の成立とともに、正規に会社の機関となる。払い込まれた金銭や給付された財産は、特に譲渡の手続を経ることなく当然に会社の財産となる。

　(2)　**付随的な効果**　　会社法は、出資に対して民法の意思表示の瑕疵の規定の適用を制限する。すなわち、発起人にせよ、設立時募集株式の引受人にせよ、心裡留保の無効や通謀虚偽表示の無効の主張が許されていない（51条1項・102条5項）。それでは、だまされたり、誤解して出資した者

はどうなるのか。発起人は、会社成立後は、設立時発行株式の引受けに関連して、錯誤、詐欺や強迫による取消しを主張できなくなる（発起設立・募集設立、51条2項）。同じく設立時募集株式の引受人は、会社成立後は、設立時発行株式の引受けに関連して、錯誤、詐欺や強迫による取消しを主張できなくなる（募集設立、102条6項）。もっとも、設立時募集株式の引受人は、成立よりも前に創立総会または種類創立総会で議決権を行使した後は、錯誤、詐欺や強迫による取消しを主張できなくなる。さらに、消費者契約法は、詐欺や強迫につき同法による取消権よりも会社法の規定が優先的に適用される旨を明らかにしている（消費者契約7条2項）。

　なお、発起人や株式引受人としての地位（＝権利株）は、会社成立をもって株式となり原則として自由に譲渡することが可能となるが（127条）、会社成立以前においても当事者間では有効に譲渡できる。しかし、成立後の会社は依然として譲渡人を株主として事務手続（＝株主名簿の作成や株券の発行など）を進めてよい（50条2項・63条2項）。

Ⅵ　設立の瑕疵——設立手続の瑕疵と法的処理

❶………設立の無効

　(1)　**設立手続の瑕疵をどのように処理すべきか**　設立登記を経て会社は成立した。一安心と思うかもしれない。もはや会社の地位は磐石だと。はたしてそのように言い切ってよいのか。

　先に述べたように設立過程は様々な手順を踏む。その過程に法的にみて瑕疵があると判断されることもありうる。そのような場合に登記を経たからといって瑕疵を放置しておいてよいとはいえない。一方で、どのように些細な瑕疵であっても、これを理由に会社の存在を事後的に覆してしまう結論は、必ずしも妥当とはいえない。なぜなら会社は成立を契機に本格的に事業活動を開始するので、会社と法的関係に入る者が多数生じる可能性があるからである。また、仮に会社の存在を否定するにしても、過去に遡

って法的効果を一切認めないという態度もやはり妥当性を欠くように思われる。しかも利害関係者が多数存在すると考えると、これらの者の間で法律関係を画一的に処理することも必要である。利害関係者の保護という要請は決して無視しえないのである。

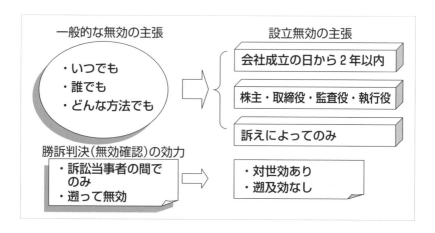

（2）**設立無効の訴え**　　会社法は、設立無効の訴えの制度を定めている（828条1項1号）。それによると、設立無効は、会社成立の日から2年以内に、会社の株主、取締役、監査役（監査役設置会社の場合）、執行役（指名委員会等設置会社の場合）が原告として（同条2項1号）、会社を被告とし（834条1号）、訴えをもってのみ主張することが許され、原告勝訴判決の効果は対世効を持つが（838条）、遡及効を否定される（839条）。民事事件の場合裁判所の判決は、原則として訴訟当事者（＝原告と被告）の間においてのみ効力が生ずる。この原則が設立無効訴訟についても適用があるとすると、仮に原告勝訴となっても当該原告と被告会社間でのみ設立が無効であるがそれ以外の者との間では無効ではないという結果を認めることとなる。これでは多数当事者間で法律関係を画一的に処理しようとする会社法の要請が果たされないこととなる。原告勝訴判決に対世効を認める趣旨は以上の理由による。また、一般的な無効の主張の場合は、原告勝訴判決が確定すると初めて当該会社の設立は当初から無効であったという判決効

が生じる。しかし、前述したように過去にさかのぼって法的効果を一切認めないとすると、かえって当事者間で混乱を生じかねない。そこで、会社法は原告勝訴判決が確定しても遡及効を否定し、将来に向かってのみ無効とする特例を認めているのである。

　無効判決が確定すると、会社は清算される（475条2号）。このように紛争処理は裁判所の手に委ねられることになっている。

◆発展学習　**設立無効の問題点など**

　もっとも、設立無効の訴えの制度について問題がないわけではない。そもそも無効原因を会社法は特定してはいない。これを解釈に委ねている。一般的には設立手続に瑕疵がある場合（＝客観的瑕疵）のみを設立無効原因であると解している。しかも重大な瑕疵、たとえば定款に必ず記載すべき事項（＝絶対的記載事項）が欠落している場合、公証人の認証がない場合、創立総会の不開催などに絞り込むべきであると考える立場が有力である。

　これに対して、個別の出資契約・株式引受契約における意思表示の瑕疵、たとえば詐害行為取消しの対象となる場合（民424条）や否認権の対象となる場合（破産160条）（＝主観的瑕疵）など、会社成立後であっても当該瑕疵を会社に対し主張することが可能な場合がある。これらの場合、その主張を許す結果、定款記載の最低出資額を満たさないこととなるような事態も考えられる。しかし、従来の学説によれば、このような場合には設立無効訴訟による画一的処理は利用できないという結論になる。

　なお、設立登記はなされているが設立手続の瑕疵がはなはだしく、したがって実体を欠いていると評価しうる場合を会社不存在という。当該会社はいわば登記簿上存在するにすぎないと評価できる場合である。会社不存在においては、誰でもいつでもどのような方法を用いてもこれを主張することが可能である。もっとも、設立無効との区別は必ずしも明確ではない。

　また、設立登記にまで至らず、途中で設立に失敗した場合を、会社不成立という。これについては、54頁を参照されたい。

❶………財産価格塡補責任

（1）**現物出資財産等の著しい不足**　会社は発起人から現物出資を受け、あるいは会社成立を条件に第三者との間で財産譲渡契約を締結する場合があることは前述したとおりである。会社設立段階においては、これらの行為は発起人の責任のもとで行われる（33条）。問題は、一応手続に則り現物出資・財産引受けが行われ、会社が成立したところ、対象財産の実際の価額が定款記載・記録上の価額と比較して著しい不足があることが判明した場合に、どのように後始末をつけるかである。このまま放置しておくことが許されるのであろうか。

　成立したばかりの会社については財産的基礎をしっかりと固めておかねばならないという要請がある。したがって、上記の事態を放置してはおけない。関係者の責任の追及を考えねばならない。この場合の関係者とは、発起人、設立時取締役、そして相当性の証明をした専門家である。

（2）**関係者の責任**　会社法はこれら関係者の責任のあり方について、かなり複雑な規定を置いている。

　発起人には現物出資者あるいは財産引受けの相手方である者と、それ以外の者が両方含まれうる。前者の直接当事者である発起人に対しては不足額支払義務を結果責任として負わせる（52条1項）。これは発起設立、募集設立を問わない。

　◆発展学習　現物出資・財産引受けにかかる発起人の責任
　　現物出資・財産引受けにつき直接当事者ではない発起人については、発起設立の場合は①検査役調査を経ている、あるいは②職務遂行につき無過失を立証できた場合、いずれかの要件を満たせば不足額支払義務を免れることができる（52条2項）。これに対して、募集設立の場合は①を満たすときのみ義務を免れることができる（103条1項）。募集設立の場合、株

式引受人の利益を配慮して、発起人に対して会社法の態度は厳しい。

設立時取締役の場合。設立時取締役の負う責任については、発起設立・募集設立いずれの場合も、直接当事者ではない発起人の場合と同様である。なお、設立時監査役は現物出資・財産引受けにかかる特別の責任を負わされていない。一般の任務懈怠責任として処理される（53条1項）。

相当性の証明をした専門家の場合。発起設立・募集設立いずれの場合も、無過失の立証責任を満たせば、不足額支払義務を免れることができる（52条3項）。

(3) 責任の追及　これらの者の責任は、いずれも会社に対する責任である。発起人および設立時取締役の責任は、連帯責任である（52条1項）。本来は会社が責任を追及すべきである。もっとも、発起人および設立時取締役という会社関係者の責任追及は甘くなりがちである。そこで、株主が会社に代わって代表訴訟提起により責任を追及する機会が保障されている（847条）。したがって、発起人および設立時取締役の対会社責任は、総株主の同意がないと免除できない（55条）。

❷………任務懈怠責任

(1) 対会社責任　設立企画者である発起人、設立の経過を調査する任務を負う設立時の取締役や監査役は、上述した財産価格填補責任を負うだけでは済まない。それぞれに課せられた任務を怠れば、それは一般の債務不履行と評価されてしまう。その債務不履行と相当因果関係に立つ損害を賠償する責任が生じるのは当然である（53条1項）。責任を負うべき発起人らが複数の場合は、その責任は連帯責任となる（54条）。株主の代表訴訟の対象となり（847条）、総株主の同意がないと免除されない（55条）。

(2) 対第三者責任　発起人らが会社に対する任務を怠った結果、これらの者を信頼して会社と取引関係に入った者が損害を被ることもありうる。発起人らに任務懈怠につき悪意あるいは重過失があれば、損害を被った第三者に対して、その任務懈怠と相当因果関係に立つ損害を連帯して賠償す

る責任を負う（53条2項・54条）。

❸………会社不成立の責任

　発起人は設立企画者として設立手続をこなしていく。仮に会社成立に至らなかった、つまり設立に失敗した場合、発起人は責任を取らねばならないのか。挫折するまでに行われた行為について、この場合も後始末の問題が残る。

　発起人は、連帯して、会社の設立に関してした行為についてその責任を負い、会社の設立に関して支出した費用を負担する（56条）。前者の責任は、会社と取引関係に入った者に対する責任である。これらの責任は無過失責任と解される。設立企画者としての発起人の責任は本当に厳しい。

❹………仮装の出資履行に関与した者の責任

　仮装の出資履行があった場合（40頁参照）には、これに関与した発起人や設立時取締役は責任が課されることになっている。すなわち、関与した発起人や設立時取締役は、会社に対して出資の履行を仮装した発起人や株式引受人と同様の義務を負う（52条の2第2項・103条2項）。ただし、注意を怠らなかったことを証明した場合には、そのような義務を負わない（52条の2第2項ただし書・103条2項ただし書）。以上の仮装の出資履行に関与した発起人や設立時取締役の責任は総株主の同意がなければ免除できない（55条・103条3項）。

第3章

第3章 株主と株式

Ⅰ　株主の責任・権利──株主と会社との関係

❶………**株主の責任**

　株式会社においては株主有限責任の原則がとられており、会社法は、「株主の責任は、その有する株式の引受価額を限度とする（104条）」ことを定めている。これは、株主が負担するのは自分が引き受けた株式の価額（＝引受価額）に限られるということである。株主（払込みの当時は株式引受人）は、この引受価額を現実に払い込まなくてはならない。したがって払込みをする債務を自分が会社に対して持っている債権で相殺することはできない（208条3項）。この払込みをして株主になってから後は、追加的な責任を負うことは一切ない。

❷………**株主が原則的に持つ権利**

　会社法105条は、株主が原則的に持つ権利について定めている。株主は、①剰余金の配当を受ける権利（247頁以下参照）、②残余財産の分配を受ける権利[1]、③株主総会における議決権と、これらの3つの権利の他に会社法の規定によって認められた権利を持つとされている（105条1項）。105

---

1)　残余財産　会社が解散し、清算される際に残っている会社の財産。

条 2 項は、株主に、剰余金の配当を受ける権利および残余財産の分配を受ける権利の全部を与えないような定款の定めは無効であることを定めている。これは、団体に生じた利益を構成員に分配するという会社の営利性を表す規定である。会社の営利性については、1〜2頁、9頁を参照。

❸………株主の権利の分類

　株主は、会社に対する様々な権利を持っている。これらの権利は、株主の会社に対する社員としての地位、言い換えれば会社の所有者としての地位に基づいて認められているものである。株主が持っている権利は、その内容に応じて自益権と共益権という 2 つの種類に分類することができる。自益権とは、株主が会社から直接経済的な利益を受けることができる権利であり、共益権とは、株主が会社の経営に参加する権利をいう。自益権も共益権も株主自身の利益のための権利であることには変わりはないが、その行使方法には次のような違いがある。

　自益権については、1 株以上を持つ株主は誰でも行使することができる。このような権利を単独株主権と呼ぶ。自益権の例としては、剰余金の配当を受ける権利、残余財産の分配を受ける権利、自分の持っている株式を公正な価格で買い取ることを会社に請求する権利（＝株式買取請求権）などが挙げられる。

　これに対して共益権は、一定の要件（＝行使要件）を満たした株主のみが行使できるものである。このような権利を少数株主権と呼ぶ。これは、共益権は権利行使の影響が他の株主にも及ぶことから、共益権の中でも特に権利内容が強力で濫用の危険がある権利の行使については、持株数、議決権の数、株式の保有期間による行使要件を課したことによる。例外的に差止請求権や株主代表訴訟の提起権等は株主の権利として重要なので単独株主権である（ただし多重代表訴訟については、◆発展学習　**多重代表訴訟**180 頁参照）。権利の濫用を防止するために、行使要件として 6 ヶ月の株式保有要件が課されている（360 条 1 項・847 条 1 項）。

少数株主権の行使要件を決める基準には、総株主の議決権の一定割合以上を持つ株主であることという議決権基準と、発行済株式の一定割合以上を持つ株主であることという株式数基準とがある。株式数基準が使われるかどうかは、少数株主権の性質によって決められる。議決権に関係なく株主であれば当然に認められるべき性質の権利であれば、株式数基準が使われることになる。たとえば、帳簿閲覧等請求権（433条）、会社の業務および財産の状況を調査する検査役の選任請求権（358条）、会社の解散を請求する権利（833条）、会社役員の解任を請求する権利（854条）については、議決権基準と株式数基準のいずれかを満たした株主であれば行使することができる。

株式数基準に関連して注意しなくてはならないのは、会社が持つ会社自身の株式（＝自己株式）の数は発行済株式の数に算入されないということである。これは、自己株式を計算の基礎に含めると、自己株式の割合が大きい場合には、他の株主による少数株主権の行使を不当に制限する可能性が生じるからである。

議決権数と株式数の他の行使要件には株式の保有期間による要件がある（単独株主権の一部にもつけられている）。しかし非公開会社には、単独株主権についても少数株主権についても株式保有要件は課されていない。これは、非公開会社においては6ヶ月の株式保有要件を課す必要性が低いと考えられているからである。なぜなら、非公開会社の株主はお互いに信頼関係のある者のみで構成されている場合が多いことから、株式の第三者への譲渡には株式会社の承認が必要とされており、権利の濫用のおそれがないからである。

❹………株主平等原則

株主は、株主としての地位に基づく権利義務関係について、平等の取扱いを受けなければならない。これは、「株主平等原則」と呼ばれるものである。この原則によれば株主は、自分が持っている株式の内容と数に応じて平等に取り扱われることとなる（109条1項）。したがって「株主」平等原則といっても、どのような株式を何株持っているかにかかわりなくすべ

ての株主が平等に取り扱われるという意味ではない。株式の内容に応じた平等であるから、異なる内容の株式を持つ株主の間では異なった取扱いが許される。たとえば優先的に配当を受けるという内容の株式（＝優先株式）を持つ株主は、そうではない株主とは異なった取扱いを受けることができる。また、株式数に応じた平等ということから、たとえば10株を持つ株主は、1株を持つ株主の10倍の議決権を与えられることになる。

◆発展学習 **株主平等原則の例外**

　株式の内容と数に応じて平等に取り扱うという原則には、いくつかの例外が認められている。

　非公開会社は、剰余金の配当を受ける権利、残余財産の分配を受ける権利、株主総会における議決権について、株主ごとに異なる取扱いを行う旨を定款で定めることができる（109条2項）。このような定款の定めがある場合には、株主が持つ株式を内容の異なる種類の株式とみなして、種類株式と同様の扱いをすることとなる。非公開会社では、株主相互の関係が緊密であり、株式ではなく個々の株主ごとに異なる取扱いを認めるニーズがあることから、株主平等原則の例外が認められているのである。

　なお、会社が単元株式制度（94頁以下参照）を採用する場合は、一株一議決権ではなく、1単元について一議決権となるので（308条1項ただし書）、株主平等原則の例外といえる。

　株主優待制度（TOPICS **株主優待制度** 250頁参照）も株主平等原則との関係で問題となる。株主優待制度は、一定数以上の株式を持つ者にのみに優待的な取扱い（例として鉄道会社から乗車票の贈呈、映画会社から映画チケットの贈呈など）をするからである。株主優待制度については、優待的扱いの程度が軽微な場合には、実質的に見て株主平等原則に反するとはいえないと考えられているが、優待的扱いの程度によっては疑問も生じうる。

◆発展学習 **株式が相続された場合**

　株式が共同相続された場合などには、数人で株式を共同で保有することが認められる。これを株式の共有という（共有株式）。共有株式の権利行

使について会社法は、106条にルールを定めている。株式の共有者は、共有株式についての権利行使者1人を定めて、その者の氏名または名称を通知しなければ権利行使することができない。ただし、会社が同意していれば権利行使できる（106条ただし書）。この「会社の同意」について、近年の下級審裁判例には、共有者のうち1人が会社の同意を得ることで他の共有者の意思に反して権利行使することまでは認められないとしたものがある。また、共有者のうち2分の1の持分しか持たない者が会社の同意さえ得れば、その議決権行使は適切な権利行使と認められるのかという事案につき、最判平成27年2月19日民集69巻1号25頁は、共有株式についての議決権行使は、株式の管理に関する行為として、民法252条本文により、各共有者の持分の価格に従い、その過半数で決定すると判示した。

　共有者は、株式会社から株主に対してする通知または催告を受領する者を1人定めて、その者の氏名または名称を株式会社に通知しなくてはならない（126条3項）。この受領者についての通知がない場合には、株式会社は共有者のうちの1人に通知または催告をすればよい（126条4項）。

Ⅱ　株式の内容——様々なタイプの株式の必要性

❶………種類株式

　株式会社は、一定の事項について内容の異なる種類の株式を発行することができる。数種の株式を発行することで、様々な投資目的を持つ投資者のニーズに対応することになり、会社にとっても資金調達が容易になるというメリットがある。しかし場合によっては既存の株主の利益を害することもありうるため、種類株式については、定款に「発行可能種類株式総数」と一定の「事項」を定めておかなければならない（108条2項）。ただし剰余金の配当などについては、定款で要綱だけを定めておき、詳細については発行時までに株主総会の決議によって定めればよい（同条3項）。

(1) **剰余金の配当・残余財産の分配に関する種類株式**　　剰余金の配当や残余財産の分配について、他の株式よりも優先的な扱いを受けるものを

優先株式、劣後的な扱いを受けるものを劣後株式という。優先株式を発行するメリットとしては、たとえば業績の不振な会社が新株を発行する場合に、剰余金配当を優先的に受けられる株式を発行すれば、株主を集めやすくなることが考えられるだろう。劣後株式を発行するメリットとしては、業績のよい会社が既存の株主の利益を害さずに資金調達をできることなどが挙げられるだろう。このような株式を発行する場合には、次のことを定款に定める必要がある。たとえば剰余金の配当（108条1項1号）についての株式であれば、この種類株式を持つ株主に交付する配当財産の価額の決定の方法、剰余金の配当をする条件その他剰余金の配当に関する取扱いの内容である（同条2項1号）。剰余金の配当に関する取扱いの内容としては、配当すべき時期や配当すべき財産の種類などが考えられる。残余財産の分配（同条1項2号）についても、株主に交付する残余財産の価額の決定方法などを定める必要がある（同条2項2号）。

(2) **議決権制限株式**　議決権制限株式とは、株主総会で議決権を行使できる事項について制限がつけられている株式のことである（108条1項3号）。会社にとって議決権制限株式を発行するメリットは、会社の支配関係に大きく影響を与えずに資金調達ができるという点である。たとえば無議決権株式や、決議事項ごとに議決権を与えるといった株式を発行することも可能である。このような株式を発行するには、定款に次の事項を定めなければならない。それは、株主総会でどのようなことについて議決権を行使できるのかということと、議決権行使の条件を定めるときはその条件についてである（同条2項3号）。

　議決権制限株式の発行は、配当などの条件がよければ株主総会での議決権には関心のない株主のニーズにも応えるものである。しかしこのような株式をあまり多く認めると、少数の議決権のある株式によって会社が支配される危険性があるため、特に公開会社については議決権制限株式の数については制限が設けられている。公開会社において、議決権制限株式が発行済株式総数の2分の1を超えた場合には、会社はただちに議決権制限株式の数を発行済株式総数の2分の1以下にするための必要な措置をとらな

ければならない（115条）。この措置としては、議決権制限株式の発行数を減少させること、または他の種類の株式の発行数を増加させることが考えられる。

⑶ 譲渡制限株式　　譲渡制限株式とは、譲渡による株式の取得について株式会社の承認を要する株式をいう（2条17号）。つまりその株式を持つ株主は、会社の承認がなければ自由に第三者に株式を売り渡すことはできない（108条1項4号）。このような株式を発行するメリットは次のような点にある。株式会社には小規模な会社や同族企業が多いが、このような会社では株主の個性が重視されるため、外部の者が株主となることはあまり好まれない。そこで、会社の承認を受けなければ譲渡できない株式を発行することにより、会社にふさわしいと思われる者だけを株主とするのである。このような株式を発行するには、次の事項を定款に定めなければならない。それは、当該株式を譲渡により他人が取得することについて、当該株式会社の承認が必要であること、一定の場合においては、譲渡制限株式の譲渡について承認をしたとみなす場合には、その旨と、「一定の場合」とはどのような場合かについてである（108条2項4号・107条2項1号）。譲渡制限株式の譲渡について承認をする会社の機関については、79頁を参照。

⑷ 取得請求権付株式　　取得請求権付株式とは、株主が会社に対して会社の発行する株式の取得を請求することができる株式をいう（2条18号・108条1項5号）。つまり、この株式を持っている株主が会社に対して自分の持つ株式を取得するよう請求した場合には（166条）、会社は株式を取得しなくてはならない。この株式は、議決権制限株式や優先株式とセットにすることで投資家にとって次のようなメリットがある。つまり、会社の業績が悪い間は議決権の制限された優先株式を持ち、会社の業績が向上した場合に取得請求権を行使して会社に株式を買い取らせ、議決権の制限のない株式を交付してもらうということである。

　このような株式を発行するためには、定款に次の事項を定めなければならない（108条2項5号・107条2項2号）。それは、株主は株式会社に対し

て株式を取得するよう請求することができること、この1株を取得するのと引換えに会社は株主に何を交付するのかについてである。引換えに株式会社の社債（2条23号）を株主に交付するときは、この社債の種類と種類ごとの各社債の金額の合計額またはその算定方法を定めなくてはならない。新株予約権（同条21号）を交付するときは、新株予約権の内容および数またはその算定方法を定めなくてはならない。新株予約権付社債を交付するときは、新株予約権付社債（同条22号）の種類および種類ごとの各社債の金額の合計額またはその算定方法およびこれに付された新株予約権の内容および数またはその算定方法を定めなくてはならない。他の種類の株式を交付するときは、他の株式の種類および種類ごとの数またはその算定方法を定めなくてはならない。株式等以外の財産を株主に交付するときは、当該財産の内容および数もしくは額またはこれらの算定方法、株主が自分の持っている株式の取得を請求できる期間を定めなくてはならない。

(5) **取得条項付株式**　取得条項付株式とは、一定の事由が生じたことを条件として、株主の同意なしに株式会社が取得することができる旨の定めを設けている株式のことをいう（2条19号・108条1項6号）。

このような株式を発行するためには、定款に次の事項を定めておかなくてはならない（108条2項6号・107条2項3号）。一定の事由が生じたことを条件として株式会社がこれを取得することができる旨、「一定の事由」とは何かについて、当該株式会社が別に定める日が到来することを「一定の事由」とする場合はその旨、一定の事由が生じた日に株式の一部を取得するのであればその旨と決定方法を定めなくてはならない。この株式1株を取得するのと引換えに、当該株式会社の社債を株主に交付するときは社債の種類および種類ごとの各社債の金額の合計額またはその算定方法を定めなくてはならない。新株予約権を交付するときは、新株予約権の内容および数またはその算定方法を、新株予約権付社債を交付するときは、新株予約権付社債の種類および種類ごとの各社債の金額の合計額またはその算定方法と、これに付された新株予約権についての内容および数またはその算定方法を定めなくてはならない。他の種類の株式を交付するときは、そ

の種類および種類ごとの数またはその算定方法を定めなくてはならない。株式等以外の財産を株主に交付するときは、当該財産の内容および数もしくは額またはこれらの算定方法を定めなくてはならない。

(6)　**全部取得条項付種類株式**　　全部取得条項付種類株式とは、株主総会の特別決議（171条1項・309条2項3号）によって、ある種類の株式全部を株式会社が取得できる株式をいう（108条1項7号）。取得条項付株式が一定の事由によって取得されるのに対して、株主総会決議によって取得される点が異なっている。この制度は、倒産状態にある会社において、発行している株式すべてを会社が取得して消却すること（＝100％減資）をスムーズに行うことを大きな目的として作られたものである。このような株式を発行するためには、取得対価の価額の決定方法を定款に定めておかなくてはならない（同条2項7号）。しかし、具体的な取得対価の価額や内容については株主総会決議において決定することになるので、定款には、株主総会決議で取得対価を決定する際に参考となる事項のみを定めておくのでよい。この種類の株式を取得する対価としては、株式、社債、新株予約権、新株予約権付社債、株式等以外の財産が挙げられており、取得を決定する株主総会ではこれらの取得対価の種類・内容・数・算定方法などについて決定しなければならない（171条1項1号）。

TOPICS

企業買収における全部取得条項付種類株式と少数株主の締め出し

　本文に述べたとおり、全部取得条項付種類株式は主に100％減増資を円滑に行う方法として利用されることを念頭に置いていた。しかし、条文上はそのような利用方法に限定されていないため、最近では全部取得条項付種類株式は次のような場面で利用されることもある。

　たとえば、Y社という上場会社を株式取得の方法で企業買収しようとする場合、買収者Xはまず公開買付を行ってY社株式を大量

に買い集めようとするだろう。しかし、一部の株主がこの公開買付に応じないこともある。Ｘとしてはｙ社株式の100％を取得すれば、Ｙ社を管理運営するにあたって他の株主の利害に気を配る必要もなくなるし、Ｙ社は一人会社（株主がＸのみ）になることから厳格な株主総会の招集手続を省略することもできる。Ｘにしてみれば、第一段階として上のようにして公開買付によりＹ社株式の大部分（株主総会の特別決議を成立させることが可能な議決権割合：309条2項参照）を手に入れたあと、第二段階として残存する少数株主から株式を取得する方法があれば好都合である。全部取得条項付種類株式はこのような残存株主を締め出すために利用されることがある。

　Ｙ社が同一内容の株式（Ａ種株式）のみを発行する会社である場合、①まずこれとは別の内容のＢ種種類株式を発行する旨の定款変更を行う。②次にＡ種株式に全部取得条項を付す旨の定款変更を行う（これでＡ種株式が全部取得条項付種類株式となる）。③最後にＹ社が全部取得条項付株式を取得する株主総会決議（171条）を行う。これによって残存株主の保有する株式もＸの保有する大量の株式もＹ社に取得されることになるが、取得の対価をＢ種種類株式とするとともに、Ｘには全部取得条項付種類株式と引き換えにＢ種種類株式が1株以上交付され、残存株主には1株未満の端数が交付されるように定めれば（171条1項1号イ・2項）、残存株主には端数の合計数に相当する株式の競売等によって得られた代金が端数に応じて交付されることとなり（234条1項2号・2〜4項）、ＸのみがＹ社株主の地位を維持することができるのである（たとえば、Ｙ社全部取得条項付種類株式100株のうちＸが80株を保有する場合、その1株と引き換えにＢ種種類株式を0.0125株の割合で交付する）。このようにして買収者は株式を対価にして自らは株主の地位を失うことなく少数株主を締め出すことができる。

　締め出される残存株主は、全部取得条項が自己の有する種類株式に付される場合、それが決議される株主総会に先立って決議に反対する旨を会社に通知したうえで、株主総会においても決議に反対すれば、会社に対し株式の買取請求権を行使することができ、買取価

格に不満があれば裁判所に価格決定を申し立てることができる（116条1項2号・2項・117条）。また、全部取得条項付種類株式の取得に関する株主総会（171条1項）で決議された取得対価に不満な株主は、裁判所に対し取得価格の決定を申し立てることができる（172条1項）。ただし、その価格の決定は容易ではない。

(7) **種類株主総会の決議を必要とする株式**　株式会社は、株主総会において決議すべき事項（取締役会設置会社では株主総会または取締役会が決議すべき事項）について、議決権のある株主全員を構成員とする通常の株主総会決議のほか、種類株主総会（2条14号）の決議も必要とする株式を発行することができる（108条1項8号・2項8号）。これは、種類株主の利益を守るために設けられている規定である。種類株主総会は、このような種類の株式を持つ株主（＝種類株主）によって構成されるものである。種類株主総会は、それぞれの種類株主を構成員とするもので、法定種類株主総会（322条）と、任意種類株主総会（323条）とがある。法定種類株主総会は、会社法上必ず開催する必要があり、種類株主間の利害調整のためのものである。これに対し、任意種類株主総会は、各社が任意に定款の定めにもとづいて行うことができる。どちらの種類株主総会も会社法または定款に定めた事項に限って決議することができる（321条）。種類株主総会については、◆発展学習　**種類株主総会** 126頁を参照。

(8) **種類株主総会において取締役または監査役を選任する株式**　株式会社（指名委員会等設置会社（169〜176頁を参照）と公開会社以外の株式会社）は、次のような種類の株式を発行することができる。それは、この種類の株式を持つ種類株主を構成員とする種類株主総会において、取締役（監査等委員会設置会社においては、監査等委員である取締役またはそれ以外の取締役）または監査役を選任することを求める株式、すなわち役員選任権付の株式である（108条1項ただし書）。この種類株式が指名委員会等設置会社以外の非公開会社にのみ認められているのは、公開会社においては

経営者支配のために濫用されるおそれがあるからである。役員選任付種類株式を発行できることで、合弁会社やベンチャー企業などで株主になろうとする複数の者たちのニーズがそれぞれ異なる場合に、2つの種類株式を発行することによって、それらのニーズに応えることができる。たとえば、A種類株式を持つ種類株主は2名の取締役を選任することができるが、B種類株式を持つ種類株主は1名の取締役しか選任できない代わりに他のメリットがあるというような設計が考えられる。このように、それぞれの種類株主総会で取締役を選任できるという仕組みをクラス・ボーティングと呼ぶ。

❷………株式の内容についての特別な定め

株式会社は発行する株式のすべてを譲渡制限株式、取得請求権付株式、取得条項付株式にすることができる（107条1項）。発行する株式全部をこのような内容の株式にする場合は、それぞれ定款で107条2項1号から3号に挙げられた事項を定めなければならない。譲渡制限株式については、「譲渡による当該株式の取得について、会社の承認を要すること」（同項1号）、取得請求権付株式については、「株主が当該株式について会社に対してその取得を請求できること」（同項2号）、取得条項付株式については、「当該株式について、会社が一定の事由が生じたことを条件としてこれを取得することができること」（同項3号）についてである（❶の(3)〜(5)の説明を参照）。すでに発行している株式のすべてを取得条項付株式にするためには、株主全員の同意を得なければならない（110条）。

Ⅲ 株式の買取請求
──会社に株式を買い取らせることができるか

❶………株式買取請求権とは

持分会社の社員は自分の意思によって退社することができるが（606条）、

株式会社の株主はそれができない。株主有限責任の原則をとる株式会社においては、会社財産の維持が重要だからである。仮に株主に上記の退社と同じことを認めるとすると、会社財産が減り、会社債権者の利益に反することになる。では、会社の経営に不満のある株主はどのような方法をとることができるだろうか。たしかに譲渡制限株式でない限り、株主は株式を第三者に譲渡することで投資額を回収することができる。したがって不満のある株主は市場で株を売却すればよいと思うかもしれない。しかし、会社の行為の影響を受けて下落した市場価格でしか売却できないとすれば、会社の行為に反対する少数株主の利益を十分に保護しているとはいえないだろう。そこで会社法は、株主の利益に重大な関係があることについて株主総会決議や会社の行為があった場合には、それに反対する株主には次のような権利を認めている。それは、自分の株式を公正な価格で買い取ることを株式会社に要求する権利（＝株式買取請求権）である（116条）。この制度は、自分が株式に投資した金銭（＝投下資本）を公正な価格で回収することを株主に保障した制度であるといえる。組織再編の場合の株式買取請求権については、271頁、278頁、286頁、290頁を参照。なお、株式買取りの効力が生じるのは、効力発生日（株式買取請求権が生じる原因となる行為の効力発生日）である（117条6項・470条6項・786条6項）。

◆発展学習　**株式買取請求と株式の評価**
　　株主が株式買取請求を行う際に、株式の評価が問題となる場合がある（株式の発行が有利発行になるかどうかを判断する場合（199条3項）や、譲渡制限株式の譲渡を希望する株主と会社が、買取価格について協議が成立しなかった場合（144条2項）など他の場面でも株式の評価が問題となる）。株式買取請求が認められるのは、株式に譲渡制限をつけるための定款変更決議（116条1項）や、合併や事業譲渡に関する株主総会決議に反対した株主についてである。その株式に市場価格が存在する場合には、株式の評価は市場価格（株価）を参照して行われる（合併の場合は、シナジーも考慮される。◆発展学習　**公正な価格**273頁参照）。

市場価格について、それが株式の客観的な価値を正確に反映しているかどうかを疑問視する意見もあるが、株式の評価がより困難なのは、市場価格のない非上場株式である。非上場株式の評価方法には、多くの判例が採用してきた比準方式（評価対象となる株式を発行している会社と業種が類似する会社であって株式を上場している会社の市場価格と比較する方式）や、純資産方式（会社の純資産額を発行済株式の総数で除する方式）、収益方式（会社の将来の収益を予想して評価する方式）、配当還元方式（将来会社から与えられる配当を考慮して評価する方式）、DCF方式（会社の将来のフリー・キャッシュ・フローを予測し、その金額を割り引いて企業価値を求め、そこから会社の負債額を引いて評価する方式）などがある。また、これらの方式が併用されることもある。近時の裁判例には、配当還元方式に近い方式を採用したものがある。

❷………株式買取請求が認められる場合

116条1項によれば、次の場合に株式の買取請求が認められる。

(1) 株式会社が発行する全部の株式を譲渡制限株式とするために定款変更をする場合（116条1項1号）　会社が発行する株式全部を譲渡制限のついた株式にする場合には（107条1項1号）、株主総会の特別決議による定款変更が必要である。この場合には、すべての株式について株式買取請求権が認められる。自分の持つ株式に譲渡制限がつくということは、これからは株式を第三者に自由に譲渡できなくなることを意味し、株主は重大な影響を受けるからである。このような株主の利益を保護するために株式買取請求権が認められる。

(2) ある種類の株式の内容として譲渡制限の定めまたは全部取得条項の定めを設けるために定款変更をする場合（116条1項2号）　ある種類の株式を譲渡制限株式（108条1項4号）または全部取得条項付株式にするためには（同項7号）、株主総会の特別決議による定款変更が必要である。この場合には、次の株式を持つ株主に株式買取請求権が認められる。それは、①譲渡制限をつけられようとしている株式または全部取得条項付株式にされようとしている株式（111条2項1号）、②取得請求権付株式の取得

対価として、譲渡制限をつけられようとしている株式または全部取得条項付株式が交付されることが予定されている場合の取得請求権付株式（同項2号）、③取得条項付株式の取得対価として、譲渡制限をつけられようとしている株式または全部取得条項付株式にされようとしている株式が交付されることが予定されている場合の取得条項付株式（同項3号）である。

　まず①の株主に株式買取請求権が認められるのは、(1)の場合と同じく自分の株式に譲渡制限をつけられる株主の利益を保護するためである。次に②と③の場合に認められるのは、自分が持っている取得請求権付株式や取得条項付株式の代わりに受け取る株式が譲渡制限株式または全部取得条項付株式になるということから、やはりそのような株主の利益を保護する必要があるからである。

　(3)　**会社が一定の行為をする場合において、ある種類の株式（322条2項の規定による定款の定めがあるものに限る）を持つ種類株主に損害を及ぼすおそれがあるとき（116条1項3号）**　会社がする一定の行為は、116条1項3号に列挙されている。具体的には、株式の併合または株式の分割、185条に規定する株式無償割当て、単元株式数についての定款の変更、当該株式会社の株式を引き受ける者の募集（202条1項各号に掲げる事項を定めるものに限る）、当該株式会社の新株予約権を引き受ける者の募集（241条1項各号に掲げる事項を定めるものに限る）、277条に規定する新株予約権無償割当てである。322条2項による定款の定めとは、種類株主総会の決議を要しない旨の定めである。つまり、種類株主総会の決議もなく、損害が及ぶおそれがある場合に限って、ある種類の株式を持つ株主の利益を保護するために株式買取請求権が認められるということである。

❸………株式買取請求権が認められる株主と請求手続

　会社が116条1項各号に挙げられる行為をしようとする場合には、反対株主に株式買取請求権が認められる。株式買取請求権を行使しようとする株主は、会社の行為の効力が生じる日（＝効力発生日）の20日前の日から効力発生日の前日までの間に、株式買取を請求する株式の数を明らかに

して請求しなければならない（116条5項）。株式買取請求をしようとする株式が振替株式（76頁以下参照）の場合は、当該振替株式について買取口座[2]を振替口座とする振替の申請をしなければならない（社債株式振替法155条3項）。種類株式を発行している会社では、株式の種類と種類ごとの数についても明らかにする必要がある。しかし請求をするためには、株主は株式会社の行為の時期と内容とを知る必要があろう。このことは次のような規定によって解決されている。ある行為をしようとする株式会社は、効力発生日の20日前までに、116条1項1号から3号が定める株式を持つ株主に、その行為をすることを通知しなくてはならない（116条3項）。この通知の代わりに公告をすることもできる（同条4項）。これによって株主は株式買取請求権を行使する機会を得ることになる。

　反対株主として認められる株主は、株主総会決議や種類株主総会決議を必要とする場合とそうでない場合とで異なっている。決議を必要とする場合に株式買取請求権が認められるのは、次の株主である。第一に、会社の行為を決める株主総会（種類株主総会も含む）において議決権を行使できる株主であって次の要件を満たした者である。その要件とは、株主総会が開かれる前に、自分が会社のある行為に反対することを株式会社に通知したうえで、株主総会においてもその行為に反対したということである。第二に、株主総会（種類株主総会も含む）で議決権を行使することができない株主にも株式買取請求権が認められる。第三に、決議を必要としない場合にはすべての株主に株式買取請求権が認められる（116条2項）。

　株式買取請求をした株主は、その請求を撤回することができるが、市場で売却した方が有利と判断した時点で請求を撤回するという投機的行動の防止のために、撤回には株式会社の承諾がなければならない（116条7項）。振替株式の場合は、この承諾をした株式会社は、振替株式について当該株主の口座を振替先口座とする振替の申請をしなければならない（社債株式振替法155条5項）。これは、撤回の制限を実効化するために設けられた規

2）　買取口座とは、振替株式の振替を行うための口座をさす。

定である。もし株式会社が、株主が反対していた行為を中止した時は、株式買取請求はその効力を失うことになる。

　株式買取請求権が行使されると、株式会社は株主に金銭を支払うわけであるが、この場合にも財源規制のかかることがある。

Ⅳ　株主名簿──会社は誰を株主として扱うのか

❶………株主名簿の作成・記載・書面交付

　株式会社は、株主名簿を作成し、次の事項（＝株主名簿記載事項）を記載・記録する義務を負う。第一に、株主の氏名または名称および住所である（121条1号）。この住所は、株式会社が株主に対してする通知または催告のあて先として使われる（126条1項）。第二に、株主が持っている株式の数である。これについて種類株式を発行する会社では、株式の種類および種類ごとの数を記載・記録しなければならない（121条2号）。第三に、株主が株式を取得した日である（同条3号）。第四に、株式会社が株券発行会社（107頁を参照）である場合には、株式の株券番号である（同条4号）。この株式については、株券が発行されているものに限られる。

　株券発行会社でない株式会社の株主は（122条4項）、次の請求をすることができる。それは、株主名簿に記載された株主名簿記載事項を記載した書面の交付と、株主名簿記載事項を記録した電磁的記録の提供である（同条1項）。これらの書面には、株式会社の代表取締役または代表執行役が、署名するか記名押印しなければならない（同条2項）。

❷………株主名簿管理人

　株式会社は、自らに代わって株主名簿に関する事務を行う者を置くことを定款で定め、事務を委託することができる。株主名簿に関する義務とは、株主名簿の作成および備置きその他の事務である。その他の事務には、名義書換業務も含まれる。

❸………基準日制度

(1) **基準日**　株式会社は、一定の日（＝基準日）を定めて、この日に株主名簿に記載・記録されている株主（＝基準日株主）を権利者と定めることができる（124条1項）。これを基準日制度という。

株式会社が基準日を定める場合には、株式会社は、基準日株主が行使することのできる権利の内容がどのようなものであるかを定めなくてはならない（124条2項）。124条2項によればこの権利は、基準日から3ヶ月以内に行使するものに限るとされている。ただし、ここでの権利は、厳密な意味で「行使」されるものでなくてもよい。たとえば、株式分割（183条1項）は、厳密には権利の「行使」ではないが、基準日を設定することとされている（同条2項1号）。

(2) **基準日以後の株式取得者**　(1)で述べたように、権利者として認められるのは基準日に株主名簿に記載されている株主である。しかし株式会社は、基準日後に株式を取得した者であっても、それらの者の全部または一部について、権利を行使することができる者として認めることができる（124条4項）。ただし、ここでの権利は株主総会または種類株主総会における議決権に限られる。これにより、基準日後に新たに株主になった者にも議決権行使の機会を与えることが可能になる。このように基準日後の株式取得者に議決権を行使させるかどうかの決定は取締役会の裁量に委ねられるが、基準日の時点で株主であった者の権利を害するような決定はできない（同項ただし書）。基準日後に組織再編行為などによって株式を会社から取得した者には議決権の行使を認めることができるが、会社以外の者から株式を譲り受けた者には議決権の行使は認めることはできない。議決権行使を認めることで、基準日株主の権利を害することになるからである。

TOPICS

基準日についての問題点

基準日制度は、ある一定の日を基準日と定めて、この日に株主名簿に記載・記録されている株主を権利者と定める制度である（124

条）。これについては、近年いくつかの問題点が指摘されている。会社法は、基準日から権利行使日（議決権行使日など）までの期間を3ヶ月以内と定めるだけであり、基準日や定時株主総会の開催日を決定する基準までは定めていない。しかし慣行的に日本の上場企業は、事業年度の末日（決算期）を基準日とするものが多く、基準日から約3ヶ月を計算すると結果として6月末日に株主総会の開催が集中することになる。決算期を基準日とすることで、株主総会開催までのスケジュールは非常にきついものとなるから、会社側にとっても負担が多い。また、基準日から3ヶ月間の時間が空くことで、基準日には株主であった者がその後株式を売却し、株主総会ではすでに株主ではない者が議決権行使をして意思決定をするという問題が考えられる。この問題点の解決については、基準日を決算期からずらす、あるいは議決権行使日までの期間を短縮するなどの方策が検討されている。

❹………株主名簿の閲覧等請求

(1) 株主および債権者の閲覧等請求権　株式会社は株主名簿を本店に備え置かなくてはならない。ただし株主名簿管理人が定められている場合には、株主名簿はその営業所に備え置くことになる（125条1項）。

　株主および債権者は株式会社の営業時間内はいつでも株主名簿の閲覧等請求をすることができる。閲覧等請求とは、閲覧および謄写請求のことである。株主名簿が書面をもって作成されているときは、当該書面の閲覧等請求をすることができる。株主名簿が電磁的記録をもって作成されているときは、この電磁的記録に記録された事項を紙面または映像面に表示する方法により表示したものの閲覧または謄写の請求をすることができる（125条2項、会社則226条6号）。ただしこの請求をする場合には、請求の理由を明らかにしなければならない。また、親会社株主も、権利を行使するため必要があるときは、裁判所の許可を得てこの請求をすることができる（125条4項）（親会社株主の監督是正権については、291頁参照）。

(2) **閲覧等請求に対する拒絶理由**　　株主や債権者から株主名簿の閲覧等請求をされた場合に株式会社は、これを拒むことはできない。ただし、125条3項は、株式会社が閲覧等請求を拒絶することのできる場合を定めている。これは、いわゆる名簿屋が名簿の入手によって利益を得るために利用するという弊害を防ぐため、あるいはプライバシー保護という観点からの問題に対応するための規定である。株式会社による拒絶が認められるのは次の場合に限定されている。

　　①閲覧等請求を行う株主または債権者（＝請求者）がその権利の確保または行使に関する調査以外の目的で請求を行ったとき（1号）。

　　②請求者が株式会社の業務の遂行を妨げ、または株主の共同の利益を害する目的で請求を行ったとき（2号）。

　　③請求者が株主名簿の閲覧等によって知りえた事実を利益を得て第三者に通報するため請求を行ったとき（3号）。

　　④請求者が、過去2年以内において、株主名簿の閲覧等によって知りえた事実を、利益を得て第三者に通報したことがあるものであるとき（4号）。

V　株式の譲渡——株主の投下資本回収

❶………株式譲渡自由の原則

　株式会社が株式を発行して得た資金は、株主に返還することを要しない自己資金である。株主有限責任の原則との関係で、株主への出資金の払戻しがみだりに行われると、会社債権者の利益が損なわれるおそれがある。株主は、解散時の残余財産分配や自己株式取得など一定の場合を除いて、会社から出資金の払戻しを受けられないのである。しかし、株主のなかには、資金が必要になったとか、株主の地位に魅力を感じなくなったといったような様々な事情から、投下資本の回収を望む者もいるだろう。このような株主にとって投下資本回収の手段が用意されていなければ不都合であ

るし、そもそも株式会社への出資を躊躇する者も出てくるであろう。

そこで会社からの出資金払戻しの方法に代わるものとして、127条は株式の譲渡が自由であること、いわゆる株式譲渡自由の原則を定めている。これにより、株主は、持株の全部または一部を他の者（既存の株主でも可）に売却（有償譲渡＝換金）する方法によって、投下資本を回収することが保障されているのである。ただし、株式譲渡自由の原則によって投下資本回収の手段が保障されるといっても、譲渡人が株式の銘柄や価格、数など条件の適う相手方を発見できるかどうかはもちろん別問題であるし、投下資本の額を上回る金額を回収できる場合もあれば逆もある。

後述するように、株式譲渡自由の原則には例外があって、譲渡に制約が加えられる場合がある。しかし、その場合であっても、投下資本回収の道が閉ざされるわけではないことに注意が必要である。

❷………株式譲渡とその対抗要件

(1) 株券不発行会社（原則型）の場合　株券不発行会社では、株券が存在しないため、株式の譲渡は当事者間の意思表示によって行われる。会社および第三者に対抗する（たとえば、自分はXから株式を譲り受けて株主になったのだ、だから株主総会の議決権や配当請求権を行使できるはずだと会社に主張する）には、株主名簿の名義書換えを行う必要がある（130条1項）。株券発行会社では株式の譲渡は株券の交付によって行われるため、株主PがQとRに株式を二重に譲渡する危険はない（110頁以下を参照）。これに対して、株券不発行会社では、意思表示によって株式が譲渡されるので、株主PがQとRに株式譲渡の意思表示をすれば二重譲渡となりQとRの間で争いが生じる危険がある。そこで、株券不発行会社では、株主名簿の名義書換えをもって第三者に対抗することができるとしているのである。

株主名簿の名義書換えをするには、譲受人は、原則としてその株式の株主名簿上の株主と共同して請求する必要がある（133条2項）。共同請求とされている理由は、株券が発行されている会社では株券の占有者が適法な所持人と推定されるのに対し（131条1項）、株券が発行されていない会社

ではそのような株券が存在しないため、譲渡があったと偽って不正に名義書換えされるおそれがあるからである。

◆発展学習　**名義書換未了の株主**

　Ｐが株式をＱに譲渡していた場合であっても、Ｑが名義書換未了であって株主名簿にＰの名義が記載されたままであれば、会社はＰを株主として扱えば免責される。ところで、この場合、会社は名義書換えをしていないＱを株主として扱って、Ｑの株主権の行使（総会の議決権行使や利益分配など）を認めることはできるのだろうか。これについての考え方として、実質的な株主であるＱを会社の危険において株主として扱うことは差し支えないとする肯定説と、それでは会社が裁量によってＰとＱのいずれか好ましい者に株主権の行使を認めることになり不当であるとして、株主名簿上の名義人Ｐを株主として扱うべきであるとする否定説とが対立している。

　上に述べたことは、名義書換未了株主と会社との間の問題である。次に、譲渡当事者間の問題を見てみよう。Ｐはすでに株式をＱに譲渡していたがＱが名義書換未了であったため、会社が株主名簿上の株主Ｐに利益分配金を支払い（453条）、または株主割当てを行うために新株を割り当てた（202条1項2項）とする。この場合、ＱはＰに対して利益分配金または新株の引渡しを請求できるだろうか。Ｐがこのような利益を享受するのは実質的にみて不当であるため、不当利得（民704条）を根拠として、返還請求を肯定する見解が多い。

（2）　**株券不発行会社（株式振替制度利用会社）の場合**　　株式振替制度は、「社債、株式等の振替に関する法律」（以下、社債株式振替法）にもとづく制度である。これは日々大量に行われる株式取引の決済を円滑かつ迅速に行うための仕組みである。株式振替制度を利用できる株式は、株券不発行会社の株式であって「振替機関」が取り扱うものとして定めたものである[3]。振替制度で取り扱うには会社の同意が必要である（社債株式振替法

3）　株券不発行会社の株式のうち、どのような株式を振替制度の対象とするかは振替機関の業務規定により定められることになる（社債株式振替法11条1項1号）。上場株式はすべて振替制度の対象となっている。

13条）。この制度で取り扱われる株式は「振替株式」と呼ばれる（同法128条1項）。振替制度は、各株主が証券会社・銀行などの「口座管理機関」に口座を開設し、さらに口座管理機関は他の口座管理機関またはすべての株式を管理する振替機関に「振替口座」を持つ仕組みとなっている（下記の図【株式振替制度の概略】を参照）。

【株式振替制度の概略】

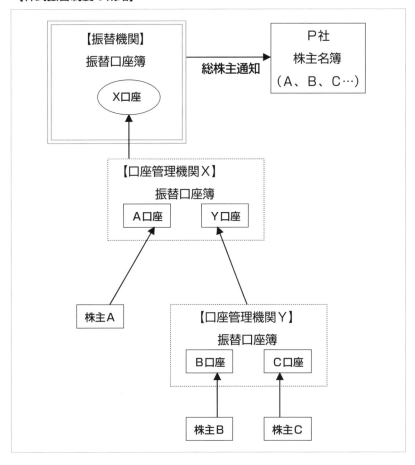

振替株式の譲渡人は、自己が口座を開設している口座管理機関に対し、

振替口座簿における自己の口座（株式数の減少）から譲受人の口座（株式数の増加）への「振替」の記載がなされるよう、振替申請を行う（社債株式振替法132条2項）。申請を受けた口座管理機関は振替先（譲受人）の振替口座簿を管理する口座管理機関に通知する（同条1項3～8項）。株式譲渡の効力は譲受人が自己の口座に株式数増加の記載を受けることで生じる（同法140条）。

　前述のように株券不発行会社の株式の譲渡は株主名簿の名義書換えをしなければ会社および第三者に対抗できないが（会社130条1項）、振替株式の権利の帰属は振替口座簿の記載によって定まることとされている（社債株式振替法128条）。振替口座簿の名義人は口座に記載された株式についての権利を適法に有するものとの推定[4]がなされるため（同法143条）、その口座から振替の申請を受けて自己の口座に増加の記載を受けた譲受人は、たとえそれが無権利者（たとえば無権代理人）による振替申請であったとしても、そのことにつき悪意または重大な過失がない限り、振替により増加した株式の権利を善意取得する（同法144条）。

　なお、株式振替制度のもとでは、株主名簿の名義書換えの手続や株式譲渡の対抗要件などについて会社法の特例・適用除外が定められていることに注意が必要である（社債株式振替法150～161条）。

◆発展学習　**振替株式についての総株主通知・個別株主通知**

　会社が株主総会の招集や株式併合などを行う場合、株主名簿上の株主を確定しなければならない。この場合、口座管理機関から当該会社の株主に関する情報（氏名・名称、住所、株数等）を集めた振替機関がこれを一斉に当該会社に通知し（総株主通知）、会社は通知された事項を株主名簿に記載することになる。そしてこの記載をもって、会社法130条1項に定める株主名簿の記載がなされたものとみなされる（社債株式振替法151条・152条1項）。

---

4) 「推定」されるということは、一応そのように判断しておくということであって、反対の証拠を提出して、そうではないと覆すことは可能である。この点で、「みなす」とは異なる。

このように振替株式については株主名簿の名義書換は総株主通知によってなされるが、総株主通知は原則として年に２回（株主総会での議決権にかかる基準日および事業年度開始後６ヶ月を経過した日における株主の通知）なされる（社債株式振替法151条１項１号４号）。その結果、株主は実際には総株主通知よりも前に株式を譲り受けて振替口座簿に株式数増加の記載をしていたとしても、総株主通知がなされるまでは株主名簿に保有株式数の増加が反映されないこととなり、少数株主権等を行使しようとしても権利行使のための保有要件（６ヶ月間の継続保有の要件や一定保有割合・保有数の要件）を満たしていないものとして扱われてしまう。

　そこで、振替株式の少数株主権等の行使については、株主名簿の記載によって権利者が決められるのではなく（社債株式振替法154条１項）、株主は自己が口座を開設している口座管理機関を通じて振替機関から会社に対し一定事項（振替株式の数、増加または減少の記載がなされた日等）の通知をするよう求め、これを受けて振替機関から会社へ通知（個別株主通知）がなされる（同条３項４項）。株主は個別株主通知がなされた後の一定期間（４週間）は株主名簿に記載がなくても振替口座簿の記載に基づいて少数株主権等を行使することができる（同条１項２項、同法施行令40条）。

(3)　株券発行会社の場合　　詳しくは、110頁以下を参照。

❸………譲渡制限株式の発行──株式譲渡自由の原則の例外

　譲渡制限株式とは、株式会社がその発行する全部または一部の株式の内容として譲渡による当該株式の取得について当該株式会社の承認を要する旨の定めを設けているものをいう（2条17号）。前述のように、会社は、株主の個性を重視して好ましくない者の経営参加を排除するために、譲渡制限株式を発行することができる。ここでは、譲渡制限株式について、もう少し詳しく見ておく。

(1)　譲渡制限の方法　　株式に譲渡制限を付ける方法は一通りではない。すなわち会社は、発行株式の全部を譲渡制限株式とすることもできるし、ある種類株式のみを譲渡制限株式とする（たとえば優先配当株式に譲渡制限

を付ける）こともできる（2条17号・107条1項1号・108条1項4号）。さらに、一定の場合（たとえば株主間の譲渡）には会社の承認を不要とする譲渡制限の内容が異なる譲渡制限株式を発行することも可能である（107条2項1号ロ・108条2項4号）。

　会社は、その発行株式の全部に譲渡制限株式を付す場合、①当該株式を譲渡により取得することについて当該会社の承認を要する旨、②一定の場合に会社の承認があったものとみなすときは、その旨および当該一定の場合、について定款で定めなければならない（107条2項1号）。また、ある種類の株式を譲渡制限株式とする場合、会社は、上記①②に加えて、その発行可能株式総数も定款で定めなければならない（108条2項4号）。

　すでに普通株式を発行している会社がその全部を譲渡制限株式とする場合、株主総会による定款変更の決議が必要となる。この場合、株主の投下資本回収の機会が限定されることになるため株主の利害に大きな影響が生じる。そこでこの場合の総会決議はより厳格な決議要件が求められる特殊決議による。すなわち、頭数多数決と資本多数決を併用したもので、議決権を行使することができる株主の半数以上（定款でこれを上回る割合を定めている場合は、その割合以上）かつ当該株主の議決権の3分の2以上（定款でこれを上回る割合を定めている場合は、その割合以上）にあたる多数をもって行われるものである（309条3項1号）。

　ある種類の株式に譲渡制限を付ける場合は、定款変更（108条2項4号）のための総会特別決議（466条・309条2項11号）に加え、当該種類株式の株主による種類株主総会の特殊決議を経る必要がある（111条2項1号・324条3項1号）[5]。

　これらの総会決議に反対した株主には、会社に対する株式買取請求権が認められている（116条1項1号2号）。

(2)　会社に対する承認の請求　譲渡制限株式の取得について会社に承

5）　なお、譲渡制限が付されることになる種類株式を取得の対価とする取得請求権付株式・取得条項付株式を発行している場合、対価として交付される株式について投下資本回収の機会が制限されることになり株主の利害に大きな影響が生じるため、これらの株主による種類株主総会の特殊決議も必要となる（111条2項2号3号・324条3項1号）。

認を請求するには、譲渡人による請求と取得者による請求の2通りの方法がある。ただし、前述のような譲渡制限の趣旨から、譲渡が承認されないこともある。その場合、後述の(4)にあるように、株式を会社が買い取るか、または会社から指定された者による買取りがなされることになる。

(a) **譲渡人による請求**　第一の方法は、譲渡人が請求するものである。譲渡人は、会社に対して、譲渡の相手方となる者が譲渡制限株式を取得することについて、承認するか否かの決定をするよう請求することができる（136条）。その場合、①譲渡する株式の数、②相手方の氏名・名称、③会社が不承認の決定をした場合に、譲渡人が当該会社または指定買取人（140条4項）による買取りを請求するときは、その旨、を明らかにして請求しなければならない（138条1号）。

(b) **取得者による請求**　第二の方法は、取得者が請求するものである。取得者は、会社に対して、譲渡制限株式を取得したことについて、承認するか否かの決定をするよう請求することができる（137条1項）。この請求は、当該株式の株主名簿上の株主（通常は譲渡人）と共同して行わなければならない（同条2項）。ただし、株式を競売で取得した場合や株式交換により取得した場合のように、利害関係人の利益を害するおそれがないものとして法務省令で定める場合は、取得者のみで会社に請求できる（同項、会社則24条）。

取得者は、請求にあたり、①取得した株式の数、②取得者の氏名・名称、

【譲渡制限株式の譲渡承認手続の流れ】

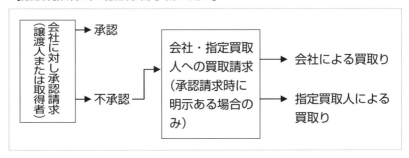

③会社が不承認の決定をした場合に、当該会社または指定買取人による買取りを請求するときは、その旨、を明らかにしなければならない（138条2号）。

(3) 承認の決定・通知　承認するか否かの決定機関は、前述のように、原則として、取締役会設置会社では取締役会、それ以外の会社では株主総会である。ただし、定款で定めれば、これを代表取締役としたり、取締役会設置会社であっても株主総会とすることは可能である（139条1項）。

これらの機関は、決定をしたときは、その内容を上記の承認請求者に対して通知（通知については126条を参照）しなければならない（139条2項）。この通知を怠ると、会社は承認したものとみなされることがある（145条1号）。

(4) 不承認の場合の買取り　会社が承認しない決定をした場合、当該会社または指定された者が、当該承認にかかる株式を買い取ることになる（140条1項4号）。当初予定した相手方への譲渡はできないが、譲渡人の投下資本回収の機会はこれによって確保されている。

(a) 会社による買取り　会社が買取りを行う場合、①当該株式を買い取る旨、②買い取る株式の数、が定められなければならず、その決定は株主総会の決議によることとされている（140条1項2項）。原則として、当該請求者はこの総会決議において議決権行使することができず（同条3項本文）、よって定足数にも含まれない（309条2項1号）。

上記①②の決定がなされたときは、会社は、売買代金債務の履行の担保として、1株当たりの純資産額（会社則25条）に買い取る株式数を乗じた額を供託しなければならない。会社は、請求者に対し、①②について通知するとともに、供託がなされたことを証明する書面を交付しなければならない（141条1項2項）。この通知を怠ると、会社は承認したものとみなされることがある（145条2号）。請求者は、通知を受けたのちは、会社の承諾を得ない限り、その請求を撤回できない（143条1項）。買取資金の用意など会社の準備が無駄になってしまい事務が混乱するおそれがあるからである。

なお、当該譲渡制限株式が株券発行会社の株式である場合には、供託を証明する書面の交付を受けた日から1週間以内に、請求者は当該承認にかかる株券を供託して遅滞なくその旨を会社に通知しなければならず、供託を怠ると会社が買取りの契約を解除することができることとなる（141条3項4項）。

　(b) 指定買取人による買取り　　会社は、原則として取締役会（取締役会設置会社以外の会社にあっては株主総会）の決議によって、承認請求にかかる株式の全部または一部を買い取る者（指定買取人）を指定することができる（140条4項5項）。あらかじめ定款で買取人を指定しておくこともできる（同条5項ただし書）。

　指定買取人は、1株当たりの純資産額に買い取る株式数を乗じた額を供託しなければならず、請求者に対し、①自己が指定買取人として指定を受けた旨、②買い取る株式の数、について通知するとともに、供託がなされたことを証明する書面を交付しなければならない（142条1項2項）。この通知を受けたのちは、指定買取人の承諾を得ない限り、請求者はその請求を撤回できなくなること（143条2項）、ならびに、株券発行会社における請求者の株券供託の義務およびそれを怠ったときの効果（142条3項4項）については、会社による買取りの場合と同様である。

　(5) 買取価格の決定　　買取りの価格は請求者と会社または指定買取人との協議によって決めるものとされているが（144条1項7項）、協議が調わないときは1株当たりの純資産額に買い取る株式数を乗じた額が買取価格とされる（同条5項7項）。これらの方法のほか、請求者または会社もしくは指定買取人は、買取りの通知（141条1項・142条1項）があった日から20日以内に申立てを行って、裁判所に買取価格の決定をしてもらうこともできる（144条2項7項）。この場合、裁判所は承認請求時における当該会社の資産状態その他一切の事情を考慮して決定しなければならない（同条3項7項）。

◆発展学習　契約による株式の譲渡制限

　定款に定めを置く譲渡制限株式によるほか、株式の譲渡制限を契約によって定めることはできるだろうか。契約自由の原則に照らして、株主相互間で譲渡制限の契約を結ぶことは問題ないであろう。

　これに対して、会社と株主の間で契約により譲渡制限を定めることには、できる限り投下資本回収の機会を保障しようとする会社法上の譲渡制限株式制度の趣旨に反するものであるとの批判がある。投下資本回収の機会が確保された合理的なものでない限り、会社・株主間の譲渡制限契約は上の趣旨に反するものとして無効であるとする見解が有力である。

　契約による譲渡制限の問題は、従業員持株制度に関して議論されることが多い。従業員持株制度は持株会に参加する従業員の福利厚生や勤労意欲の促進、安定株主作りなどを目的として、継続的に自社の株式を買付・保有させるものである。持株会は、従業員の株式譲渡を制限し、退会時には持株会に一定の価格で売却するよう要求する約定を設けていることがある。これについては、実質上、会社が制度の運営者であるとみなされる状況下では譲渡制限株式制度の趣旨に反するものではないか、株式の価値が上昇しているにもかかわらず退会時に取得価格等の一定価格で買い取る約定は投下資本回収の機会を不当に制約するのではないか、といった批判がある。また、退会までに受領した剰余金配当は買取価格との関係でどう評価されるのか、買取時の時価をどのように算定するのか、といった問題がある。

Ⅵ　株式の担保化——株式を担保に借入れ

　株式には財産的価値があるので、これを担保に入れて借入れをすることができる。会社法は、株主が株式に質権を設定（質入れ）することができると定め（146条1項）、その方法として登録株式質といわゆる略式株式質の2つを定めている。株主の債権者である質権者の氏名・住所等が株主名簿に記載されるものを「登録株式質」といい、そのような記載がなされないものを「略式株式質」という。会社法に定めはないが、譲渡担保という方法もある。

❶………**登録株式質**

　登録株式質は、株券発行会社、株券不発行会社であって株式振替制度を利用しない会社、および株式振替制度を利用する会社のいずれの株式についても認められる。

　株券発行会社の株式の場合、債務者たる株主（質権設定者）と債権者（質権者）の合意に加えて質権設定者から質権者への株券の交付によって質入れの効力が生じる。株券不発行会社であって株式振替制度を利用しない会社の株式の場合は、質権設定者と質権者の合意によって質入れの効力が生じる（146条2項）。そして振替株式の場合は、当事者の合意に加えて、質権設定者の振替申請により質権者がその口座における質権欄に当該質入れにかかる株式数の増加の記載を受けることによって質入れの効力が生じることとされ、このような記載は株券の場合の継続占有に相当するので、かかる記載によって第三者に対抗することができる（社債株式振替法141条）。そして質権者の申出により質権者の氏名・名称、住所、質権の目的物たる株式に関する事項を前述（78頁を参照）の総株主通知によって会社に通知し（同法151条2～4項）、これを受けて名義書換後の株主名簿に質権者の氏名・住所等の記載がなされるものが振替株式の登録質である。

　株券発行会社の株式の場合、質権を会社その他の第三者に対抗するには、質権者は株券を継続して占有することが必要とされる（147条2項）。株券不発行会社であって株式振替制度を利用しない会社の株式の場合は、株主名簿に質権者の氏名・名称および住所を記載することが会社その他の第三者に対抗するための要件とされる（同条1項）。

　株式に質権を設定した場合に問題となるのが、剰余金配当や株式分割等が行われる際に、質権設定者・質権者のいずれが金銭等を受け取りまたは株式の交付を受けるのかということである。この点につき会社法は、一定の行為につき株式の質入れに物上代位的効力を認めており（151条1項各号・2項）、そして質権者が直接会社から金銭等を受けることができる旨を定めている（152～154条）。

❷………略式株式質

　いわゆる略式株式質は、株券発行会社および株式振替制度を利用する株式についてのみ認められるものである。略式株式質の質入れは株主から質権者への株券の交付によって効力が生じるため（146条2項）、株券不発行会社は利用できないのである。振替株式の場合は、質権設定者の振替申請により質権者がその口座における質権欄に当該質入れにかかる株式数の増加の記載を受けることによって質入れの効力が生じる（社債株式振替法141条）。このように質権者の口座の質権欄には質入れの記載がなされるものの、総株主通知に際して質権者が申出をしなければ質権設定者のみが会社に通知されることになるので（同法151条2項2号。また同条3項参照）、株主名簿には質権者の氏名・住所等の記載がなされない。株主名簿に記載がなされないので質権設定の事実が会社に知られない。振替株式の場合、これが略式質に相当する。

　略式株式質にも、物上代位が認められる（151条1項）。したがって、質権設定者が剰余金配当によって受け取る金銭や株式分割によって交付を受ける株式などについて、質権者は物上代位権を行使することができる。ただし、登録株式質の場合と異なり、略式株式質では株主名簿上は質権設定の記載がなされず、質権者は質権設定者が受け取るべき金銭等を直接会社から受け取ることはできないため（152～154条は登録株式質に関する規定である）、質権設定者に金銭等が払い渡されまたは株式が引き渡されることになる。そこで、質権者はこれらを払渡し・引渡しの前に差押えを行ったうえで受け取ることになる（民362条2項・350条・304条1項ただし書）。もっとも、質権者は株券を占有しているわけであるから、株券との引換えに物上代位の目的物が払渡し・引渡しされる場合（たとえば取得請求権付株式の取得請求の場合（166条3項）や株式の併合等がなされる場合（219条1項2項））には、差押えすることなく、自ら株券を提出して払渡し・引渡しを受けることができると考えられている。

❸‥‥‥‥‥譲渡担保

　株式を担保に差し入れるには、上記のほかに譲渡担保という方法がある。会社法にも民法にも明文規定は置かれていない判例法で認められている担保である。株式の譲渡担保は、株主が債権者に担保の目的で株式を譲渡する方法である。債務を弁済すれば譲渡担保の目的物たる株式を再び株主に譲渡することを約束している。

　株券不発行会社であって株式振替制度を利用しない会社の株式の場合、譲渡担保は株主名簿の名義を担保権者に書き換えて行う、いわゆる登録譲渡担保によってなされる。登録株式質の場合には株主名簿上は質権者として記載されるのに対し、登録譲渡担保の場合には担保権者が株主として記載されるため、株主権は担保権者によって行使されることになる。

　株券発行会社の株式の譲渡担保は、担保権者に株券を交付することによって効力が生じる（128条1項）。株券を交付するだけで株主名簿の名義書換えを行わない、いわゆる略式譲渡担保の形式をとるものは、株券の交付によって効力が生じる点で外形的には略式株式質と同じになるため、当事者の合意内容によって両者を区別するほかない。それも不明な場合には、担保権者に有利な譲渡担保と推定されると考えられている。略式株式質では質権設定者が履行遅滞に陥った場合に質権者が目的物たる株式について他の債権者に優先して弁済（優先弁済）を受ける（民362条2項・342条）ときは原則として競売の方法によることとされるのに対し（民執190条・122条）、譲渡担保の場合は株式を競売によらないで自由な方法で換価することができる点で違いがある。

　振替株式の譲渡担保の場合、譲渡によって担保権者が株主として口座簿に記載されているため、これを総株主通知で会社に通知すると担保権者が株主名簿上の株主として記載されることになる（これが登録譲渡担保に相当する）。そこで株主名簿の名義書換えを行わず担保設定者に株主権の行使をさせる略式譲渡担保の方法を用いる場合は、次のようにして行う。すなわち、総株主通知の際に担保権者がその振替株式について他の者（担保設定者）を株主として会社に通知するよう申し出ることによって、会社には

当該他の者が株主（「特別株主」という）として通知されるという方法である(社債株式振替法151条2項1号かっこ書)。

　登録譲渡担保の担保権者は、株主名簿上の株主であるから、配当金などを自ら受け取ることができる。略式譲渡担保の担保権者による物上代位権の行使については略式株式質の場合と同じである。

◆発展学習　**譲渡制限付株式の譲渡担保と会社の承認**
　譲渡制限付株式の譲渡には会社の承認（136条・137条1項・139条1項）が必要であるが、譲渡制限付株式を譲渡担保の目的物とする場合はどうであろうか。質入れの場合にはこのような問題は生じないが、譲渡の形式をとる担保権の設定である譲渡担保については、これが譲渡にあたるとみて担保権設定時に会社の承認が必要であるとする説と担保権実行時に会社の承認を得ればよいとする説とが対立している。

Ⅶ　株式の併合・分割・無償割当て
──1株の大きさを変更する

❶………**株式併合**──**株式の合体**

　株式併合とは、5株を1株にするように、複数の株式をより少ない株式にまとめることである。株式併合は、発行済株式数（流通量）の減少を伴うため、株価を上昇させる効果が期待される。これによって、出資額に見合わない株主管理コスト（たとえば、株主総会の招集通知の印刷・郵送費用など）を要する零細な株主の出現を抑えることもできる。

　会社法は、株式会社が株式の併合を行うことができると規定している（180条1項）。ところで、株式併合には株主の利害に大きな影響を及ぼす場合があることに注意しなければならない。すなわち、併合の割合によっては、株主の地位喪失（上記のように5:1の割合で併合が行われた場合、4株を保有していた株主の株式数は1株未満となる）や、保有株式につき端数

の発生（同様の場合、9株を保有していた株主の株式数は1.8株となる）をもたらすこともある。また、少数派株主の締め出しに利用される可能性もある。後に述べるように、株式の単位を大きくする点で株式併合と共通する単元株式制度のもとでは、一単元の株式数の設定に上限を設けて（188条2項）、大株主による濫用的な利用からの少数派株主の保護が図られている。他方、株式併合には、このような上限が設けられていないが、少数派株主を締め出すために不当に大きな比率で株式併合を行うことは、多数決の濫用（831条1項3号）にあたるとする説がある。さらに、株主は、株式併合が、法令または定款に違反し、株主が不利益を受けるおそれがあるときは、会社に対し、株式併合の差止めを請求することができる（182条の3）。株式併合により端数が生じる場合、会社は、端数が生じた株主に対し、競売等により得られた代金を交付することとなるが（235条・234条2〜5項）、反対株主[6]は、会社に対し、自己の有する株式のうち端数となるものの全部を「公正な価格」で買い取ることを請求することができる（182条の4・182条の5）。

　株主の利害に与える影響が大きいため、後に述べる株式分割（併合とは逆に株式を細分化する）とは異なり、株式併合を行うには、株主総会の特別決議を経ること（180条2項・309条2項4号）に加え、株式併合を行う理由について取締役が株主総会で説明することが要求されている（180条4項）。株主総会では、①併合の割合（たとえば、5株を1株）、②併合の効力発生日、③当該会社が種類株式発行会社である場合には、併合する株式の種類、④効力発生日における発行可能株式総数の各事項について特別決議で決定されなければならない（同条2項）。効力発生日に、その前日の各株主の保有株式数に応じて併合がなされ、上記④の発行可能株式総数について定款変更をしたものとみなされる（182条）。

　株式併合が行われると、発行済株式総数が減少する。これに伴って発行

---

6) 反対株主とは、①株主総会に先立ち、株式併合に反対する旨を会社に通知し、かつ、株主総会において株式併合に反対した株主、または、②当該株主総会において議決権を行使することができない株主をいう（182条の4第2項）。

可能株式総数に変動が生じなければ、発行可能株式総数が併合後における発行済株式総数の4倍を超える場合が生じてしまう。これでは、定款に発行可能株式総数を定めさせて、発行可能株式総数が発行済株式総数の4倍を超えてはならないとする、いわゆる4倍ルールの趣旨（既存株主の議決権が希釈化されうる限界を画定する。113条3項・37条3項本文）が損なわれてしまう。そこで、公開会社にあっては、上記④の発行可能株式総数は、効力発生日における発行済株式総数の4倍を超えてはならないこととされている（180条3項）。会社は、発行済株式総数の4倍の範囲内の数であれば、任意に発行可能株式総数を定めることができる。

　株券発行会社では、株式併合によって、併合前の旧株券に記載された株式数（216条2号）に変更が生じる。この旧株券を併合後の株式数が記載された新しいものと交換する必要があるため、株券発行会社は株主および登録株式質権者に対して効力発生日までに旧株券を提出するよう通知および公告し（219条1項2号）、株式併合の効力が発生したのち遅滞なく新株券を発行しなければならない（215条2項）。ただし、公開会社でない株券発行会社は、株主からの請求があるまで新株券を発行しないことが許される（同条4項）。

　株券を発行しない会社では、株券の交換は不要であるが、株主および登録株式質権者に対して株式併合の情報を提供するため、原則として併合の効力発生日2週間前までに、併合の割合、効力発生日、当該会社が種類株式発行会社であるときは併合する株式の種類、および効力発生日における発行可能株式総数を通知または公告しなければならない（180条2項・181条）。

　さらに、会社は、株式併合に関する事前の情報開示として、併合割合や効力発生日等を記載した書面を本店に備え置き、株主の閲覧等に供しなければならない（182条の2）。また、事後的な情報開示として、会社は、併合の効力発生日から6ヶ月間、効力発生時における発行済株式総数等を記載した書面を本店に備置きし、株主および効力発生日に株主であった者の閲覧等に供しなければならない（182条の6）。

【株式併合と株式分割】

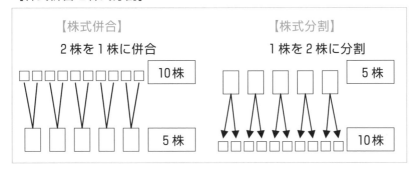

❷‥‥‥‥株式分割──株式の細分化

　株式会社は株式の分割を行うことができる（183条1項）。株式分割は、株式併合とは逆に、1株を2株にするように、株式を細分化してより多くの株式にすることである。株式の分割をしても株式の増加分につき株主から払込みがなされないため、資産は増加しない。会社の資産を増加することなく発行済株式数（流通量）を増加させるため、株式分割には高騰した株価を取引しやすい価格まで引き下げ、株式の流動性を高める効果が期待される。株式分割は、設定された基準日における株主名簿上の各株主について、その保有株式数に応じて同じ比率で株式を増加させるものであるため（184条1項）、各株主の持株割合（支配関係）に変動は生じない。

　株式併合では株主が不利益を受けるおそれがあるため株主総会の特別決議という厳格な手続が必要であるのに対し、株式分割についてはそのような心配がいらないため、取締役会設置会社では取締役会決議で足りる。そこでは、①分割の割合および基準日、②分割の効力発生日、③当該会社が種類株式発行会社である場合には、分割する株式の種類、の各事項について決定されなければならない（183条2項）。

　株式分割を行うと発行済株式数が増加する。これによって、授権株式制度のもとでは、それ以後に追加発行できる株式数が減少してしまう。そうなると以後の大量の株式発行による資金調達に不都合が生じることもある

だろう。さらに、場合によっては、発行済株式数が発行可能株式総数を超えてしまうため、希望する割合での株式分割が行えないこともありうる（たとえば、発行可能株式総数10万株、発行済株式数6万株の会社が1株を2株に分割しようとする場合、分割後の発行済株式数は12万株となって発行可能株式総数を超える）。

　上のような場合には会社が定款所定の発行可能株式総数（37条・98条）を増加すればよいのだが、それには定款変更の株主総会特別決議が必要である（466条・309条2項11号）ため、機動的な株式分割の実施が困難になる。そこで、株式分割の場合には、効力発生日の前日の発行可能株式総数に分割割合を乗じた数（たとえば、発行可能株式総数10万株の会社が1株を2株にする場合、20万株）の範囲内であれば、上記の株主総会特別決議を経ることなく、発行可能株式総数を増加する定款変更が可能であるとされている（184条2項）[7]。ただし、現に2種類以上の株式を発行している会社が発行可能株式総数を増加させるには、原則に戻って株主総会の特別決議が必要となる（同項かっこ書）。

　株券発行会社が株式分割を行った場合、株式分割の効力が発生したのち遅滞なく分割によって増加した株式数にかかる株券を発行しなければならない（215条3項）。

❸………株式無償割当て

　株式分割に類似する制度として株式無償割当てがある。株式無償割当てとは、株主（種類株式発行会社にあっては、ある種類の種類株主）に対して

---

7)　発行可能株式総数を分割割合の範囲内で増加させたとしても、未発行株式の発行によって既存株主の受ける不利益の限度は株式分割の前後で変わらない。たとえば、発行可能株式総数10万株、発行済株式数8万株の会社において、Aは3万株（3／8 ＝ 37.5%）、Bは5万株（5／8 ＝ 62.5%）を有するとする。未発行の2万株をCに発行する場合、AおよびBの持株割合はそれぞれ3／10 ＝ 30%、5／10 ＝ 50%まで低下することになる。この会社が1株を2株にする株式分割を行い、株式分割と同割合の範囲内で発行可能株式総数を増加する（最大20万株）とともに、未発行株式（最大4万株）をCに発行したとしても、AおよびBの持株割合低下の限度はそれぞれ6／20 ＝ 30%、10／20 ＝ 50%となって株式分割の実施前と変わらないため、新たな不利益をAおよびBに与えるものではないといえるのである。しかし、株式分割の割合（1：2）を超える割合（たとえば、1：3）で発行可能株式総数を増加（30万株）することが許容されるならば、AおよびBは未発行株式（14万株）が他の者に発行されて持株割合を株式分割の実施前よりも下げられてしまうリスクを負う。

新たに払込みをさせないで当該株式会社の株式を割り当てることをいう（185条）。株式無償割当てが行われた場合、株式分割と同様に、実施した会社の発行済株式数は増加し、株主から払込みがなされないため資産に変化は生じない。

　株式分割では株主の有する株式数が分割割合に応じて一律に増加し、自己株についても同様に分割が行われる。これに対し、株式無償割当ては、株主の有する株式数に応じて株式の割当てがなされる点では株式分割と類似するが、当該割当てを行う会社が有する自己株式には無償割当てが行われない（186条2項）。また、株式無償割当てでは自己株を交付することができる。

　さらに、株式分割で増加する株式は分割の対象となった種類の株式と同じ種類のものである（すなわち、1：2の割合で普通株式を分割すると普通株式が増加し、同様に1：2の割合で優先株式を分割すると優先株式が増加する）のに対し、株式無償割当てでは、ある種類の株主にその有する株式数に応じて異なる種類の株式（たとえば、普通株式の株主に配当優先株）を与えることも可能である（186条2項）。

　株式無償割当てを行う場合は、①株主に割り当てる株式数またはその数の算定方法（種類株式発行会社にあっては株式の種類および種類ごとの数またはその数の算定方法）、②効力発生日、③当該会社が種類株式発行会社である場合には、割当てを受ける株主の有する株式の種類、の各事項について決定されなければならない（186条1項）。この決定は、定款に別段の定めがなければ、取締役会設置会社では取締役会決議による（同条3項）。

　株主は、効力発生日に、割当てを受けた株式について株主となる（187条1項）。割当てを行った会社は、その後遅滞なく株主（種類株式発行会社にあっては割当てを受けた種類株主）およびその登録株式質権者に対して、当該株主が割当てを受けた株式数（種類株式発行会社にあっては株式の種類および種類ごとの数）を通知しなければならない（同条2項）。株券発行会社は、株式無償割当ての効力が発生したのち遅滞なく、割当てを行った株式にかかる株券を発行しなければならない（215条1項）。

Ⅷ　単元株式制度 ── 一株一議決権の原則の例外

❶………概要

　株主は株主総会での議決権を「一株につき一個」を有するのが原則であること（308条1項本文）は先に述べたとおりである。たとえ出資額が小さくわずかな株式数しか持たない（たとえば1株80円の株式を2株保有する）株主であるとしても、株主総会での議決権が認められる。しかし、会社の立場からすれば、そのような零細な株主についても株主総会の招集通知の作成・郵送を要するため、出資額に見合わない株主管理コストを負担することになる。

　単元株式制度は、議決権その他の権利を制限することができる制度である。単元株式制度のもとでは、100株や1,000株のような一定数の株式のまとまりをもって一単元（単元株式数という。2条20号）とする旨を定款で定めた場合には、「一単元につき一個」の議決権が与えられる（308条1項ただし書）。つまり、一株一議決権の原則の例外が認められているのである。よって、単元株式数に満たない数の株式を有する株主（単元未満株主）は、その株式について議決権が認められないことになる（189条1項）。たとえば、「当会社の一単元の株式の数は、100株とする」という定款規定を置く株式会社では、80株を有する株主は株主総会の議決権を行使することができないのである[8]。

　このように、単元株式制度は、株式会社が一定数未満の株式しか持たない零細な株主の議決権を排除して株主管理コストを節減することを可能とするものである。もっとも、零細な株主を育成する観点から、会社は、単元株式制度を採用しない、または一単元の株式数を少なくするよう設定し

---

8)　単元未満株式は、新たに単元株式制度を採用する場合のほか、株式分割や株式併合または新株発行などが行われた場合にも発生することがある。たとえば、100株を単元株式数とする株式会社が1株を1.2株とする株式分割を実施すれば、100株を保有していた株主は分割後に120株を保有することになる。また、同様の会社が4株を3株とする株式併合を実施すれば、100株を保有する株主の持株数は75株となる。

直すこともある。単元株式制度の採用は任意であって、後に述べるように一単元の株式数は法定の上限内であれば会社が自由に決めることができる（188条1項2項）。

❷………単元株式制度の採用と一単元の株式数

　会社法は上に述べたように株式の単位の調整を会社の自主的な判断に委ねている。会社が単元株式制度を採用するには、定款で一単元の株式数を定めなければならないため（188条1項）、株主総会の特別決議で定款変更が承認されなければならない（466条・309条2項11号）。また、取締役はその株主総会において当該単元株式数を設定することが必要であることの理由を説明しなければならない（190条）。この手続は、新たに単元株式制度を採用する場合だけでなく、100株から1,000株のように単元株式数を増加する場合にも要求される。

　このように厳格な手続が要求されるのは、単元株式制度が株主の中心的な権利である議決権の制限を伴うからである。したがって、議決権が復活するとか、議決権の制限に変更がないといったように株主が不利益を受けない場合は、単元株式にかかる定款変更が行われるにもかかわらず、株主総会の特別決議を経る必要はない。そのようなケースとして、単元株式数を減少または単元株式制度の利用をやめる場合（195条1項）や、株式分割と単元株式数の設定または増加の定款変更を同時に行い、定款変更後の各株主が有する株式数を単元株式数で除した数が変更前に各株主が有した株式の数を下回らない場合（191条）がある。

　すでに述べたように単元株式制度を採用するか否かは任意であるが、採用した場合の単元株式数は1,000株以下で、かつ、発行済株式総数の200分の1以下でなければならない（188条2項、会社則34条）。あまりに大きい単元株式数が設定されると、一部の株主のみが議決権を独占して、他の株主は議決権を奪われて締め出されてしまう。このような不当な単元株式数の設定を防止するため、一単元1,000株までという上限が定められている。

　株式会社は定款で定めれば、単元未満株主の権利について議決権以外のものも制限することができる。たとえば、代表訴訟提起権（847条1項かっこ書）などの監督是正権を単元未満株主から奪うことも可能である。

　ただし、以下の①から⑥の権利については、定款でもっても単元未満株主から奪うことができないと規定されている（189条2項）。①全部取得条項付種類株式の取得対価の交付を受ける権利（171条1項1号・108条1項7号）、②取得条項付株式の取得対価を受ける権利（108条2項6号・107条2項3号）、③株式無償割当てを受ける権利（185条）、④単元未満株式の買取請求権（192条1項）、⑤残余財産の分配請求権（105条1項2号）、⑥法務省令（会社則35条）で定める権利（株主名簿の閲覧・謄写請求権（125条2項）等）。

❸………単元未満株式の買取請求——中途半端な数の株式を会社に買い取ってもらう

　単元未満株主は、議決権が認められず、場合によっては上記のように議決権以外の権利も制限されることがある。そのような状況にあっては、もはや単元未満株式の保有を望まない者も出てくるだろう。株券発行会社にあっては株式の譲渡は株券を交付しなければ効力を生じないため（128条1項本文）、単元未満株式にかかる株券を発行しない旨の定款規定が設けられていれば（189条3項）、単元未満株主は譲渡によって投下資本を回収することができない。

　会社法は、会社に対する単元未満株式の買取請求権を定めて（192条1項）、単元未満株主の投下資本回収の手段を確保している。単元未満株主は会社に対し買取りを希望する単元未満株式の数を明らかにしたうえで買取請求を行う（同条2項）。ただし、その請求は会社の承諾がない限り撤回することはできない（同条3項）。買取りの効力は代金支払時に発生し、株券発行会社では株券と引換えに会社から代金が支払われる（193条6項7

項)。

【単元未満株式】

　問題となるのは買取りの価格であるが、これについて会社法は詳細な規定を設けている。すなわち、①請求にかかる株式が市場価格のある株式の場合、(i)請求の日における市場の終値、または(ii)請求の日においてその株式が公開買付等の対象となっているときには請求日における買付等の価格のうち、いずれか高い額が買取価格とされる（193条1項1号、会社則36条）のに対して、②市場価格のない株式の場合は株式会社と請求を行った単元未満株主との協議で決定することとされている（193条1項2号）。

　上記②の場合、当事者間の考えが相違して協議がまとまらないこともあるだろう。この場合には、さらに、(a)裁判所が関与して決定する方法と、(b)法の定める基準に従って決定する方法とが用意されている。

　　(i)裁判所が関与する方法として、株式会社または単元未満株主は裁判所に対して買取請求のあった日から20日以内に価格決定の申立てをすることができ（193条2項）、裁判所が請求時における会社の資産状態その他一切の事情を考慮したうえで決定した額を当該単元未満株式の買取価格とするものである（同条3項4項）。

　　(ii)協議が調わず、裁判所への申立ても行っていない場合には、1株当たりの純資産額という基準に従って決定される。つまり、[純資産

額÷発行済株式数〕に、請求にかかる株式数を乗じた額、これが当該単元未満株式の買取価格とされる（193条5項）。

❹………**単元未満株式の売渡請求**──**会社から買い増して中途半端な数を解消する**

単元未満株主の中には、単元未満株式を処分して投下資本を回収したいと望む者もいれば、不足分を取得して単元株主となることを望む者もいるであろう。たとえば、100株を単元株式数とする会社において80株を有する単元未満株主は、あと20株を手に入れることができれば、一単元の株主となって制限的な立場から脱することができる。単元未満株主の不足分の入手を容易にするため、会社は単元未満株主の当該会社に対する売渡請求権の制度（194条1項）を利用することができる。

この制度を利用するには、会社が定款でその旨を定めていることが必要である（194条1項）。会社は、単元未満株主から単元株式数に不足する株式数（上記の例で20株）の売渡請求があった場合、自己株式をもって売渡請求に応じる義務を負うが、売り渡すべき数の株式を保有しない場合は応じる必要はない（同条3項）。単元未満株主は会社が売り渡すべき数を明らかにして請求をしなければならず（同条2項）、請求をした後これを撤回するには会社の承諾が必要である（同条4項・192条3項）。なお、単元未満株式の売渡価格の決定については、単元未満株式の買取請求の場合と同様である（194条4項・193条1〜6項）。

Ⅸ 自己株式の取得──会社が自社の株式を取得する

❶………**自己株式取得の概要**

自己株式の取得とは、A社が同社の株主からA社株を取得することである。買い取る場合だけでなく、無償で譲り受ける場合も含まれる。会社は出資金の払戻しをしないと先に述べたが、自己株式の有償取得はその例

外である。会社は取得した株式をストック・オプションや株式交換などに備えて保有し続ける（金庫株）こともできるし、株式数を減少させて1株当たりの価値を向上させるなどの目的で消却する（株式を失効・消滅させる）こともできる。

　会社はどのような場合に自己株式を取得できるのか。155条を見てみよう。①取得条項付株式について一定の事由が生じた場合、②譲渡制限株式について譲渡承認をしない場合、③株主総会決議による場合、④取得請求権付株式について請求があった場合、⑤全部取得条項付種類株式について株主総会決議があった場合、⑥株式相続人等への売渡請求を行った場合、⑦単元未満株式の買取請求があった場合、⑧所在不明株主の株式を取得する場合、⑨端数株式を買い取る場合、⑩他の会社の事業全部を譲り受ける場合、⑪合併による消滅会社から株式を承継する場合、⑫吸収分割をする会社から株式を承継する場合、⑬その他、法務省令で定める場合（会社則27条）、とされている。

　これらの事由のうち、③は、他の具体的な事由と異なり、株主総会の決議があれば会社はその目的・数量を問うことなく自己株式を取得できるとしている（155条3号）。しかし、複数の者が売却を希望しているのに特定の者のみから取得を行うと株主平等の原則に違反するし、無制限に取得を認めると会社の財産的基盤が危うくなって債権者を害するおそれが生じるといった問題がある。そこで、後述のような取得方法や取得財源に関する規制が必要になってくるのである。

　以下では、株主との合意による自己株式の取得が行われる場合と、株主との合意以外により自己株式の取得が行われる場合とに分けて、手続を概観する。

❷………自己株式取得の手続（その1）──株主との合意による取得のケース

　株主との合意による取得は、以下のように、すべての株主に譲渡の機会を与えて（株主を特定しないで）取得する方法と、譲渡を行う特定の株主

を決めたうえでその者のみから取得する方法とがある。

(1) **株主を特定しないで取得する方法**　　まず、あらかじめ株主総会で、①取得する株式数、②取得と引換えに交付する金銭等（金銭その他の財産であって、当該会社の株式等を除く）の内容およびその総額、③取得することができる期間（1年以内）を定めなければならない（156条1項）。

この総会決議に基づいて、取締役会は、取得を実行するたびに、①取得する株式数（種類株式の場合は種類および数）、②1株の対価として交付する金銭等の内容および数・額（またはその算定方法）、③交付する金銭等の総額、④株式譲渡の申込期日を決定しなければならない（157条1項2項）。これらの取得条件は、その取締役会決議ごとに均等に定められなければならない（同条3項）。取締役会で決定がなされたのち、会社はこれら①から③の事項を株主に通知または公告しなければならない（158条）。

譲渡を希望する株主は株式数を明示して譲渡の申込みを行う（159条1項）が、申込株式数が取得総数を超える場合には、株主の平等を図るために**按分比例**[9]によって取得が行われる（同条2項）。

非上場の会社は、市場取引や公開買付[10]を利用することができないため、この方法によって不特定の株主から公平に自己株式を取得することができる。

(2) **株主を特定したうえで取得する方法**　　会社は、上記の株主総会で、特定の株主からの取得を決議することもできる（160条1項）。ただし、この場合の総会決議は特別決議でなければならず（309条2項2号）、譲渡人となる株主はその決議において議決権を行使することができない（160条4項本文）。

特定の株主から取得する場合、このような厳格な手続が要求されるほか、

---

9) たとえば会社が600株の自己株式取得を予定していたところ、応募株式数が1,000株であった場合、50株の譲渡を希望していた株主は30株（50株×600／1,000）の譲渡が可能となる。

10) 公開買付とは、不特定多数の者に対し、公告により、上場株式等の買付等の申込みまたは売付等の申込の勧誘を行って、市場外で買付等を行うことをいう。自己株式の公開買付では、株式の発行者であるA株式会社自らがA社株主に対して「A社株式を買い取ります」といった形で勧誘がなされる。買付期間は20〜60営業日とされ、買付条件は株主の平等を図るため均一でなければならない。応募株式数が買付予定株式数を超える場合、按分比例によって買付が行われる。

株主に売却の機会を平等に与えるための配慮がなされている。すなわち、会社は、自己を特定株主に追加するよう株主総会の議案修正を請求できる旨を株主に通知しなければならないこととされており（160条2項）、これを受けて譲渡人となる株主以外の他の株主は自己の保有する株式の売渡しを請求することができる（同条3項）。

これは**売主追加請求権**と呼ばれるものであるが、以下の場合には認められない。

①定款でこれを排除している場合である（164条1項）。しかし、株主の利害への影響が大きいため、そのような定款規定を設けるには株主全員の同意が必要とされる（同条2項）。

②市場価格のある株式について、会社の交付する対価が市場価格を超えない場合である（161条）。これは上場会社のケースである。他の株主は市場で売却すれば不利益を被らないからである。

③非公開会社（譲渡制限会社）が相続その他一般承継により相続人等が取得した株式を取得する場合である（162条）。このような会社では、相続や合併によって会社にとって好ましくない者が現れると、同族性・閉鎖性の維持が難しくなる。このような問題の解消を容易にするためである。

(3) 子会社から取得する方法　親会社が子会社の有する親会社株式を取得する場合である[11]。ここでまず、子会社による親会社株式の取得について述べておこう。子会社は原則として親会社株式を取得してはならないとされている（**親会社株式の取得の禁止**。135条1項）。親会社が子会社に親会社株式を無条件に取得させることができるならば、せっかく親会社

11）「親会社」とは、株式会社を子会社とする会社その他の当該株式会社の経営を支配している法人として法務省令で定めるものをいい（2条4号、会社則3条）、「子会社」とは、会社がその総株主の議決権の過半数を有する株式会社その他の当該会社がその経営を支配している法人として法務省令で定めるものをいう（2条3号、会社則3条）。株式数による形式基準ではなく**実質基準**が採用されている。
　なお、社外取締役や社外監査役の定義（2条15号16号）などでは、「親会社等」「子会社等」という用語が用いられている。ここにいう「子会社等」とは、①子会社または②会社以外の者がその経営を支配している法人として法務省令で定めるものをいい（同条3号の2）、「親会社等」とは、①親会社または②株式会社の経営を支配している者（法人であるものを除く）として法務省令で定めるものをいう（同条4号の2）。

について上のような取得手続や取得財源規制を定めているのにそれが容易に潜脱されてしまう。たとえば親会社からの指示を受けて子会社が特定の親会社株主から株式を取得することが許されるならば、親会社による自己株式取得について株主間の公平性に配慮した規制の趣旨が損なわれてしまう。また、子会社に親会社株式の取得を無条件に認めるならば子会社を経由して親会社財産の払戻しが行われることになるため、親会社による自己株式取得について資本維持（会社債権者保護）の要請から財源規制をかけていることの趣旨が損なわれる。親会社の資本維持を確保するために子会社による親会社株式の取得についても親会社に財源規制をかけるというのは難しい。親会社が多くの子会社を持つ場合には、他の子会社による親会社株式の取得状況を把握する必要が生じてくるし、それらを合算して財源を計算することは著しく複雑になる。そのため、子会社による親会社株式の取得は原則として禁止されているのである。

　しかし、子会社がある会社を吸収合併する際に承継する財産の中に親会社株式が含まれているとか、子会社が債務者から親会社株式で代物弁済を受けるといった場合のように、やむをえず親会社株式を取得することもありうる。また無償で取得する場合のように、その弊害のおそれが小さいケースもある。そこで会社法は子会社が親会社株式を取得できる例外的なケースを認めつつ（135条2項、会社則23条）、例外的に取得した場合、子会社は取得した親会社株式を相当の時期に処分しなければならないとしている（135条3項）。

　処分の方法は特に法で定められていない。親会社が引き取る（自己株取得する）ことも可能である。そうすれば処分の相手方を見つけるのが困難な場合であっても子会社は親会社株式の保有を早期解消することができる。親会社が子会社から自己株式を取得する方法は、株主を特定したうえで取得する前記(2)にあたるが、子会社が親会社株式を容易に処分できるよう次のような簡易な取得手続を認められている。すなわち、親会社（取締役会設置会社）は取締役会決議によって子会社の有する自己株式の取得に関する事項（156条1項）を決定すれば取得することができる（163条前段）。子

会社からの自己株式取得には、売主追加請求権のほか、取得ごとの価格等の決定・通知、すべての株主の譲渡申込み等、具体的な取得手続にかかる規定（157～160条）は適用されない（163条後段）。

(4) 市場取引・公開買付により取得する方法　株式を上場している会社は、株主総会の決議により、市場取引または公開買付によって自己株式を取得することができる（165条1項）。さらに定款に定めがあれば、株主総会決議は不要で、取締役会決議によって取得を決定することができる（同条2項3項）。市場取引または公開買付による自己株式取得においては、すべての株主がこれに応じて売却する機会を持つため、売主追加請求権が認められていない。具体的な取得手続にかかる規定（157～160条）も適用されない（165条1項）。

❸⋯⋯⋯⋯自己株式取得の手続（その2）──株主との合意以外の事由による取得のケース

(1) 取得請求権付株式　取得請求権付株式の株主は、会社に対して、その有する取得請求権付株式を取得するよう、請求にかかる数を明示したうえで請求することができる（166条1項本文・2項）。会社は、請求がなされた日に、自己株式を取得する（167条1項）。取得対価は金銭に限らない。社債、新株予約権、新株予約権付社債、株式を対価としてもよい。その場合、請求がなされた日に、株主は社債権者、新株予約権者、新株予約権付社債権者、株主となる（同条2項）。

(2) 取得条項付株式　あらかじめ定めておいた一定事由が生じた場合に、会社が強制的に取得することができる旨の定めのある株式が取得条項付株式である。会社は、取得事由が生じた日に、当該自己株式を取得する。また、社債等が取得対価とされている場合の扱いについては取得請求権付株式の場合と同じである（170条2項）。会社は、取得事由が発生したことを株主に通知または公告しなければならない（同条3項本文・4項）。

　一定の日の到来を取得事由とする場合、その一定の日は取締役会決議によって決めなければならず（168条1項本文）、会社は決定した取得日を取

得条項付株主に通知または公告しなければならない（同条2項3項）。取得日の到来は株主にとっても明らかであるため、その日を通知・公告しておけば、上記の取得事由発生についての通知・公告は不要である（170条3項ただし書）。

　(3)　**全部取得条項付種類株式**　　全部取得条項付種類株式は、株主総会の特別決議によっていつでも取得することができる定めのある株式である（171条1項）。取締役は、取得を必要とする理由を株主総会で説明しなければならない（同条3項）。株主総会で決議した取得日（同条1項3号）に、会社は全部取得条項付種類株式の全部を取得する（173条1項）。社債等が取得対価とされている場合の扱いについては取得請求権付株式などの場合と同じである（同条2項）。なお、会社は、全部取得条項付種類株式の取得対価等に関する書面等を備え置き、全部取得条項付種類株式を取得する株主からの閲覧等の請求に応じなければならず（171条の2）、取得日後遅滞なく事後の開示を行わなければならない（173条の2）。

　(4)　**相続人等に対する売渡請求**　　X社の株主Aが死亡した場合、通常、Aの保有していた株式は相続財産となって相続人Bに相続される。会社は、定款で定めておけば、相続その他の一般承継により株式を取得した者に対し、その株式を会社に売り渡すよう請求することができるとされている（174条）。これは、会社にとって好ましくない者が経営に参加するのを防ぐために譲渡制限を付けている株式、つまり株主の個性が重視される場合に認められる制度である。上の例でいうと、定款で定めがある場合、相続人BがX社にとって好ましくない者であれば、Bの経営参加を防ぐためにX社はBに対し株式の売渡請求をすることができるのである。売渡請求ができるのは相続等を知った日から1年以内に限られている（176条1項ただし書）。

　すべての相続等において会社が売渡請求をするとは限らないので、株主間の平等取扱いが問題となる。そこで、会社は取得のつど、誰から何株取得するのか、株主総会で決定しなければならないことになっている（175条1項）。株主総会で決議し、売渡請求をしても、いつでもその請求を撤

回することができる（176条3項）。

　なお、株主総会決議は資本多数決の原則を採用しており、取締役会決議（369条2項）と違って、たとえその決議に利害関係を有する株主であっても当該株主は議決権を行使することができるのが原則である（事後的な処理として総会決議取消しの訴えがある。831条1項3号）。しかし、相続等における売渡請求の承認決議では、例外的に売渡請求を受ける株主は、その総会決議で議決権を行使することはできないこととされている（175条2項本文）。

　売渡請求制度は譲渡制限株式のみに認められるものであるため、市場価格のような客観的なものがある上場株式とは違って、請求にかかる株式の売買価格の決定が簡単にいかないこともある。そこで、会社と株主の間で協議によって決まればその価格となるが（177条1項）、協議が調わない場合には裁判所に申立てを行って価格を決めてもらうことになる（同条2〜4項）。協議が不調となり、また裁判所への申立てもない場合には、売渡請求は失効する（同条5項）。

　(5)　その他の場合　　上記のほか、自己株式取得の手続は、単元未満株式の買取り（192条・193条）、所在不明株主の株式の買取り（197条3項4項）、端数が生じる場合の買取り（182条の4・182条の5・234条・235条）について定められている。

❹………自己株式取得の財源規制

　自己株式の有償取得は、出資の払戻しであるため、これを無限に認めると会社債権者の利益が害される（**資本維持の原則**）。そこで、会社は、取得対価である金銭等の帳簿価額の総額が、取得の効力発生日における**剰余金分配可能額**を超えない場合に限り、自己株式を取得することができるとされている（461条1項1〜7号・166条1項ただし書・170条5項）。詳しくは剰余金分配のところ（247頁以下）を参照してほしい。なお、単元未満株式の買取請求があった場合、他の会社の事業全部を譲り受ける場合、合併または吸収分割により株式を承継取得する場合等については、このよう

な財源規制は加えられていない。

❺………違法な自己株式取得の効力

自己株式の取得が上に述べたような取得手続・財源規制を遵守せずに行われれば、他の株主や債権者に不利益が生じるおそれがある。そこで不正な自己株式取得には刑事罰が定められているが（963条5項1号）、私法上の効果（有効か、無効か）については規定されていない。取引の安全を重視して取得を有効と解する説もあるが、通説は取得を無効と解している。無効は誰でも主張できるのが一般であるが、自己株式取得規制が会社の利益を保護するものであることから、会社側にのみ無効の主張が許されるとする説もある。ただし違法な自己株式取得であることを知らないで会社に株式を譲渡した者に対しても無効を主張できるとするならば取引の安全が損なわれるため、善意の譲渡人に対して会社が無効を主張することは認められないと考えられている。

❻………自己株式の地位

前述したように、会社は、ストック・オプションや株式交換などに備えて、取得した自己株式を保有し続けることができる（金庫株）。ただし、会社は、保有する自己株式について議決権を持たず（308条2項）、また剰余金を配当することもできない（453条）。株式併合や株式分割の効力は自己株式についても生じる（182条1項・184条1項参照）。

❼………自己株式の消却・処分

株式を失効させ消滅させることを消却という。前述のように、株式の消却は発行済株式数を減少させて1株当たりの価値を向上させるなどの目的で行われる。株式を消却するには、まず会社は株式を自己株式として取得することが必要であり、取得した株式は取締役会決議によりいつでも消却することができる（178条）。自己株式の消却を行うと発行済株式総数が減少するが、発行可能株式総数・発行可能種類株式総数は減少しない。

また、取得した自己株式の処分は、199条以下の**募集株式の発行の手続**（新株発行規制と呼ぶことが多い）に含まれる。ただし、株式交換において完全親会社となる会社、吸収分割の承継会社、または吸収合併の存続会社が、新株の発行に代えて、保有する自己株式を交付する場合（代用自己株式）について、新株発行規制は及ばない。このほか、単元未満株主の買増請求に応じて自己株式を交付する場合、新株予約権が行使された際に自己株式を交付する場合、取得請求権付株式・取得条項付株式・全部取得条項付種類株式・取得条項付新株予約権の対価として自己株式を交付する場合などについても、新株発行の手続による必要はない。

Ⅹ　株券発行会社
——ペーパーレスお断り：株券を発行した場合のルール

❶………**概要**

　株式会社は、決済の簡易化やコストの節減といった理由から、原則として、株券を発行しない。ただし、定款に定めがあれば、株券を発行することができる（214条）。いったん株券発行会社となっても、株券発行の定款の定めを廃止して、一定の手続を経れば、株券不発行会社となることができる（218条）。

　株券は、株主の会社に対する割合的地位（＝株式）を表章する有価証券である。株券発行会社では、株式の譲渡は**株券の交付**によって行われ、株券の占有者は適法な所持人であるとの推定を受け、会社に対して株券を提示して株主名簿の**名義書換請求**が行われる。

　株券は、①会社の商号、②当該株券にかかる株式の数（1枚の株券で50株や1,000株を表章することも可能）、③譲渡制限が付されているときは、その旨、④会社が種類株式を発行しているときは、当該株券にかかる株式の種類およびその内容、⑤番号、を記載したものであって、代表取締役が署名または記名押印をするというように様式が定められている（216条）。

株券発行会社は、株式を発行した日以後、遅滞なく株券を発行しなければならない（215条1項）。これは、株券発行会社にあっては株式の譲渡に株券の交付を要するからである。ただし、公開会社ではない株券発行会社は株主の請求がある時まで株券を発行しないことができる（同条4項）。

❷………株券の効力発生の時期

小切手や手形では証券の作成により権利が発生する（設権証券）のであるが、株券は株式の効力が生じていることを前提としており、会社成立前または新株発行の払込期日前など有効な株式がないにもかかわらず証券を作成しても無効である（非設権証券）。

では、株式の効力が発生したのち会社が作成した証券は、いつから株券として効力を有することになるのだろうか。これにはいくつかの考え方がある。株券を作成して金庫に保管していたが、それが盗み出されて善意の第三者の手に渡ってしまった場合を考えてみよう。そもそも株券を作成した時点で、株券の効力が発生すると考えるならば（作成時説）、有効な株券が流通したことになり、善意取得が生じうることになる。これに対して、株券を株主に交付した時に株券の効力が生じると解するならば（交付時説）、盗まれたものは単なる紙片にすぎず善意取得はありえないことになる。前者の考え方に立てば、善意の第三者を保護して取引の安全が図られるのに対し、後者では本来株券を取得すべきであった株主の地位が守られることになる。さらにこれらの中間的な考え方として、株券を作成しこれを自己の意思に基づいて何者かに交付した時に株券の効力が生じると解する説もある（発行説）。この説によると、金庫から盗まれたものは単なる紙片であると解されるのに対し、運送業者に運送委託した時点で株券の効力が発生するため運送中に喪失した場合は善意取得が起こりうる。

❸………株券の不所持制度

株券発行会社では、株券を所持すると、窃取や紛失、滅失のおそれがあり、また善意取得されて権利を失うおそれもあるため、株券不所持を会社

に申し出ることができる（217条1項）。会社は、申出を受けた株式数について当該株主に株券を発行しない旨を株主名簿に記載する（同条3項）。すでに株券が発行されている場合、当該株主は会社に株券を提出し（同条2項後段）、その株券は無効となる（同条5項）。

　株券不所持を申し出た株主が株式の譲渡を行う場合は株券の交付が必要となる。この場合、当該株主は会社に対して不所持を申し出た株式にかかる株券の発行を請求することができるが、当該株主がすでに発行された株券を提出して不所持を申し出た者であるときは、当該株主が株券の発行費用を負担しなければならない（217条6項）。

❹………株券喪失登録制度

　株券発行会社の株主は、株券を紛失・滅失したり、窃取されたりして、株券を喪失するおそれがある。それが現実のものとなった場合、名義書換えがなされず自己の名義が株主名簿にあれば会社に対する権利行使は可能であるが、株式を譲渡するには株券が必要であるので株券の再発行を受けることとなる。

　有価証券を喪失した者は、非訟事件手続法に従い、公示催告を行い、除権決定を得たうえで証券の再発行を受けることができるが、会社法では株券を公示催告・除権決定の制度の適用対象から除外し（233条）、それに代わるものとして「株券喪失登録制度」が設けられている。以下、その概略を見ておこう。

　株券を喪失した者は、遺失届証明書や盗難届証明書などの一定の書類を添付して会社に対し株券喪失登録を請求することができる（223条、会社則47条）。これに応じて会社は当該株券の番号、喪失者の氏名・名称および住所等を株券喪失登録簿に記載する（221条）。喪失登録中は、喪失株券にかかる株式の名義書換えが停止される（230条1項）。

　株券喪失登録をした者（株券喪失登録者）が失くしたと思っていた株券を発見した場合は、会社に喪失登録の抹消を申請して、会社がこれを抹消することになる（226条、会社則49条）。

喪失株券につき所持人が現れないときは、株券喪失日の翌日から起算して1年を経過した日に、喪失株券は無効となる（228条1項）。そして、この場合、会社は株券喪失登録者に対し株券を再発行することとなる（同条2項）。

　喪失株券の所持人が現れる場合もある。名義書換等のために喪失株券が会社に提出されたときは、会社はこの所持人に対し、株券喪失登録がなされている旨を通知しなければならない（224条2項）。喪失株券の所持人は、異議があれば、株券喪失日の翌日から起算して1年間、会社に対し当該株券を提出して株券喪失登録の抹消を申請することができる（225条1項2項、会社則48条）。この申請を受けた会社は、株券喪失登録者に対し、抹消申請者（喪失株券の所持人）の氏名・名称および住所等を遅滞なく通知しなければならない（225条3項）。会社はこの通知の日から2週間[12]を経過した日に株券喪失登録を抹消し、喪失株券を抹消申請者に返還しなければならない（同条4項）。その後は、株券喪失登録者と抹消申請者の間で、実質的権利の帰属を争うことになる（抹消申請者が盗取者または拾得者であるため無権利者であるとか、抹消申請者が無権利者から株券を取得したことにつき悪意・重過失があったので善意取得をしていないといった主張・立証をして株券の返還を求める）。

❺………株券発行会社の株式譲渡の方法

　株券発行会社にあっては、株式を譲渡するには株券の交付が必要である（128条1項）。株券の交付によって当事者間での権利移転の効力が発生する（株式譲渡の成立要件）。公開会社でない株券発行会社では、株券が発行されていない場合がある（215条4項）。その場合、株主は、会社に対し株券の発行を請求したうえで（同項）、株券を交付して株式の譲渡を行うことになる。

12）　株券喪失登録者は、抹消申請者に返還された株券が流通におかれて善意取得されるのを防ぐ必要がある。この2週間は、株券喪失登録者に占有移転禁止の仮処分（民保23条1項）を申請する機会を与えるための期間である。

会社に対して自己が株主であると主張してその権利行使をするには、株主名簿の名義書換えをする必要がある（＝株式譲渡の会社に対する対抗要件、130条2項）。この名義書換えは、原則として、譲受人である取得者が、その株式の株主名簿上の株主（通常は譲渡人）と共同して会社に対し請求することとされているが（133条）、株券発行会社の場合は株券を会社に提示すれば取得者が単独で請求できる（同条2項、会社則22条2項1号）。なお、信託銀行や証券代行会社などの株主名簿管理人をおいて名義書換業務などを代行させている株式会社にあっては、株主名簿管理人に対して名義書換えの請求を行うことになる（123条）。

株券の占有者は適法な所持人と推定される（131条1項）。これは有価証券法理でいうところの権利推定的効力あるいは形式的資格効力を認めるものである[13]。これによって、株券所持人は、わざわざ自己が正当な権利者であることを証明することなく会社に対して名義書換請求することができ、会社は株券所持人が正当に権利を取得したのか調査することなく名義書換請求に応じ当該所持人を株主として扱うことができるのである。

また、株券を交付した譲渡人が無権利者（拾得者、窃取者など）であった場合、権利の移転はありえない。そうすると、譲受人は、所持人が正当な権利者であるか調査しなければ、安心して株券所持人から譲渡を受けられなくなる。これでは安全に株式の譲渡・譲受けができない。そこで、譲渡人が無権利者であったとしても、そのことについて譲受人に悪意・重大な過失がなければ、譲受人は株式の権利を取得すると定められている（131条2項）。これを善意取得という[14]。

なお、株券発行会社の株式の担保化（質入れ）については、84〜88頁で述べたとおりである。

13）「推定」されるのであるから、本文の場合、株券の所持人は適法な所持人ではないとの反証をして推定を覆すことは可能である。
14）民法の即時取得と類似しているが、即時取得では取得者の善意・無過失が要求され（民192条）、また盗品・遺失物については即時取得が生じないこととされている。

　会社の設立に際して株式を引き受けた者は会社成立の時に株主となり（50条1項・102条2項）、また新株発行に際して株式を引き受けた者は払込みの期日もしくは払込みを行った日に株主となる（209条1項）。株券発行会社では、その後遅滞なく株券が発行されなければならないと定められている（215条1項）。事務手続に時間がかかるため、株式の効力が発生したのち株券が発行されるまでは、株主でありながら株券を持たない状態が生じる。この間に株式の譲渡が行われると、会社は株券の名義や送付先を変更しなければならなくなる。それでは会社の株券発行の事務処理が円滑かつ正確に行われなくなるので、株券発行前の株式譲渡は会社に対して無効であると規定されている（128条2項）。なお、会社が株券発行を不当に遅滞している場合、株式譲受人は株券を持たないため名義書換の請求ができず、株主としての権利行使ができない状態が続く。つまり、譲渡人にとっては、株式譲渡の自由が実質的に奪われる結果となる。会社との関係で株券発行前の株式譲渡を無効とすることの趣旨は、上述のように会社の事務処理上の便宜に対する配慮にあることから、株券発行の不当な遅滞がある場合は無効とする前提を欠くことになる。したがって、会社が株券発行を不当に遅滞し、信義則に照らしても株式譲渡の効力を否定するのが相当でない状況に至った場合には、株主は意思表示のみで有効に株式を譲渡することができ、会社はもはや株式譲渡の効力を否定することができないと解されている。

第4章

第4章

株式会社の機関

第　章

I　機関の意義──機関とは何か

❶………機関とは

　株式会社を含めてすべて会社は法人となる（3条）。そこで、株主でもなく経営者でもなく、会社自身が会社の名義で権利を持ち義務を負うことになる。しかし、そのような権利や義務を発生させる行為（法律行為）は誰が行うのであろうか。法人といっても、人間（自然人）とは違うのだから、手足といった肉体や心はない。このため、会社という組織の中にいる人間の行為と意思を会社の行為や意思として扱う必要が出てくる。会社が決定したとか、会社が行動したとか言っても、それは法律上のことであり、実際には人間の決定や行動が必要である。このような人間および人間の団体が会社の機関と呼ばれているものである。それでは、いかなる者がこの会社の機関となるべきであろうか。

　まず思いつくことは、会社の出資者であり、会社の所有者とも呼ぶべき者を会社の機関とすべきだという考えである。実際に持分会社では、各社員が原則として業務を執行する権利を有し義務を負い（590条）、各自が会社を代表する（599条）と定められている。そこで、株式会社でも、会社の所有者ともいえる株主に機関となってもらうことが考えられる。しかし大規模な株式会社になると、株主にこのようなことを期待するのは無理で

ある。というのは、このような株式会社の株主は、会社を経営することに
それほど関心を持たないので、たとえ経営する権利を与えられたとしても、
彼らにそのような役割を果たすことを期待できないからである。彼らの関
心はもっぱら持っている株式の価値である。彼らは株価が上昇することを
強く望むものの、たとえば、経営者が優秀でないために、株価が下がって
きたとしても、経営者に会社の経営政策を変えさせたり、経営者をその地
位から追放することはまず考えない。なぜならば、そのような面倒な手段
をとるよりも、もっと簡単な方法、つまり株式を売却することを考えるか
らである。しかも、大規模な株式会社となれば、株主の数がかなり多いこ
とが考えられるから、株主全体で行動するとなると、機関として機動的に
動くことはきわめて難しい。また、会社の経営には複雑で専門的な知識を
必要とすることが多いが、これをすべての株主に期待することにはもとも
と無理がある。

❷·········機関の整備

そこで、会社法においては、公開会社のすべての株主から構成される機
関である株主総会は、会社の基本的事項の意思決定だけを行うこととし、
業務執行の決定については、株主総会が選任する取締役によって構成され
る取締役会が行うこととしている。さらに、会議体である取締役会が業務
執行と会社の代表行為を行うのは適当ではないから、これらの権限につい
ては取締役会が選定する取締役（代表取締役・業務執行取締役）が行うこと
になっている。このほかにも、株主総会は業務執行の監査を行う機関とし
て監査役も選任することになっている。このような形で、株式会社の機関
は、株主自身が参加する株主総会のほか、株主総会が選任する取締役によ
って構成される取締役会、その取締役会が選定する代表取締役や、株主総
会が選任する監査役に分化されている。

ただし、このようなことは、株式会社の中でも非公開株式会社には必ず
しもあてはまらない。このような会社では、株主の数がそれほど多くなく、
多くの株主は会社経営に強く関心を持ち、また経営に不満があって持株を

処分しようとしても、その市場が存在しないからである。会社法では、このような会社については、株主のより積極的な参加を期待し、株主が経営に発言できるようにしている。

このほか、後で詳しく述べるが、指名委員会等設置会社を選択した会社では、社外取締役を重視した委員会や執行役という機関が置かれることになっている。さらに、監査等委員会を設置する会社がある。

Ⅱ　株式会社の機関の設計
──会社のタイプで必要な機関は異なる

❶………会社法の機関についての枠組み

会社法においては、一口に株式会社と言っても採用できる機関構成は異なっている。つまり、公開会社か非公開会社（全部の株式に譲渡制限がある会社）か、大会社か中小会社か、または取締役会を設置する会社かそうでない会社かといった分類により、機関に関する規定の内容を異なるものとしている。ただし、株主総会と取締役は、すべての株式会社において、必ず置かなければならない機関である。このほか会社法の「機関」の章（第2編第4章）を見ると、種類株主総会、取締役会、会計参与、監査役、監査役会、会計監査人、委員会、執行役について規定されているが、これらについては、それぞれの会社が定款でどのように規定するかによって、変わってくる。以下、少し複雑であるが、概略を見てみよう。

❷………公開会社の機関

会社法では、公開会社とは、発行する全部または一部の株式の内容として、譲渡制限の定款の定めがない会社のことである（2条5号）。要するに、発行している株式の全部に譲渡制限をかけている会社が非公開会社であり、それ以外の会社はすべて公開会社ということになる。その会社の株式が証券取引所へ上場されているかどうかとは関係がない。公開会社では、取締

役会を置かなければならない（327条1項）。取締役会を置く会社は、監査等委員会設置会社または指名委員会等設置会社となるか、監査役を置く会社のいずれかでなければならないことになっている（同条2項）。

(1) **大会社の場合**　大会社とは、最終事業年度にかかる貸借対照表に資本金として計上した額が5億円以上、または負債の部に計上した額の合計額が200億円以上の会社のことである（2条6号）。

公開会社であって、かつ大会社であれば、監査等委員会設置会社または指名委員会等設置会社を選択しない限り、監査役会を設置しなければならないし、会計監査人も置かなければならないことになる（328条1項）。監査等委員会設置会社または指名委員会等設置会社を選択した場合でも、会計監査人を置かなければならないが（327条5項）、監査役を置くことはできない（同条4項）。

【大会社である公開会社の機関（監査等委員会設置会社・指名委員会等設置会社を選択しない場合）】

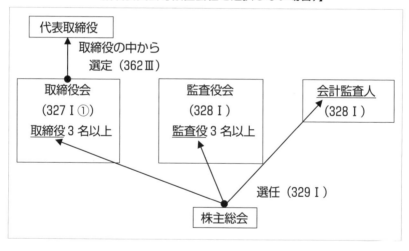

(2) **中小会社の場合**　大会社以外（以下、中小会社と呼ぶ）で公開会社については、取締役会を置かなければならないものの、監査役会を置く必要はない。そして、このような会社は、監査役を置く会社となっても

よいし、監査等委員会設置会社または指名委員会等設置会社になってもよい。ただし監査等委員会設置会社または指名委員会等設置会社を選択する場合には会計監査人の設置が義務づけられることになる（327条5項）。監査等委員会設置会社または指名委員会等設置会社にならない限り、監査役を設置しないことは許されない（同条1項1号・2項）。この種の会社において監査役会を設置することも可能である。

❸………非公開会社の機関

非公開会社についても、大会社と中小会社に分けて考える必要がある。

(1) **大会社の場合**　　非公開大会社では、取締役会の設置は義務づけられていないが、会計監査人の設置は義務づけられている（328条2項）。会計監査人を置く会社であるため、この種の会社は監査役設置会社になるか監査等委員会設置会社または指名委員会等設置会社とならなければならない（327条3項）。監査役設置会社であっても、監査役会の設置は義務とはなっておらず、監査役は1名でもよい（328条1項参照）。ただし、もしも監査等委員会設置会社または指名委員会等設置会社を選択すれば、取締役会を設置しなければならない（327条1項3号4号）。監査等委員会設置会社または指名委員会等設置会社にならなければ（任意に監査役会を置いたときを除く）、取締役会の設置は義務づけられない。

(2) **中小会社の場合**　　非公開中小会社では、取締役会を設置することも、しないことも可能である。取締役会の設置を選択すれば、監査等委員会設置会社または指名委員会等設置会社を選ぶことも可能となる。ただし、これらを選択する場合には、会計監査人を設置しなければならない（327条5項）。また、取締役会を設置した非公開中小会社は、監査等委員会設置会社または指名委員会等設置会社とならない限り、監査役を設置するか会計参与を設置しなければならない（同条2項）。ここでいう会計参与とは、株主総会によって、公認会計士または税理士から選任され（329条1項・333条1項）、取締役・執行役と共同して計算書類を作成し（374条以下参照）、会計監査人に代わり中小会社の計算の適正を図る会社の役員のこと

である。これに対して、監査役を置いた会社は、監査役会と会計監査人の一方または双方を設置することが可能である。

　一方、取締役会を設置しない非公開中小会社では、監査役の設置は自由である（監査役会は置けない）。ただし、会計監査人の設置をすると、監査等委員会設置会社または指名委員会等設置会社である場合を除き、監査役を設置しなければならない（327条3項）。これは、外部の会計監査人の職務は監査役による監査とセットにすべきだと考えられているからである。

　このように会社法では、会社のタイプに応じて機関の仕組みが異なっているが、以下では説明を単純化してわかりやすくするために、監査等委員会設置会社または指名委員会等設置会社である場合を除き、かつ大会社で公開会社（この場合には取締役会、監査役会、会計監査人を設けることが要求される会社となる）に対象を絞って説明をすることにする。特に断らない限り、このタイプの会社についての説明であることに気をつけてほしい。

Ⅲ　株主総会——会社の最高の意思決定機関

❶………株主総会の権限

　株主総会は、会社法および定款の定めた事項に限り決議できるとされている（295条2項）。会社法が株主総会で必ず決議すべきものとしている事項としては、主に①会社の根本に関わる変更、②会社の機関の選任および解任に関する事項、③株主の利害に大きく影響を与える事項である。具体的に言うと、①は定款変更や会社の合併等であり、②は取締役や監査役の選任であり、③は募集株式の有利発行や会社の自己株式取得等である。

❷………株主総会の招集

　（1）　招集の時期　　株主総会には、毎年1回必ず開かれる定時株主総会（296条1項）と、必要がある場合に、いつでも招集することができる臨時株主総会（同条2項）とがある。株主総会では、招集権者は取締役であ

る（同条3項）。ただし、株主が少数株主権の行使として招集する場合も認められている（297条4項）。

(2)　**招集通知**　　株主総会の招集通知は、公開会社では総会の日の2週間前までに発することになっている（299条1項）。この招集通知は、必ず書面で行わなければならない（同条2項）。ただし取締役は、株主が承諾すれば、書面の代わりに電磁的方法を使って招集の通知をすることもできる（同条3項）。

　ここでの説明対象としている株式会社（大会社で公開会社）では、ほとんどの場合株主が多数おり、しかも株主は日頃は会社の経営から離れており、経営への関心も低い。しかし、株主総会はこのような株主にとっていざというときに自己の利益を守り、自己の意思を反映させることのできる重要な場である。そこで、会社法は、これらの会社について、株主が総会に出席すべきかどうか判断できるように、また出席する準備を容易にするために、手続が厳格になっているのである。

(3)　**議題の決定**　　株主総会の招集を決定する際には、いくつかの事

項を決める必要があるが（298条1項）、あらかじめ議題を決めておく必要があるかは、取締役会設置会社であるかどうかによって異なる。つまり、取締役会設置会社では、原則として株主総会はあらかじめ決めた議題以外については決議をすることができないため（309条5項）、招集するときに議題を決めておかなければならない。これに対して、取締役会設置会社以外の会社（当然、非公開会社に限られる）では、各株主は総会の当日に議題を提出できるのであり（303条1項）、招集通知に議題を記載（以下、電磁的方法による場合の記録を含める）する必要がない。

❸………株主提案権

　株主提案には、一定の事項（たとえば取締役の解任）を会議の目的とする議題の提案と、議題の具体的な中身である議案（たとえば取締役Aを解任）の提案とがある。

　取締役会設置会社では、株主は総会当日に議題を提出することができない。それは、あらかじめ招集通知に掲げた議題しか決議できないからである。議題提案権に関しては持株要件および行使期限がある（原則として、総株主の議決権の100分の1以上の議決権または300個以上の議決権を6ヶ月前から引き続き保有する株主に限られ、総会の会日の8週間前までに請求をしなければならない（303条2項））。いずれにしても、その議題の事項が総会の決議すべきものではないときにはそのような株主提案は認められない。

　総会の議題となっている事項に関して議案を提出する権利については、原則として（同一議案には制約があるが）、各株主が持っている（304条）。しかし、そもそも株主により提案する議案が可決されるためには、他の株主への働きかけが必要であるが、大規模株式会社では株主の多くが総会に出席しない。そのため、総会当日に提出したところで、当該提案が多くの株主に知られずに採決されることとなってしまう。すなわち株主にとってはその提案を総会の前に他の株主に知らせておくことが重要なのである。そこで会社法は、株主の提案する議案の要領を招集通知に記載することを取締役に対して請求できる旨を定めている（305条1項）。ただし、行使期

限があり（同項）、持株保有要件がある（同項ただし書）。さらに取締役会
設置会社では、株主がこのような請求をできる議案の数[1]は10までとい
う制約がある（同条4項）。

❹………総会における議決権行使

(1) 一株一議決権の原則　　株主総会も多数決によって決議が行われる。
しかし、それは株主の頭数による多数決ではなく、持株数による多数決で
行われるところに特徴がある。これは、企業に賭けているお金が多い者ほ
ど大きい発言権が与えられるべきだと考えられたからである。そこで、一
株一議決権原則が支配する（308条1項）。ただし、この原則には例外があ
る。

　たとえば、ある株式会社（A会社）が、他の株式会社（B会社）の総株
主の議決権の4分の1を超える株式を有する場合においては、その株式会
社（B会社）が有する株式会社（A会社）の株式については、議決権を有
しない。これは相互に株式を持ち合っている場合、お互いの会社の総会に
おいて馴れ合いで議決権が行使されることによって、相互の経営者の地位
の永続化が図られるなど、議決権行使が歪曲されるおそれがあるからであ
る（308条1項かっこ書）。

◆発展学習　一株一議決権の原則に対するその他の例外
　①議決権を行使できる事項について定款で制限が置かれている種類株
　　式（108条1項3号）。
　②会社の有する自己株式には議決権が認められない（308条2項）。
　　このような株式にも議決権行使を認めれば、会社が自己の意思決定
　　をする会議に自ら参加することになって不自然であり、また、これ
　　を仮に認めると取締役の会社支配の手段として利用されるおそれが
　　あることから、会社法は議決権を否定している。

---

1)　議案の数については305条4項各号が定める。

③定款で単元株式数を定めている場合には、1単元について1個の議決権である。会社は、株主総会に関わる事務管理コストを削減することを意図して、定款で単元株の採用を定めることができるが、この場合に、1単元に満たない株式には議決権が否定される（308条1項ただし書）。

④非公開会社では、定款で、株主ごとにその有する議決権について異なる取扱いをする旨を定めることも可能である（109条2項）。

【議決権行使の方法】

> 本人出席
> 代理人出席
> 書面投票
> 電磁的方法

(2) **代理人による議決権の行使**　　会社法は、株主ができるだけ総会に意思を反映できるように図っており、自ら総会に出席できない株主は、代理人によって議決権を行使することができる（310条1項）。この場合には、当該株主または代理人は、代理権を証明する書面（委任状）を株式会社に提出しなければならない（同項）。また、株主の意思を確認するために、この代理権の授与は、株主総会ごとにしなければならない（同条2項）。もっとも、代理人によっては、総会が混乱するおそれもあり、事務処理の煩雑さを避ける必要があることから、会社が、代理人を制限することができるかが問題となる。会社法は、株式会社が株主総会に出席することのできる代理人の数を制限することを認める（同条5項）。さらに、実際には多くの株式会社の定款で、代理人は株主に限る旨が定められている。判例[2]は、この定款規定を有効と解している。

---

2)　最判昭和43年11月1日民集22巻12号2402頁。

(3)　書面投票と電磁的方法による議決権行使　(a)　書面投票制度

議決権を有する株主の数が 1,000 名以上の会社に限り、総会に出席しない株主が書面によって議決権を行使できる旨、すなわち書面投票制度を採用することを定めなければならない（298 条 2 項）[3]。株主の数が多くなればなるほど、株主の中に居住地が会社から遠隔地となる者も多くなり、また株主一人ひとりの影響力が低下するため総会に出席する株主が少なくなると考えられることから、このような会社の株主に書面投票の権利を与えたのである。

(b)　電磁的方法による議決権行使

すべての株式会社は、取締役（取締役会設置会社では取締役会の決議）によって、総会に出席しない株主に電磁的方法により議決権行使をすることを認めることができる（298 条 1 項 4 号）。これが認められると、株主は総会当日に出席することなく、インターネットを利用して、議決権を行使することができる。

◆発展学習　**株主総会参考書類とその電子提供**

　会社法では、株主が適切に議決権行使をできるようにするために、書面による議決権行使や電磁的方法による議決権行使を認めるときには、招集通知に際して、議決権行使の参考となる事項を記載した書類（株主総会参考書類）等を、株主に交付することが取締役に求められている（301 条・302 条）。しかし、これらの書類や計算書類等（437 条参照）を株主に提供するには、印刷や郵送のコストが多大で無視できなかった。そこで令和元年改正により、これらの書類に記載される情報等について、電磁的方法によって株主が提供を受けることのできる措置（電子提供措置）をとることも、定款で定めれば会社に認められることになった（325 条の 2）。この措置がとられるときには、招集通知には、総会の日時、場所、議題や電子提供措置がとられていること等が記載されるが、詳細な情報は記載されない（325 条の 4 第 2 項・298 条 1 項）。なお、ネット利用に不安な株主等については、電子提供措置の内容を書面にして交付することを会社に対して求

---

3)　ただし、当該株式会社が証券取引所に上場されている株式を発行している株式会社であって、金融商品取引法に基づき委任状勧誘をしている場合は、採用が義務づけられない（298 条 2 項ただし書、会社則 64 条）。

めることが認められている（325条の5）。

バーチャル株主総会

　近年、株主総会をめぐっては、電子化の動きが進んできた。すでに述べた電磁的方法による議決権行使や、株主総会資料の電子提供制度がそれである。そうなると、現実に特定の場所で会合を開くことはやめて、株主総会の議事・審議、議決も電子化してはどうかという議論も自然に出てくる。とくに令和2年になって感染が急拡大した新型コロナウイルスのもとでは、密集した会合を避けることが求められたことから、バーチャル株主総会の要望も高まった。アメリカの州会社法ではこれを認めているものも多い。しかし、わが国の会社法では、株主総会は「場所」を決めて招集することが求められており（298条1項1号）、場所を定めずに株主がオンラインのみで出席する方式はとれないと解されている。このため、現実に物理的な場所で株主総会は開催するものの、そこに出席できない株主には、オンラインで出席（または傍聴目的の参加）をするという追加的な手段を提供することが検討された。これはハイブリッド型バーチャル株主総会と呼ばれ、令和2年2月には経済産業省から、「ハイブリッド型バーチャル株主総会の実施ガイド」が公表されている。実際にも、このような株主総会を実施した会社がみられている。さらに、立法によってオンラインのみで開催する株主総会を認めるべきだとする意見もみられる。

❺‥‥‥‥総会の決議

　(1)　**決議の種類**　株主総会において、決議は多数決によって行われるが、決議する事項の重要性に応じて決議の要件が異なっている。

　　(a)　**普通決議**　総会の決議は、定款に別段の定めがある場合を除き、定足数として議決権を行使することができる株主の議決権の過半数を有す

る株主が出席することが要求され、そのうえで、出席した当該株主の議決権の過半数をもって行う（309条1項）。定款で定足数要件を外すことは可能であるが、役員を選任し、または解任する株主総会の決議については、定足数として議決権を行使することができる株主の議決権の3分の1以上の割合を定めなければならない（341条）。

(b) **特別決議**　会社の組織再編等の重要事項の決議は、その株主総会において議決権を行使することができる株主の議決権の過半数を有する株主が出席し、出席した当該株主の議決権の3分の2以上にあたる多数をもって行わなければならない（309条2項）。この原則は定款で修正することができる。定足数については、3分の1以上の割合であれば、定款で別の割合にすることができる。また、3分の2の議決要件は、これを上回る割合を定款で定めることができる。さらに、以上の決議の要件に加えて、一定の数以上の株主の賛成を要するというように、その他の要件を定款で定めることも認められている。

(c) **特殊決議**　会社が発行する全部の株式の内容として、譲渡制限の定めを定款に置く場合等では、手続をさらに慎重に行う必要があり、当該株主総会において議決権を行使することができる株主の半数以上（これを上回る割合を定款で定めた場合は、その割合以上）であって、当該株主の議決権の3分の2（これを上回る割合を定款で定めた場合は、その割合）以上にあたる多数の賛成を要する（309条3項）。このほか、非公開会社において、株主ごとに異なる権利内容を設ける場合の定款の変更（当該定款規定を廃止するものを除く）のための総会決議については、総株主の半数以上（これを上回る割合を定款で定めた場合は、その割合以上）であって、総株主の議決権の4分の3（これを上回る割合を定款で定めた場合にあっては、その割合）以上にあたる多数の賛成を要する（同条4項）。

(2) **株主総会における決議と報告の省略**　提案されている議案について株主全員が同意している場合には、あえて株主総会の場で決議をすることなく、総会決議があったものとみなすことが認められている（319条1項）。また、報告についても省略が認められており、取締役が株主の全員

に対して株主総会に報告すべき事項を通知した場合に、当該事項を株主総会で報告しなくてもよいことについて、株主の全員が書面または電磁的記録により同意の意思表示をしたときは、当該事項の株主総会への報告があったものとみなされる（320条）。

❻………株主総会における説明義務

　説明義務は、株主に質問の機会を与え、株主による議案についての理解を深め、その可否の判断を可能にすることによって、株主総会の活性化を図ろうとするものである。この種の権利はとかく総会屋等に濫用的に行使され、議事の引延しに使われやすいことから、会社法はこのような権利の行使が認められる範囲を明らかにし、しかも株主の権利という形ではなく、経営者の義務という形で規定している。すなわち取締役、会計参与、監査役および執行役は、株主総会において、株主から特定の事項について説明を求められた場合には、当該事項について必要な説明をしなければならないと定められている（314条）。ただし、当該事項が株主総会の目的である事項に関しないものである場合、その説明をすることにより株主の共同の利益を著しく害する場合その他正当な理由がある場合として法務省令で定める場合は、そのような義務はない（同条ただし書、会社則71条）。

◆発展学習　**種類株主総会**

　会社法では、議決権のある株主全員を構成員とする株主総会のほか、種類株主の利益を守るために、それぞれの種類株主を構成員とする種類株主総会が置かれている。ただし種類株主総会は、会社法または定款で定めた事項に限り決議することができる（321条）。種類株主総会には、会社法上必ず開催しなければならない法定種類株主総会（322条）と、各会社が任意に定款の定めをもって開催することにした任意種類株主総会（323条）とがある。

　法定種類株主総会に関しては、一定の列挙された場合で、ある種の株式の種類株主に損害を及ぼすおそれがあるときは、当該種類の株式の種類株

主を構成員とする種類株主総会の決議がなければ、その効力を生じないとされている（322条1項柱書）。そのような場合として、①株式の種類の追加、株式の内容の変更、発行可能株式総数または発行可能種類株式総数の増加についての定款変更、②特別支配株主による株式売渡請求の承認、③株式の併合または株式の分割、合併その他の組織再編等が規定されている（同項各号）。ただし、定款で種類株主総会の決議を不要とする旨を定めることができ（同条2項）、その場合には、種類株主総会の決議が不要となるが、①の株式の種類の追加、株式の内容の変更、発行可能株式総数または発行可能種類株式総数の増加についての定款変更（ただし、単元株式数についてのものを除く）については、決議を不要とはできない（同条3項）。このような種類株主総会の決議を不要とする定款規定は、種類株式発行後であれば当該種類株主全員の同意が必要である（同条4項）。

❼………総会決議の瑕疵を争う訴訟

　株主総会で決議すべき事項について多数決により決議が成立したとしても、その手続や内容に何らかの瑕疵がある場合には、そのまま決議の効力を認めるわけにはいかない。しかし、瑕疵のある総会決議について、これを一般原則どおり、誰でもいつでもどのような方法でも効力を否定されるべきものとして主張することを認めることは適切ではない。この点について、会社法では、会社の組織に関する訴え（第7編第2章第1節）中の1つとして決議の瑕疵を争う訴訟という制度を設けている。これは、たとえ瑕疵のある総会決議であっても、すでにこれに基づき種々の法律関係が発生している可能性が大きく、また決議に利害関係ある者の数も多いことから、一般原則のみに頼って解決を図ることは適切ではないからである。すなわち特別の訴訟を通して法律関係を画一的に決めるほうが望ましいと会社法は考えたのである。

　そこで会社法は、株主総会決議の瑕疵を争う訴えを瑕疵の原因により以下の3種類に分類して、それぞれに適した規定を設けている。

　①瑕疵の程度が比較的軽い場合については、決議取消しの訴えの対象

とする。たとえば、招集の手続や決議の方法が法令・定款に違反した場合や決議の内容が定款に違反する場合等がこれにあたる（831条1項）。

②手続や方法の瑕疵の程度がきわめて重大で、決議と認められるものが外形的にも存在していない場合については、決議不存在確認の訴えの対象とする（830条1項）。

③決議の内容が法令に違反するときは、①よりも瑕疵の程度が重いと考えられ、決議無効確認の訴えの対象とする（830条2項）。

❽········利益供与の禁止

　株主にとって株主総会は、会社の意思決定に参加し、経営者の責任を判断しうる重要な場であるが、一方で、従来会社の経営者が総会を無事に終了させたいと思うあまりに、特殊株主（いわゆる総会屋）の活動を許してきた。総会屋は、あるときは議事を妨害し総会を混乱させ、またあるときはあらかじめ打ち合わせたとおり議事が進行するように、他の者の発言を封じたり、予定どおりの発言を行い、総会を短時間のうちに終了させるといった行動をとることが多かった。このため、一般株主は株主総会で発言ができず、総会に出席することにも消極的となり、株主総会の形骸化が進んだ。そこで、会社法は、会社が何人に対しても株主等の権利の行使に関し財産上の利益を供与することを禁止している（120条1項）。

Ⅳ　取締役・取締役会
──会社の経営はどのように決まり実行されるのか

❶········取締役の権限

　取締役会設置会社とそうでない会社によって取締役の制度が異なるが、公開会社は取締役会設置会社となるので、その取締役は、その地位だけで業務執行権も会社代表権も有するものではなく、単に取締役会の構成員と

して取締役の職務が与えられる。取締役会の機能は、業務執行の決定および業務執行の監督である。取締役会は業務執行を決定する機関であり、代表取締役は、単に取締役会の決定を実行する機関にすぎず、自ら業務執行の意思決定をすることはできない。しかし実際上それでは不便なので、細目的事項をはじめとした一定事項についての決定を取締役会は代表取締役に委任することができる。

　なお、取締役と言っても、指名委員会等設置会社または監査等委員会設置会社の取締役とそれ以外の会社の取締役とでは性格が大きく異なっている。そこで、説明をわかりやすくするため、指名委員会等設置会社または監査等委員会設置会社の取締役についてはそれぞれ関連する箇所（174頁、165頁）を参照してもらい、以下ではそれ以外の会社の取締役について述べることとする。

❷………取締役の選任

　(1)　**選任**　　株主は自ら経営に関与することはしないが、代わりに経営の専門家である取締役をはじめとする役員を選任する権限が与えられている。株主の多数の意見で会社の経営者は決定され、この取締役を選任する権利は株主にとっては最も重要な権利の1つである。すなわち取締役は株主総会で選任される（329条1項）。決議をする場合には、取締役が欠けた場合に備えて補欠の役員を選任することができる（同条3項）。

　(2)　**取締役の資格**

　　①株式会社は、定款をもって定めても、取締役の資格を株主に限ることはできない（331条2項）。公開株式会社の取締役には広く適材を求めることが株式会社の理念であるからである。

　　②会社法では、一定の者が取締役になることを禁じている。取締役の欠格事由としては、3つの事由が規定されている（331条1項）。たとえば、そこには法人が掲げられており、取締役は自然人でなければならない。

　(3)　**社外取締役**　　会社法における社外取締役の定義は複雑である（2

条 15 号)⁴⁾。大雑把に言えば、以下に該当する者は社外取締役となれない。すなわち、現在または過去 10 年間に会社（子会社も含め）の業務を執行していた者、会社の支配株主、親会社等の取締役や業務執行者、兄弟会社の業務執行取締役等、取締役や業務執行者や支配株主の配偶者や 2 親等内の親族である（正確にはこのほか同号ロも欠格者）。

　会社法は、社外取締役の選任を一般に義務づけてはいない。ただし、上場会社等で社外取締役を置かねばならない場合（327 条の 2）と、上場会社等ではなくても社外取締役を選任する必要がある場合（331 条 6 項・373 条 1 項・400 条 3 項）がある。社外取締役がその会社の業務を執行してしまうと、その者は社外取締役の要件を満たさなくなってしまう（2 条 15 号イ）。もっとも、令和元年改正により、社外取締役を置く会社では、社外取締役の独立性に期待して、マネジメント・バイアウトや親子会社間の取引の場面で、取締役会決議に基づき委託を受けた社外取締役が交渉等を行ったとしても、社外取締役の要件を満たす旨が明確にされた（348 条の 2）。

TOPICS

「社外取締役」

　社外取締役には、業務執行者から独立した客観的な立場から会社経営の監督を行う役割が期待されている。従来のわが国の取締役会は、従業員から昇進してきた社内出身者によって構成されるものが

---

4)　少し詳しく社外取締役の定義規定を示せば、以下の条件を満たす者ということになる（2 条 15 号イ〜ホ）。
　①当該株式会社または子会社の業務執行取締役、執行役、支配人その他の使用人ではなく、就任の前 10 年間にそのような地位になかった者
　②その就任の前 10 年内のいずれかの時において当該株式会社またはその子会社の取締役、会計参与または監査役であったことがある者（業務執行取締役等であったことがある者を除く）にあっては、当該取締役、会計参与または監査役への就任の前 10 年間当該株式会社またはその子会社の業務執行取締役等であったことがないこと
　③当該株式会社の自然人である支配株主、または親会社等の取締役もしくは執行役もしくは支配人その他の使用人でないこと
　④共通の親会社等を持つ会社（いわゆる兄弟会社等）の業務執行取締役等でないこと
　⑤当該株式会社の取締役もしくは執行役もしくは支配人その他の重要な使用人、または支配株主の配偶者または 2 親等内の親族でないこと

多く、これでは、コーポレート・ガバナンスの実効性に欠けるのではないか、あるいは、わが国の資本市場に対する信頼感が損なわれてしまうのではないか、といった指摘がされていた。

本文で述べたように、令和元年の会社法改正において、上場会社等は少なくとも1名の社外取締役の設置が義務づけられることとなった。この改正の背景として、すでにコーポレートガバナンス・コードが独立社外取締役を少なくとも2名以上選任すべきとしたこと、東京証券取引所の第一部上場会社における社外取締役の選任比率が、平成30年7月調査時点において約91.3％に達していること（JPX「東証上場会社における独立社外取締役の選任状況及び指名委員会・報酬委員会の設置状況」平成30年7月31日）など、日本の上場企業において社外取締役の選任が相当に進んだことが大きく影響したといえる。なお、令和4年4月に予定されている東証市場再編において、現行の一部市場を引き継ぐ「プライム市場」（仮称）の上場企業に対して取締役の3分の1以上を独立社外取締役とするように要求されると報じられている（令和2年12月6日付日本経済新聞（朝刊）1面）。

(4)　**選任決議の要件**　　取締役の選任の決議については、通常の総会決議（309条1項）に対して特則が定められている。すなわち株式会社の取締役・監査役の選任決議の定足数については（原則は議決権を行使することができる株主の有する議決権の過半数であるが）、定款で特に定めるとしても、議決権を行使することができる株主の有する議決権の総数の3分の1以上の割合としなければならない（341条）。

◆発展学習　**累積投票**

取締役の選任は、会社の経営を決定する重要な決議であるが、ここでも、資本多数決の原則が支配しているため、どちらの人物が有能かよりも、誰が多数派から支持されているかによって取締役が決められる。その結果、取締役を複数選任する場合であっても、通常の選任方法によるときには、

会社の総株主の議決権の過半数を有する多数派はいつでも自派の候補者を全員取締役に選任させることができる。この反面、少数派の候補者は1人も取締役として選任されないことになる。そこで少数派に対しても自己の代表が取締役に選任される可能性を与え、一般株主の地位を強化するために、米国法にならって設けられたのが累積投票制度である（342条）。会社法では、定款で排除していない限り、2人以上の取締役選任に際して、議決権を有する株主は累積投票を請求できる（同条1項）。

たとえば、通常の決議によって取締役を5名選任する場合を考えてみよう。総株主の議決権を1,000個とする会社で800個を有する多数派は5名とも自己の代表を取締役に選任できる。これに対して株式を200個所有する少数派はほとんどの場合いかなる候補をたてても取締役に選任されない。ここで累積投票を採用すると、多数派も少数派も1株につき選任すべき取締役の数と同数の議決権が与えられる（342条3項前段）。そこで、多数派は4,000個の議決権を有し、少数派は1,000個の議決権を有することになる。この議決権を株主は1人だけに投票してもよいし2人に投票してもよく（同項後段）、投票の結果最多数を得た者から順に5名が取締役に選任されるのである（同条4項）。したがって、少数派も1人の候補者に801票以上を集中させれば、少なくとも1人は取締役に選任されることとなる。というのも、多数派が1人の候補者にこれ以上の票を集中させれば、少なくとも他の1人の候補者の票はこれ以下になるからである。

(5) **取締役の任期**　会社法が取締役の任期について上限を定めている。これは、取締役の地位が長く続くと弊害が予想されるので、適切な時期に株主の信任を確かめさせるためである。したがって、定款や株主総会の決議をもって、取締役の任期をこれよりも短くすることは可能である。取締役の任期は、原則として選任後2年以内に終了する事業年度のうち、最終のものに関する定時総会の終結の時までである（332条1項）。ただし、このような原則にはいくつかの例外がある（同条2項以下参照）。

❸·········取締役の終任

(1) **取締役の終任事由**　取締役がその地位を去るのは、任期の満了、

欠格事由の発生、委任の法定終了事由、辞任、解任、会社の解散の場合である。

　このうち解任には、解任決議による場合と解任の訴えによる場合とがある。

　(2)　**取締役の解任決議**　　会社法は、株主総会がいつでも理由のいかんにかかわらず取締役を含む役員の解任ができる旨を定めている（339条1項）。このように、株主に広い解任権を与えるのは、株主が経営に関与する度合いの高い非公開会社では当然であり、企業の所有と経営が制度上も分離している公開株式会社においても、解任権は、企業の所有者ともいうべき株主が会社経営を代表取締役および取締役会に委ねながら、自己の利益を守る1つの重要な手段だからである。つまり株主は取締役を選任し、解任するときに自己の意思を大きく会社経営に反映させることができるのである。役員を解任する株主総会の決議は、選任の場合と同様、普通決議でよい。ただし、累積投票によって選任された取締役の解任については、株主総会の特別決議によって行わなければならない（309条2項7号）。

　(3)　**取締役解任の訴え**　　株主総会における解任決議のほか、解任の訴えによっても取締役は解任される。株主総会で取締役を解任するには決議を可決させる必要があるため、少数株主にとっては違法行為を行った取締役や不適任の取締役であってもこれを解任することは容易ではない。そこで、会社法は、取締役の職務執行に関して不正の行為または法令・定款違反の重大な事実があったにもかかわらず、株主総会でその取締役を解任することが否決された場合や、当該会社の定款で種類株主総会の決議を要求されているが（323条）、その決議が成立せず効力が生じない場合には、6ヶ月前より引き続き総株主（当該取締役を解任する議案について議決権を行使できない株主や対象となっている取締役を除く）の議決権の100分の3以上を有する株主は、決議の時から30日内に裁判所に訴えをもってその取締役の解任を請求することができる旨を定めている（854条1項1号）。また、発行済み株式（当該会社と解任対象の取締役を除く）の100分の3以上の数の株式を6ヶ月前より引き続き有する株主も同様の解任の訴えを起こ

せる（同項2号）。

❹‥‥‥‥取締役の義務

(1) **善管注意義務と忠実義務**　会社と取締役との間の関係は委任に関する規定に従うことから（330条）、取締役は民法644条の義務、つまり善良なる管理者の注意をもって職務を執行しなければならないという義務を負う。ところが会社法は、このほか355条で、取締役は法令および定款ならびに株主総会の決議を遵守し、株式会社のために忠実にその職務を行わなければならない義務を負う旨を定める。前者を善管注意義務、後者を忠実義務と呼ぶことが多いが、両者の関係については学説が対立している。少数説（異質説）によれば、前者は取締役が職務を執行するにあたって尽くすべき注意の程度を示すものであるが、後者は取締役がその地位を利用して会社の利益の犠牲のもとに自己や第三者の利益を図ってはならないという義務であるとして、両者は異質の義務であるとする。これに対して多数説（同質説）によれば、忠実義務は善管注意義務をより明確にしただけであり、会社の利益を犠牲にして自己の利益を図ってはならない義務は善管注意義務のなかに当然含まれると解する。判例[5]は、多数説の見解に従った判示を行っている。

どちらの立場に立つかにかかわらず、次に述べるように、会社法はこのような取締役と会社との間の利益が相反する行為を規制するために、特にいくつかの規定を設けている。すなわち、①競業行為（356条1項1号）、②取締役・会社間の取引（同項2号3号）、③取締役の報酬（361条）についてである。また、取締役の過失による善管注意義務違反の責任が問われる場合には、経営判断の原則が適用され、裁判例では、意思決定の過程や内容に特に不合理がない限り、取締役の経営裁量が尊重される傾向にある。

(2) **利益相反取引の規制**　(a) **競業避止義務**　取締役は、競業取引すなわち、取締役が自己または第三者のために、株式会社の事業の部類に

---

5)　最判昭和45年6月24日民集24巻6号625頁。

属する取引をしようとするときには、株主総会において、当該取引について重要な事実を開示して、その承認を得なければならない（356条1項1号）。このような規制が置かれた理由は、取締役であれば会社の企業機密に接近できるので有利に事業活動を行うことができること、取締役が会社と同一の事業活動を行えば会社は取引の機会や取引先といった利益を奪われることになること等から、このような取引は取締役によって会社の利益の犠牲のもとに自己の利益を図る危険性のきわめて高い行為といえるからである。なお、取締役会設置会社では、株主総会の承認ではなく取締役会の承認が必要となる（365条1項）。

　承認を得ないで、取締役が競業取引を行ったときは、当該取引によって取締役または第三者が得た利益の額は、損害額と推定され、損害賠償を請求される（423条2項）。取締役が行った競業取引によって会社はどこまで損害をこうむったことになるのか、必ずしも容易に判断はできないが、この規定により損害の立証が容易になる。

　　(b)　**取締役・会社間の取引等**　　取締役が自己の所有する土地を会社に有償で譲渡するときのように、取締役が会社と取引する場合にも、その対価を高めに設定するなど会社の利益を犠牲にして取締役が自己の利益を図る危険性がきわめて高い。そこで会社法は、このような取引についても、その取引についての重要な事実を取締役会に開示したうえで、株主総会（取締役会設置会社では取締役会）の承認を要求している（356条1項2号）。承認がなされた場合には、これは代理人に対する本人の承認に匹敵するか

【取締役・会社間の利益相反取引】

ら、民法108条の自己契約・双方代理の規制から外れる（会社356条2項）。さらに、会社法356条1項3号は、取締役・会社間の取引ではないが、実質的に見て、取締役が会社の利益の犠牲のもとに自己の利益を図る危険性の高い取引についても規制の対象としている。すなわち、会社が取締役個人の債務を会社が保証すること、その他取締役以外の者との間において、株式会社と当該取締役との利益が相反する取引をしようとする場合を掲げ、株主総会（取締役会設置会社では取締役会）の承認を要求している。これを間接取引と呼ぶ[6]。間接取引についても、この承認があれば、民法108条の規制から外れる（会社356条2項）。

(c) **取締役の報酬**　　取締役の報酬の決定は、会社の業務事項の1つであるから、本来は取締役会が決定してもよさそうに思える。しかし会社法では、定款で定めるか株主総会の決議で決めることを要求している（361条1項柱書）。これは取締役が自らの報酬を決定すれば、明らかに会社と取締役の利益が衝突するからである。その意味でこの規定も、取締役の忠実義務から生じた政策的規定と解することができる。ここでの規制対象は、狭い意味での報酬だけではなく、報酬等である。報酬等には、取締役の報酬、賞与その他の職務執行の対価として株式会社から受ける財産上の利益が含まれるとされている。

　取締役に支給される退職慰労金（いわゆる退職金）も、ここでいう報酬に含まれる。このため、株主総会の決議（または定款の定め）がないと、会社は有効にその支給を行えない。しかし、退職時に支給されることを取締役が期待している場合で、株主総会決議が行われていないことを理由に会社が支払いを拒む場合（特に小規模会社の場合）には、訴訟に発展することも少なくない。

---

6) 356条の要求する株主総会（取締役会）の承認がない場合でも、そのような取引を当然無効と解するわけにはいかない。特に会社と第三者の取引である間接取引の場合に、株主総会（取締役会）の承認がないからといってつねにこれを無効とするのは、取引の安全を考えれば妥当ではない。判例（最判昭和43年12月25日民集22巻13号3511頁）は、会社はその取引について株主総会（取締役会）の承認を受けなかったことのほか、相手方である第三者が悪意（その旨を知っていること）であることを主張し、立証してはじめてその無効をその相手方である第三者に主張しうると解している。

　令和元年の会社法改正は、取締役の報酬等には、取締役に対して職務を適切に執行する動機（インセンティブ）を付与する重要な機能があるという理解に基づき、コーポレート・ガバナンスの強化の観点から、所要の改正を行った。

　すなわち、取締役の報酬等の内容の決定手続等に関する透明性を向上させる趣旨で、上場会社等の取締役会は、定款または株主総会の決議により取締役の個人別の報酬等の内容が具体的に定められていない場合には、その内容についての決定に関する方針を定めなければならない（361条7項）。また、同様の趣旨で、すべての株式会社では、確定額である金銭の報酬等に関する事項を定め、またはこれを改定する場合においても当該議案を株主総会に提出した取締役は、当該株主総会において、当該報酬等を相当とする理由を説明する義務を負うこととなった（同条4項）。

　さらに、最近、日本企業において、いわゆるインセンティブ報酬として自社の株式や新株予約権を取締役に対して付与する事例が増加している現状に鑑み、それらの場合には、株主が持株比率の低下や希釈化の影響や報酬等として付与する必要性を判断することができるようにするため、定款または株主総会の決議により、報酬等として付与される株式や新株予約権の数の上限等を定めなければならないこととするなどの改正も行われた（361条1項3～5号）。◆発展学習　**株式を報酬等として発行する場合の特則** 196頁参照。

❺………取締役会

（1）　**取締役会の職務**　　取締役会の職務は、取締役会設置会社の業務執行の決定、取締役の職務執行の監督、代表取締役の選定および解職である（362条2項）。

　（a）　**決定権限**　　取締役会の業務執行の決定に関しては、重要な業務執行は取締役会が決しなければならないとされている（362条4項）。このことは逆から言えば、一定の事項と重要な業務執行については代表取締役等にその意思決定を任せることが許されないことになる（同項）。これは、

効率的な業務執行を行うためには、取締役会が細かいことまで決定しなければならないのでは不便であり、代表取締役や業務執行取締役に、一定の範囲で意思決定を任せるのが適切だが、重要なことまで代表取締役が決めるということになれば、取締役会の形骸化と代表取締役の独断専行を招くことになり、取締役会の監督機能が弱められる。そこで取締役会の専決事項を法定したのである。

◆発展学習　**取締役会の専決事項**
　取締役会は、次に掲げる事項その他の重要な業務執行の決定を取締役に委任することができない（362条4項）。①重要な財産の処分および譲受け、②多額の借財、③支配人その他の重要な使用人の選任および解任、④支店その他の重要な組織の設置、変更および廃止、⑤676条1号に掲げる事項その他の社債を引き受ける者の募集に関する重要な事項として法務省令で定める事項（会社則99条）、⑥取締役の職務の執行が法令および定款に適合することを確保するための体制その他株式会社の業務ならびにその子会社からなる企業集団の業務の適正を確保するために必要なものとして法務省令で定める体制の整備（会社則100条）、⑦426条1項の規定による定款の定めに基づく423条1項の責任の免除である。このうち⑥は、大会社である取締役会設置会社の取締役会が、必ず決定しなければならない事項である（362条5項）。

　(b)　監督権限　　業務執行の決定を行うのは取締役会であり、しかも、会社の業務を執行する権限を有する代表取締役（および業務執行取締役）の選定・解職権を有しているのも取締役会であるから（362条2項3号・363条1項2号）、取締役会が代表取締役および業務執行取締役に対して監督権限を有するのは当然である。

　取締役会が監督権限を有する結果、その構成員である各取締役は、代表取締役等の業務執行を監視・監督する義務を負う。この義務は代表取締役等の業務一般に及ぶのであり、各取締役は取締役会に上程された事項のみを監視するだけでは不十分である。

　取締役会が監督機能を十分発揮できず、違法な業務執行を見逃したような場合、行為に直接関与しなかった取締役については、監視義務違反の責任が追及されることがある。しかし、取締役が個々の従業員等の行為に目を光らせることには限界もある。そこで最近では、内部統制システム（管理体制）が構築されていたかどうかに着目する裁判例が多くなっている。たとえば、会社で政治資金規正法違反が行われた事案において、裁判所（東京地判平成26年9月25日資料版商事法務369号72頁）は、会社が政治資金規正法を含む法令の遵守のために、企業行動規範を作成しており、政治資金規正法に関する事項についても、本社の総務部および支店の事務部に管理体制の強化のための役割を担当させ、本社の総務部長および支店の事務部長を相談窓口と定めていたことが認められるから、一応のリスク管理体制を整備していたものというべきであるとして、結論として行為に関与していない取締役の責任を否定している。また、東京地判平成27年4月23日資料版商事法務376号176頁も、通常想定される範囲の違法行為を防止し得る程度の管理体制を整えていたことを理由に、取締役の責任を否定している。

（2）**取締役会の運営**　（a）**招集**　　取締役会の招集権者は、各取締役を原則とするが、定款・取締役会で特定の取締役を定めておくこともできる（366条1項）。ほとんどの会社では社長や会長などを取締役会の招集権者としている。ところが、社長等が招集権者であると定めているときに、他の取締役が取締役会を開催できないことになると、社長等が違法な業務執行を行う場合には、取締役会による監督機能を期待できないことになる。そこで、会社法では、特定の取締役を招集権者として定めた場合でも、それ以外の取締役が招集を望む場合には、この取締役が招集できる余地を認めている（同条2項3項）。一方、監査役も、取締役が不正の行為をし、もしくは当該行為をするおそれがあると認めるとき、または法令もしくは定款に違反する事実もしくは著しく不当な事実があると認めるときは、取締役に対し取締役会の招集を請求することができる（383条2項）。さらに、

監査役設置会社、指名委員会等設置会社および監査等委員会設置会社を除く会社の株主も、取締役が会社の目的の範囲外の行為その他法令定款違反行為をし、またはそのおそれがあるときは、取締役会を招集請求できる（367条1項）。

(b) **招集手続**　取締役会の招集手続は、株主総会の招集手続に比べれば厳格さが緩和されている。これは、取締役会の構成員はそれに参加することが自らの職務であることや、株主総会に比べて構成員は少なく機動的な運営が期待されているからである。

取締役会を招集する者は、取締役会の日の1週間（これを下回る期間を定款で定めた場合にあっては、その期間）前までに、各取締役および各監査役全員に対してその通知を発しなければならない（368条1項）。ただし、取締役（監査役設置会社にあっては、取締役および監査役）の全員の同意があるときは、招集の手続を経ることなく開催することができる（同条2項）。

代表取締役および業務執行取締役は3ヶ月に1回は自己の職務の執行状況を取締役会に報告しなければならないことから（363条2項）、最低3ヶ月に1回以上は取締役会が開催されることになる。

招集通知は書面でも口頭でもよく、通知には議題を記載しなくてもよいとされている。これは、各取締役としては当然に業務執行全般の事項について議題となることを予期しておくべきだからである。

(c) **取締役会の決議**　取締役会の決議は、議決に加わることができる取締役の過半数（これを上回る割合を定款で定めた場合には、その割合以上）が出席し、その過半数（これを上回る割合を定款で定めた場合には、その割合以上）によって行われる（369条1項）。

取締役会の決議について特別の利害関係を有する取締役は、議決に加わることができない（369条2項）。たとえば、取締役・会社間の取引を承認する取締役会決議では、取引当事者である取締役は議決に参加できない。

(d) **取締役会の決議の省略**　取締役会制度は各取締役の持っている知識と経験を持ち寄って協議することをねらっている制度である以上、取締役は自分で直接決議に参加しなければならない。しかし、海外に出張中

の取締役も少なくなく、一堂に会することが難しい会社もある。そこで、取締役が取締役会の決議の目的である事項について提案をした場合において、当該提案につき取締役の全員が書面または電磁的記録により同意の意思表示をしたとき（監査役設置会社では、監査役が当該提案について異議を述べたときを除く）は、当該提案を可決する旨の取締役会の決議があったものとみなす旨を定款で定めることができる（370条）。

　また、取締役、会計参与、監査役または会計監査人が取締役全員に（監査役設置会社では監査役全員にも）、取締役会へ報告すべき事項を通知したときには、当該事項を取締役会へ報告する必要はない旨を会社法は規定する（372条1項）。ただしこのような会議の場での報告を省略することは、3ヶ月に1回以上要求されている代表取締役および業務執行取締役による取締役会への定期的な自己の職務執行状況の報告（363条2項）には、適用されない（372条2項）。

　　(e)　**特別取締役による取締役会決議**　　取締役会の決議事項に柔軟な対応ができるように、特別取締役の制度がある。すなわち取締役会設置会社（ただし指名委員会等設置会社を除く）では、その会社の取締役の数が6名以上であり、取締役のうち1人以上が社外取締役であるならば、取締役会の専決事項のうち、重要な財産の処分・譲受けおよび多額の借財（362条4項1号2号）についての決議については、あらかじめ選定した3人以上の特別取締役のうち、決議に参加できる者の過半数が出席し、その過半数で行うことができる旨を、取締役会で定められるとされている（373条1項）。なお、過半数の決議要件はより高い割合に加重することもできる（同項かっこ書）。

　(3)　**決議の瑕疵**　　(a)　**決議無効確認の訴え**　　取締役会の決議の手続に瑕疵があったり、決議の内容が法令・定款に違反する場合については、株主総会の決議の場合と異なり、特に規定が置かれていない。このため、決議に瑕疵がある場合には当該決議は一般に当然無効となると解される。したがって、無効の一般原則から、利害関係人は必要があればいつでも決議無効確認の訴えを提起できることになる。

(b)　無効な決議にもとづく取引の効力　　たとえば代表取締役が会社の重要な財産の処分・譲受けを行う場合には取締役会決議が必要である（362条4項1号）。しかし、もしもこのような取締役会の決議が必要な行為を取締役会の決議を経ないで行ったり、無効な取締役会決議にもとづいて行った場合には、その行為は無効であろうか。基本的には、取締役会決議が会社の内部的意思決定手続であることを重視して、取締役会の決議によって守ろうとする会社の利益と取引の安全保護の必要性とを比較して決めるべきである。したがって、会社内部の事項にすぎない行為は、無効と解すべきである。これに対して、対外的な行為はすべて無効と解するのではなく、相手方が取締役会決議のないことを知っていたときにのみ、会社は無効を主張できると解すべきである。

❻……代表取締役と業務執行取締役

　取締役会が置かれていない株式会社の場合（349条）を除き、取締役は取締役会の構成員にすぎず、会社を代表したり、業務執行を行う権限を持っていない。そこで、取締役会は会社を代表し会社の業務を執行する者として取締役の中から最低1名を選定しなければならない（362条3項）。このような取締役が代表取締役であり、その住所と氏名が登記事項になる（911条3項14号）。なお、代表権は与えないが業務を執行する取締役（業務執行取締役）を選定することもできる（363条1項2号）。ところで、会社と取引する者は、代表取締役として選定されていない取締役でも、「社長」などの肩書きが付いていると、代表権があると誤解しやすい。そのような名称の付いた取締役を代表取締役と信頼した者は保護されることがあり、このような取締役は表見代表取締役と呼ばれる（354条）。

V　会計参与──どのようにして計算書類の正確性を確保するか

❶………制度の趣旨

　会社法は、株式会社の役員として会計参与制度を設けている。株式会社の中でも必ずしも企業会計に精通した従業員層を雇用しているとは限らない中小会社を対象に、その健全な会計処理を制度的にバック・アップすることがその趣旨である。公開会社でない取締役会設置会社は、監査等委員会設置会社および指名委員会等設置会社を除き、監査役の代わりに、会計参与を設置する選択が許されている（327条2項ただし書）。もっとも、会社法は、この場合に限定する趣旨ではなく、それ以外の会社においても定款自治により会計参与の設置を選択することを認めている（326条2項）。したがって、すべての株式会社は会計参与設置会社になることが可能である（2条8号）。

◆発展学習　**会計参与制度創設の背景**

　特に零細な企業を中心に、顧問税理士に対して納税申告書の作成を依頼するのみならず、伝票の整理や帳簿の記帳など本来は会社自身が行わねばならない基礎的な作業を依頼する例が少なくない。零細な企業においては会計事務を自前で行うマン・パワーが十分ではなく、税理士への依存はやむをえない面がある。会計知識を有する者が関与することによって、零細企業の会計処理の合理性がある程度支えられている。

　理論的に考えると会計処理の合理性、適正性を制度的に保障するためには、会計監査の専門家である公認会計士の監査を強制することが必要と思われる。会計士による外部監査が強制される会社の範囲を、大会社よりもさらに拡大するという発想である。しかし、このような発想は理論的には正論ではあっても、公認会計士の人数が限られるという現実を前にしては、実際的な解決策とはいえない。しかも、会計士と税理士との間の「職域争い」を招くという副作用が懸念される。

　そのため会計参与は会計士と税理士の双方が有資格者とされている（333

条1項)。

❷‥‥‥‥‥選任等

(1) **選任手続**　会計参与は株式会社の役員として株主総会により選任
される（329条1項）。取締役らと同様に選任決議は、議決権を行使するこ
とができる株主の議決権の過半数（3分の1以上の割合を定款で定めた場合
にあっては、その割合以上）を有する株主が出席し、出席した当該株主の議
決権の過半数（これを上回る割合を定款で定めた場合にあっては、その割合以
上）をもって行われる（341条）。選任決議に際して補欠を選任しておくこ
とも認められる（329条2項）。

(2) **会社との関係**　株式会社と会計参与の間の関係は委任関係である
（330条）。したがって、会計参与はその職務を遂行するに際して善良な管
理者としての注意義務を負う（民644条）。会社法上、会計参与はその員
数に限定はなく、複数の会計参与が選任される場合もありうる。そのよう
な場合であっても、各々その権限を行使することが予定されており、その
意味で会計参与は株式会社の独任制の機関である。

(3) **任期**　会計参与の任期は、取締役の任期の規定が準用されている
（334条1項・332条（4項および5項を除く））。もっとも、取締役の任期の
自動的終了事由を定めた332条7項の規定は会計参与には適用はなく、代
わって会計参与特有の自動的終了事由として、会計参与設置会社が会計参
与を置く旨の定款の定めを廃止する定款の変更をした場合は、当該定款変
更の効力が生じた時に会計参与の任期は自動的に満了となる（334条2項）。

(4) **資格**　会計参与については、会社法は、積極的な資格要件を法定
する。すなわち、会計参与は、公認会計士もしくは監査法人または税理士
もしくは税理士法人でなければならない（333条1項）。会計参与制度が会
計知識を有する専門家の採用を前提とした制度であるから、このような資
格要件の法定は当然であろう。監査法人または税理士法人が会計参与に就
任することが予定されるから、取締役や監査役と異なり自然人であること

は絶対条件ではない（335条1項・331条1項1号参照）。

　監査法人または税理士法人が会計参与に就任する場合には、実際に会計参与として職務を遂行する自然人を選定することが必要である。すなわち、監査法人または税理士法人が会計参与に選任される場合、その社員の中から会計参与の職務を行うべき者を選定し、これを会社に対し通知しなければならない（333条2項）。

　一方、会計参与または会計参与の職務を行うべき者として選定される者については次のように欠格事由が法定されている。①株式会社またはその子会社（2条3号、会社則3条）の取締役、監査役もしくは執行役または支配人その他の使用人は、会計参与となることが禁じられる（333条3項1号・2項後段）。これは取締役らから独立して職務の遂行が求められるからである。

　また、②業務停止処分を受け、その停止期間を経過しないことが欠格事由に該当する（333条3項2号・2項後段）。さらに、③懲戒処分により、弁護士や公認会計士などの業務を停止された場合においては、その処分を受けている間は税理士業務が禁じられるが、これが欠格事由に該当する（同条3項3号・2項後段）。

　②および③の欠格事由に該当する者を履行補助者として使用することも禁じられる（374条5項）。

　欠格事由に該当する者を会計参与に選任する旨の決議をしても、当該株主総会決議は無効である（830条2項）。また、任期途中に欠格事由に該当する場合は、その時に任期は満了する。

　(5)　**終任**　会計参与の終任については、前述した自動的満了事由、欠格事由に該当するとき以外に、任期満了、辞任（民651条）、死亡（同法653条1号）、破産手続開始決定（同条2号）のほか、解任（会社339条・341条・854条）がある。解任決議の要件は、取締役と同様、原則として普通決議である（133頁参照）。

　なお、会計参与が欠けた場合または定款で定めた会計参与の員数が欠けた場合、任期満了または辞任により退任した会計参与は、新たに選任され

た会計参与が就任するまで、なお会計参与としての権利義務を有する（346条1項）。この場合、裁判所は、必要があると認めるときは、利害関係人の申立てにより、仮会計参与を選任することができる（同条2項3項）。

❸………権限

(1) **計算書類等の作成**　会計参与の権限は、取締役（指名委員会等設置会社の場合は執行役）と共同して、計算書類およびその附属明細書、臨時計算書類ならびに連結計算書類を作成することにある（374条1項前段）。前述したように会計参与制度の趣旨が、会計の専門的知識を有する者が正規に計算書類等の作成に関与することにより、中小企業の会計処理の適正性を制度的に保障しようとすることにある。その意味では374条1項前段にいう「共同作成」は、単なる形ばかりの関与であっては趣旨に反することとなろう。仮に取締役が会計参与を無視して一方的に計算書類等を作成しても、それらの書類は適法なものとはいえない。なお、会計参与の職務の執行は、監査役監査（381条1項かっこ書）、監査等委員会設置会社の場合は監査等委員会の監査（399条の2第3項1号かっこ書）、指名委員会等設置会社の場合は監査委員会の監査（404条2項1号かっこ書）の対象となる。

(2) **義務**　取締役会設置会社の会計参与（会計参与が監査法人または税理士法人である場合にあっては、その職務を行うべき社員）は、計算書類等の承認をする取締役会への出席義務を負う。この場合、会計参与は、必要があれば、意見を陳述する義務を負う（376条1項）。もし計算書類等の作成に関する事項について会計参与が取締役（指名委員会等設置会社の場合は執行役）と意見を異にするときは、会計参与（会計参与が監査法人または税理士法人である場合にあっては、その職務を行うべき社員）は、株主総会において意見を述べることができる（377条）。後者の規定は、適正な会計処理を行うために従うべき基準が複数ある場合にそのうちのいずれの基準を選択するかについて、取締役（執行役）と会計参与の間で意見の相違があった場合などを想定した規定である。

これに対して、会計参与も役員であるから、説明義務を負う（314条）。

したがって、会計参与は株主総会出席義務を負う。もっとも、計算書類等の承認・報告をする株主総会への出席に限られよう。

(3)　**会計参与報告**　　会計参与は、法務省令に定めるところにより、会計参与報告を作成しなければならない（374条1項後段）。これを受けて会社法施行規則102条は、会計参与が職務を行うにつき会計参与設置会社と合意した事項のうち主なもの等報告内容を具体的に列挙している。

会社法は、会計参与が適正にその職務を執行できるように配慮して、①会計帳簿またはこれに関する資料の閲覧・謄写権、②取締役および（指名委員会等設置会社の場合は執行役および取締役ならびに）支配人その他の使用人に対する会計に関する報告徴求権、③その職務を行うために必要があるときは、子会社に対して会計に関する報告徴求権、④その職務を行うために必要があるときは、株式会社もしくはその子会社の業務および財産の状況の調査権を与えている（374条2項3項）。

(4)　**独立性の保障**　　また、会計参与の独立性を保障するための規定が置かれている。すなわち、①会計参与の報酬等は、取締役とは別個に、定款で定めるかまたは株主総会決議によって定める（379条1項）。②複数の会計参与がある場合には、各人の報酬等は、定款で定めるかまたは株主総会決議によって定める場合以外は、総額の範囲内において会計参与の協議によって定める（同条2項）。③会計参与（会計参与が監査法人または税理士法人である場合にあっては、その職務を行うべき社員）は、株主総会において、報酬等について意見陳述権が認められる（同条3項）。④職務上の費用の前払いや償還の請求等について、これを拒む会社側に反証を挙げる責任を課す（380条）。さらに⑤会計参与の選任、解任または辞任についての株主総会における意見陳述権、辞任した者について、辞任後最初に招集される総会に出席して、辞任した旨および理由の陳述権が認められている（345条1〜3項）。

なお、会計参与は、その職務を行うに際して取締役（指名委員会等設置会社にあっては、執行役または取締役）の職務の執行に関し不正の行為または法令定款に違反する重大な事実があることを発見したときは、遅滞なく、

これを株主（監査役設置会社にあっては、監査役。監査役会設置会社にあっては、監査役会。指名委員会等設置会社にあっては、監査委員会。監督等委員会設置会社にあっては、監査等委員会）に対して報告する義務を負う（375条）。

◆発展学習　**会計参与の備置き義務**

　会社法は、会計参与に対して、法務省令に定めるところにより、会計参与が定めた場所（当該会計参与である税理士等の事務所の場所の中から定めることを要する。会社則103条2項3項）に、計算書類、その附属明細書およびこれらの会計参与報告については定時株主総会の会日の1週間前（取締役会設置会社にあっては、2週間前）から5年間、臨時計算書類およびこれの会計参与報告については臨時計算書類作成の日から5年間、備え置く義務を負わせている（378条1項）。そして、株主および会社債権者は、会計参与設置会社の営業時間内であってかつ会計参与である税理士等の業務時間内に（会社則104条参照）、会計参与に対して、上記書類の閲覧・謄抄本交付の請求が許されるとともに、親会社社員は、その権利の行使に必要があるとき、裁判所の許可を得て、会計参与に対する上記書類の閲覧・謄抄本交付を請求することができる（378条2項3項）。株主らは、気まずい思いをして会社に対し請求しなくとも、会計参与の事務所で閲覧権等を行使しうる。

Ⅵ　監査役・監査役会
——取締役の職務執行の監査を専門とする者は存在するか

❶·········監査役の選解任等

　(1)　**監査役の役割**　　会社法は、前述したように監査役を株式会社の必置機関としてはいない。ただし、監査等委員会設置会社および指名委員会等設置会社を除き、取締役会設置会社は監査役が原則として必置とされる（327条2項）。また、会計監査人設置会社は、監査等委員会設置会社および指名委員会等設置会社を除き、監査役設置が強制される（同条3項）。要するに、株主総会の権限が会社法・定款に定めた範囲内に限定される場

合（295条2項）、取締役会の権限が相対的に拡大することにより株主の利益が侵害される危険性に対処することが必要となる。会社法はこの場合に監査役を必置とすることにより、取締役の職務執行の健全性を制度的に保障する役割を監査役に対して期待している。また、会計監査人設置会社の場合には会計監査人による外部監査が適正に行われることを制度的に保障する役割が、監査役に対して期待されている。

(2) **監査役の選任**　監査役は、会社法上、取締役や会計参与と同様に株式会社の役員として位置づけられており、株主総会により選任される（329条1項）。監査役は役員であると同時に株式会社の独任制の機関でもある（390条2項ただし書参照）。後述する監査役会設置会社を除き、監査役には員数の制限はない。選任決議は、取締役や会計参与と同様に、定足数の要件を緩和することに対して通常の普通決議と比較して厳格な制約がかかっている（341条）。

ただし、監査役の任期は、選任後4年以内に終了する事業年度のうち最終のものに関する定時株主総会の終結の時までとされている（336条1項）。同項は最長であるとともに最短を規制したものである。これは監査役の地位の安定を図り、監査役の職務に専念できるように配慮したものである。なお、監査役についても選任決議に際して補欠を選任しておくことが認められる（329条3項）。補欠監査役から正規の監査役に就任した者の任期を前任者の残り任期とすることが許される旨、確認のため規定が置かれている（336条3項）。

監査役に就任すると会社との間に委任関係が生じることは、役員として取締役や会計参与と同様である（330条）。したがってまた、監査役は会社に対して善良な管理者としての注意義務を負うこととなる（民644条）。

(3) **兼任禁止**　ところで、監査役の資格について会社法はどのように規定しているか。欠格事由や公開会社で監査役の資格を株主に限定する旨の定款規定が許されないことについては、取締役と同様の扱いである（335条1項・331条1項2項）。同様に監査役に対して積極的資格は法律上求められていない。

これに対して、会社法上、監査役と監査対象者とが同じ者であってはならないという趣旨で、監査が適切に行われるように、以下の工夫がなされている。すなわち、監査役は、株式会社もしくはその子会社（2条3号、会社則3条）の取締役もしくは支配人その他の使用人または当該子会社の会計参与（会計参与が法人であるときは、その職務を行うべき社員）もしくは執行役を兼任しえない（335条2項）。

　(4)　**終任**　　監査役の終任については、終任事由は原則として取締役や会計参与と同様と考えてよい（132頁以下および145頁参照）。関連して仮監査役制度が法定されている（346条1〜3項）。

　ただし、監査役任期の自動的満了規定に注意を要する。これによれば、①監査役を置く旨の定款規定を廃止する定款変更が効力を生じた時、②監査等委員会または指名委員会等を置く旨の定款の変更が効力を生じた時、③監査役の監査の範囲を会計に関するものに限定する旨の定款規定を廃止する定款変更が効力を生じた時、および④全株譲渡制限の定款規定を廃止する定款変更が効力を生じた時、任期満了となる（336条4項各号）。③④は、監査役の職務権限の範囲が広がることに対応したものである。

　さらに、株主総会による解任について取締役や会計参与と異なり、普通決議では足りず、当然に特別決議を要する（343条4項・309条2項7号）。監査役の地位を強固なものとする趣旨である。

❷………監査役の権限

　(1)　**取締役の職務執行の監査**　　監査役の権限は、原則として取締役（会計参与設置会社にあっては、取締役および会計参与）の職務の執行全般を監査することである（381条1項前段）。監査とは、検査と調査という2つの言葉の造語といわれる。監査結果は、法務省令で定めるところにより、監査報告にまとめられる（同項後段、会社則105条。事業報告に対する監査報告については同規則129条、計算関係書類に対する監査報告については会計規127条など参照）。監査役は、取締役が株主総会に提出しようとする議案、書類その他法務省令で定めるもの（会社則106条は電磁的記録その他の資料

を定める）を調査しなければならず、法令定款違反または著しく不当な事項があると認めるときは、その調査結果を株主総会に対し報告する義務を負う（384条）。

　(2)　**諸権限**　　会社法は、監査役の監査権限が十全に行使しうるように配慮して、監査役に対して、①取締役および会計参与ならびに支配人その他の使用人に対して事業報告を徴求する権限、②会社の業務・財産の状況の調査権限、③その職務を行うため必要があるときは、子会社に対して事業報告を徴求する権限、④その職務を行うため必要があるときは、子会社の業務・財産の状況の調査権限を付与している（381条2項3項）。もっとも、子会社は、正当な理由があるときは、報告・調査を拒否できる（同条4項）。

　また、会社法は、会社の情報を収集しうるように配慮して、監査役に対して、取締役会出席・意見陳述の義務を課している（383条1項本文）。さらに、取締役は、株式会社に著しい損害を及ぼすおそれのある事実があることを発見したときは、ただちに当該事実を監査役に対して報告する義務が負わされている（357条1項）。

　監査役が重要な情報に接し、それを取締役会に対し報告し、その自浄作

用に期待しなければならない事態が生じた場合、監査役は報告義務を負う。すなわち、監査役は、取締役が不正の行為をし、もしくは当該行為をするおそれがあると認めるとき、または法令もしくは定款に違反する事実もしくは著しく不当な事実があると認めるときは、遅滞なく、その旨を取締役会に対して報告しなければならない（382条）。そのために、監査役は、特別取締役による取締役会の場合（141頁参照）を除き、取締役会の招集を請求し、さらに自らこれを招集することが認められている（383条2〜4項）。

さらに、監査役は、取締役が会社の目的の範囲外の行為その他法令もしくは定款に違反する行為をし、またはこれらの行為をするおそれがある場合において、当該行為によって当該会社に著しい損害が生じるおそれがあるときは、当該取締役に対し、当該行為をやめることを請求することができる（385条1項）。監査役設置会社が取締役（取締役であった者を含む）に対し、または取締役が監査役設置会社に対して訴えを提起する場合には、当該訴えについては、監査役が代表権を有する（386条1項1号）[7]。これはいわゆる馴れ合いを防ぐ趣旨である。同様の趣旨から、①会社が取締役の責任を追及する訴えの提起の請求（提訴請求）を株主から受ける場合、②株主が取締役の責任を追及する代表訴訟を提起した旨を会社に対して告知したときに当該告知（訴訟告知）を受ける場合、および、③株主代表訴訟で裁判上の和解をしようとするとき、裁判所から会社に対してなされる和解内容の通知および異議催告を受ける場合にも、監査役が会社代表権限を有する（同条2項1号2号）[8]。また、④取締役の責任の一部免責を株主総会に提案する場合等においては、各監査役の同意を要する（427条3項・426条2項・425条3項）。なお、監査等委員会設置会社においては、各監査等委員、指名委員会等設置会社においては、各監査委員の同意が必要である。

---

7) このほか、親子会社関係における訴え提起においても、監査役が代表権を有する。株式交換等完全親会社（849条2項1号）である監査役設置会社がその株式交換等完全子会社の取締役等の責任を追及する訴えを提起する場合（386条1項2号）。最終完全親会社等（847条の3第1項）である監査役設置会社がその完全子会社等の取締役等の特定責任追及の訴えを提起する場合（386条1項3号）である。
8) 親子会社関係における訴え提起の場合（前掲注7）参照）においても、提訴請求、訴訟告知を受けるときは監査役が代表権限を有する（386条2項3号4号）。

(3)　会計監査権限のみ有する監査役　　前述したように監査役の権限は取締役等の職務執行の監査全般に及ぶのが原則である。もっとも、会社法は、一部の会社に関してはこの原則を緩和し、会計監査権限のみを有する監査役の存在を認めている。すなわち、公開会社でない株式会社であって監査役会設置会社および会計監査人設置会社ではない会社、要するに全株式について譲渡制限をしている中小会社については、定款自治により、監査役の権限を会計監査権限に限定することが認められる（389条1項）。会社法は、会計監査権限のみを有する監査役について、法務省令（会社則107条）に基づく監査報告の作成義務、会計に関する議案や書類（会社則108条は、計算関係書類等を列挙している）の調査・報告義務、会計帳簿等の閲覧謄写権、取締役等への会計に関する報告徴求権、子会社への報告徴求権、会社・子会社の業務・財産調査権などを法定している（389条2項以下）。

❸‥‥‥‥監査役の独立性の保障

　会社法は、監査役の独立性を金銭面から保障するため、取締役とは別個に、定款または株主総会決議により監査役の報酬等を定めること、各監査役の報酬等の配分は、定款または株主総会決議により定められていない場合は、総額の範囲内で監査役の協議に委ねられること、そして監査役は株主総会において報酬等について意見陳述権を有することを、法定している（387条）。

　また、監査役の独立性は、選任プロセスへの監査役の関与によっても確保されている。すなわち、取締役は、監査役が在任する場合において、監査役の選任に関する議案を株主総会に提出するには、監査役（監査役が複数在任の場合はその過半数。監査役会設置会社の場合は、監査役会）の同意を得ておかねばならない（343条1項3項）。監査役（監査役会設置会社の場合は、監査役会）は、取締役に対し、監査役の選任を株主総会の目的とすることまたは監査役の選任に関する議案を株主総会に提出することを請求することができる（同条2項3項）。会計参与と同様に（147頁参照）、監査役は、監査役の選任もしくは解任または辞任について総会における意見陳述

権を認められるとともに、辞任した監査役には辞任した旨およびその理由を総会で陳述する機会が与えられる（345条4項・1～3項）。

❹………監査役会の位置づけ

監査役会は、すべての監査役で構成される会議体であり（390条1項）、株式会社の機関である。定款の定めにより監査役会を設置する選択は株式会社すべてに対し認められている（326条2項）。もっとも、監査役会を設置しようとすると、取締役会設置が強制される（327条1項2号）。公開大会社は、監査役会設置会社、監査等委員会設置会社、指名委員会等設置会社のうち、いずれかの選択を強いられる（328条1項）。監査役会設置会社においては、監査役の監査権限は取締役等の職務執行全般の監査に及ぶ。会計監査に限定することはできない（389条1項かっこ書）。監査役会を設置しようとすると、監査役の員数は最低3名が要求されるとともに、そのうち半数以上が、社外監査役（2条16号）でなければならない（335条3項）[9]。わざわざ社外の者を構成員に入れておいて、その者の権限が会計監査権限に限定されるとすることは適切ではないから、これを許す余地がないと考えられたのである。

❺………監査役会の権限・運営

（1）**監査役会の権限**　　監査役会の権限は、次のように法定されている。すなわち、①監査報告の作成、②常勤監査役の選定・解職および③監査の方針、監査役会設置会社の業務および財産の状況の調査の方法その他の監

---

9)　社外監査役とは、株式会社の監査役であって、次に掲げる要件のいずれにも該当するものをいう（2条16号）。①その就任の前10年間当該株式会社またはその子会社の取締役、会計参与（会計参与が法人であるときは、その職務を行うべき社員。ロにおいて同じ）もしくは執行役または支配人その他の使用人であったことがないこと（同号イ）。②その就任の前10年内のいずれかの時において当該株式会社またはその子会社の監査役であったことがある者にあっては、当該監査役への就任の前10年間当該株式会社またはその子会社の取締役、会計参与もしくは執行役または支配人その他の使用人であったことがないこと（同号ロ）。③当該株式会社の親会社等（自然人であるものに限る）または親会社等の取締役、監査役もしくは執行役もしくは支配人その他の使用人でないこと（同号ハ）。④当該株式会社の親会社等の子会社等（当該株式会社およびその子会社を除く）の業務執行取締役等でないこと（同号ニ）。⑤当該株式会社の取締役もしくは支配人その他の重要な使用人または親会社等（自然人であるものに限る）の配偶者または2親等内の親族でないこと（同号ホ）。

査役の職務の執行に関する事項の決定があげられる（390条2項各号）。特に③が重要である。複数の監査役の存在を前提に、いわゆる組織的監査を効率的に行うために必要な事項を決定することが、監査役会に期待される最も重要な機能である。各監査役は、監査役会で定められた役割分担に基づいて各々の職務を遂行することとなる。そして監査役は、監査役会の求めがあれば、いつでもその職務の執行の状況を監査役会に対して報告する義務を負う（同条4項）。これは情報の共有を配慮したものである。

　もっとも、会社法は、監査役を独任制の機関として位置づけている。監査という職務の性格上、問題があると判断されるならば同僚の反対を押し切っても調査・報告するという姿勢が求められる。したがって、組織的監査と独任制の調整が必要である。390条2項ただし書は、上記③の決定が各監査役の権限の行使を妨げることはできないと明定し、独任制の長所を活かそうとしている。監査役会監査報告は、各監査役の報告に基づき作成することが強制され、意見を異にするときは、少数意見の付記が可能である（会社則130条、会計規123条・128条）。なお、390条2項各号掲記の権限以外にも、会社法上監査役会の権限が個別に法定されている（343条3項・344条3項・346条6項）。

　(2)　**常勤監査役の選定**　　監査役会は、監査役の中から常勤監査役を選定しなければならない（390条3項）。その半数以上が社外監査役から構成される監査役会においては、社内の情報をしっかり把握して社外監査役にこれを伝達する役割を担う者が必要だからである。逆に、監査役会設置会社でなければ、その監査役全員が非常勤であってもよい。

　(3)　**監査役会の運営**　　監査役会は、各監査役が招集権を持つ（391条）。取締役会とは異なり、あらかじめ招集権者を定めることは許されていない（139頁参照）。監査役会を招集するには、監査役が監査役会の日の1週間前（定款で短縮可能）までに、各監査役に対して通知を発出することを要する（392条1項）。監査役会の場合は、監査役以外にその会議に出席する権限を有する者はいないので、通知対象者も監査役に限定される。もっとも、取締役らが監査役会に対して報告すべき場合があるので（357条2項・

375条2項・397条3項）、取締役らに対しても監査役会の会日を知らせて
おくことが実務上は必要であろう。なお、定期的に会合することが予想さ
れるので、あらかじめ監査役全員の同意を得て、招集手続を省略すること
が認められている（392条2項）。

　しかし、取締役会とは異なり（140頁参照）、会議そのものを省略するこ
と、すなわち書面決議は許されない（会社則130条3項は、監査役会監査報
告の作成につき、情報の送受信により同時に意見の交換ができる方法によって
も監査役会を開催することを許容する）。ただし、前述した取締役らの報告
義務との関連で、取締役、会計参与、監査役または会計監査人が監査役の
全員に対して監査役会に報告すべき事項を通知したときは、当該事項を改
めて監査役会へ報告することを要しない（395条）。

　監査役会の決議は、監査役の過半数をもって行う（393条1項）。出席者
の過半数ではなく、構成員である監査役全員の過半数の賛成を要する。監
査役会の議事は、法務省令で定めるところにより、議事録の作成（電磁的
記録による作成も可能）、出席監査役の署名・記名押印（電磁的記録による作
成の場合は電子署名）が求められる（同条2項3項、会社則109条・225条）。
なお、監査役会の決議に参加した監査役であって議事録に異議をとどめて
いないものは、決議に賛成したものと推定される（393条4項）。

　監査役会議事録の備置き義務、株主等の閲覧謄写請求に関しては、取締
役会の議事録の取扱いと同様の定めが置かれている（394条）。

Ⅶ　会計監査人──外部監査の専門家を置く必要はあるか

●⋯⋯⋯⋯制度の趣旨

　(1)　**専門家を置く必要性**　　後述するように株式会社は、事業年度ごと
に決算し、その財産状態・事業成果を計算書類としてまとめねばならない
（435条2項）。これは出資者である株主に対する報告であるとともに、会
社と取引関係にある者やこれから取引に入ろうとする者に対して会社の内

容を開示する意味を有する（437条・440条・442条）。それでは開示内容の十分性や正確性はどのように確保するのか。第一義的には計算書類の作成者である取締役の責任であることはいうまでもない。しかし、これらの者に完全に任せっきりにしておくことはできない。監査役の監査があるからといって大丈夫か。監査役の積極的資格が問われないことは先に見た（149頁参照）。やはりプロの監査が必要ではないか。このような要請に応えようとする制度が、会計監査人制度である。

(2) **設置が強制される場合**　会社法は、大会社、あるいは中小会社であっても、監査等委員会設置会社または指名委員会等設置会社を選択したものに対しては、会計監査人設置を強制する（327条5項・328条）。大会社はその社会的影響の大きさゆえに、監査等委員会設置会社と指名委員会等設置会社の場合はその仕組みゆえに、会計監査人設置が強制される。もっとも、それ以外の会社であっても、定款自治により会計監査人設置会社となる途が開かれている。すなわち、外部専門家による監査が任意監査ではなく法定監査として取り扱われるわけである。ただし、会計監査人設置の前提として監査役設置が求められる（327条3項）。

❷………会計監査人の資格

　会社法は、会計監査人を、役員としては扱っていない。外部性を重視しているのであろう。しかも積極的な資格として会計知識を有する専門家であることが要求される。すなわち、会計監査人は、公認会計士または監査法人でなければならない（337条1項）。会計監査人が法人である場合は、その社員の中から会計監査人の職務を行うべき者を選定し、これを会社に通知することを要する（同条2項前段）。

TOPICS

監査法人のガバナンス・コード

　　会計監査は、資本市場を支える重要なインフラであるにもかかわ

らず、不正会計事案は後を絶たない。そのため、会計監査の信頼性が改めて問われる状況にある。改善策の1つとして、金融庁に設置された「監査法人のガバナンス・コードに関する有識者検討会」において、会計監査の信頼性確保のため、平成29年3月31日「監査法人の組織的な運営に関する原則」（監査法人のガバナンス・コード）が策定・公表された。

これは監査法人の組織的監査における品質の確保に向けた5つの原則と、それを適切に履行するための指針から成っている。すなわち、①監査法人が果たすべき役割、②組織体制（経営機能）、③組織体制（監督・評価機能）、④業務運営、および、⑤透明性の確保が原則として挙げられる。たとえば監査法人が、会計監査に対する社会の期待に応え、実効的な組織運営を行うため、経営陣の役割を明確化すること、監督・評価機能を強化し、そこにおいて外部の第三者の知見を十分に活用すること、監査法人の業務運営において、法人内外との積極的な意見交換や議論を行うとともに、構成員の職業的専門家としての能力が適切に発揮されるような人材育成や人事管理・評価を行うこと、などが規定されている。監査法人のガバナンス・コードは、適用対象として大手監査法人を念頭に置いて、詳細な規定を設けないで各監査法人の柔軟な対応を期待し、「Comply, or, explain（遵守せよ、さもなくば理由を説明せよ）」というルールの実施手法を採用していることが特徴である。

もっとも、長期間同一の監査法人が会計監査人を務めるケースが珍しくない。そのため、監査法人の強制的なローテーション制度の導入について議論が続いている。

❸………会計監査人の選任等

（1） **選任**　会社法は、役員ではない会計監査人についても、その地位の重要性にかんがみて、その選任を代表取締役ではなく株主総会の権限とした（329条1項）。ただし、341条の適用はなく、決議要件は普通決議でよい（309条1項）。しかも会計監査人の補欠制度は認められていない（329

条3項参照）。なお、会計監査人に関しては員数に特に制限はない。

株主総会で選任された会計監査人は、会社代表者との間で任用契約を締結する。契約の法的性質は委任契約である（330条）。

(2) **任期**　会計監査人の任期は、選任後1年以内に終了する事業年度のうち最終のものに関する定時株主総会の終結の時までである（338条1項）。任期が1年では落ち着いて監査できないのではないかと心配されるが、会計監査人に特有の定めとして、自動更新制度が法定されている。すなわち、いったん任期が切れる定時総会において別段の決議（不再任の決議）がない限り、再任が擬制される（同条2項）。これは会計監査人の地位の安定を図った規定である。もっとも、会計監査人設置会社が会計監査人を置く旨の定款の定めを廃止する定款の変更をした場合には、会計監査人の任期はその定款変更の効力発生時に自動的に満了する（同条3項）。これは会社が任意に定款自治により会計監査人を設置している場合に関する規定である。

(3) **終任**　会計監査人の終任について、会社法上の欠格事由に該当した場合のほか、民法の委任の終了事由（民651条・653条）の適用がある。特に解任については、株主総会決議による解任が規定されており（会社339条1項）、解任決議の要件は普通決議でよい（309条1項）。しかも、会計監査人の場合は、株主総会を待っていたのでは遅いということも考えられるので、監査役（監査役会設置会社の場合は監査役会。監査等委員会設置会社の場合は監査等委員会。指名委員会等設置会社の場合は監査委員会）による解任が許容される。すなわち、①職務上の義務に違反し、または職務を怠ったとき、②会計監査人としてふさわしくない非行があったとき、③心身の故障のため、職務の執行に支障があり、またはこれに堪えないときが、解任事由とされている（340条1項）。

会計監査人の解任には監査役が複数在任する場合または監査役会設置会社の場合は監査役全員の同意、監査等委員会設置会社の場合は監査等委員全員の同意、指名委員会等設置会社の場合は監査委員会の委員全員の同意を要する（340条2項・4〜6項）。慎重な判断が必要だからである。このよ

うにして会計監査人を解任した場合、監査役（監査役が複数在任する場合は、監査役の互選によって定めた監査役。監査役会設置会社の場合は監査役会が選定した監査役。監査等委員会設置会社の場合は監査等委員会が選定した監査等委員。指名委員会等設置会社の場合は監査委員会が選定した監査委員）は、その旨および解任の理由を解任後最初に招集される株主総会に報告しなければならない（同条3〜6項）。

　会計監査人が欠けた場合または定款で定めた会計監査人の員数が欠けた場合において、遅滞なく会計監査人が選任されないときは、監査役（監査役会設置会社の場合は監査役会。監査等委員会設置会社の場合は監査等委員会。指名委員会等設置会社の場合は監査委員会）が仮会計監査人を選任しなければならない（346条4〜8項）。

❹………会計監査人の権限

　(1)　**会計監査**　　会計監査人の権限は、株式会社の計算書類およびその附属明細書、臨時計算書類ならびに連結計算書類の監査である（396条1項前段）。会計監査人は、これらの書類を監査する場合、会計監査報告を作成しなければならない（同項後段、会計規126条）。会計監査人は、その権限を適正に行使しうるように配慮されており、会計帳簿またはこれに関する資料を閲覧謄写し、取締役および会計参与ならびに支配人その他の使用人に対する会計に関する報告徴求権を有するとともに、その職務を行うため必要があるときは、子会社に対して会計に関する報告徴求権、会社もしくは子会社の業務・財産調査権を行使しうる（396条2項3項6項）。もっとも、子会社は正当事由があれば報告・調査を拒否しうる（同条4項）。

　(2)　**諸権限**　　株式会社の計算書類およびその附属明細書、臨時計算書類ならびに連結計算書類が法令・定款に適合するかどうかについて会計監査人と監査役（監査役会設置会社の場合は監査役会または監査役。監査等委員会設置会社の場合は監査等委員会または監査等委員。指名委員会等設置会社の場合は監査委員会または監査委員）の意見が異なるときは、会計監査人（監査法人の場合はその職務を行うべき社員）は、定時株主総会に出席して意見

を述べることができる（398条1項・3〜5項）。これに対して、定時株主総会において会計監査人の出席を求める決議があるときは、会計監査人は出席・意見陳述の義務を負う（同条2項）。

❺………会計監査人の独立性の保障

（1）**具体的な方策**　会計監査人制度が期待したように機能するためには、会計監査人の取締役らからの独立性を確保する必要がある。会計監査人の独立性を保障する見地から、会社法は監査役等との連携を規定している。すなわち、まず監査役（会）設置会社において、①会計監査人の選任に関する議案を株主総会に提出する場合、②会計監査人の解任を株主総会の目的とする場合、および③会計監査人を再任しないことを株主総会の目的とする場合、その議案の内容は監査役（監査役が複数在任中の場合はその過半数。監査役会設置会社の場合は監査役会）が決定する（344条1〜3項）。

また、取締役は、会計監査人または仮会計監査人の報酬等を定める場合には、監査役（監査役が複数在任中の場合はその過半数。監査役会設置会社の場合は監査役会）の同意が必要である（399条）。会社内部で報酬額等を定める職務は代表取締役が担うが、監査役（会）がその決定プロセスに関与することにより、金銭面で取締役らが会計監査人に対してプレッシャーをかける危険性に対処しようとする趣旨である。監査等委員会設置会社および指名委員会等設置会社についても同様に手当されている（同条3項4項）。

会社法は監査役等と会計監査人間の連携を図るという見地からその他に、会計監査人に対して、その職務を行うに際して取締役らの職務の執行に関し不正の行為または法令定款に違反する重大な事実があることを発見したときは、遅滞なく、これを監査役（監査役会設置会社の場合は監査役会。監査等委員会設置会社の場合は監査等委員会。指名委員会等設置会社の場合は監査委員会）に対して報告を義務づけている（397条1項・3〜5項）。また、監査役（監査等委員会が選定した監査等委員、監査委員会が選定した監査委員）の方から会計監査人に対して、その監査に関する報告を求める権利が法定されている（同条2項4項5項）。

（2）　**意見陳述権**　　会計監査人の独立性を保障する見地から、会計監査人について、会計監査人の選任、解任もしくは不再任または辞任について株主総会に出席して意見を陳述する権利が法定されるとともに、会計監査人を辞任した者および監査役等により解任された者は、辞任後または解任後最初に招集される株主総会に出席して、辞任した旨およびその理由または解任についての意見を述べることができる（345条5項・1〜3項）。

Ⅷ　監査等委員会設置会社
——社外取締役によるモニタリングの強化

❶………監査等委員会設置会社の概要

　会社は、定款の定めによって、監査等委員会を設置することができる（326条2項）。監査等委員会を置く株式会社を「監査等委員会設置会社」という（2条11号の2）。会社は、監査等委員会設置会社である旨などを登記しなければならない（911条3項22号）。

　これまで述べてきた監査役会設置会社では、監査役（会）が取締役の職務執行の監査および監査報告の作成を行うこととされている（381条1項・390条2項）。これに対し、監査等委員会設置会社では、監査等委員会が取締役の職務執行の監査および監査報告の作成を行う（399条の2第3項1号）。監査等委員会設置会社では、監査役を置いてはならない（327条4項）。

　このように、監査等委員会設置会社では、監査機関として、監査等委員会が置かれているが、監査役（会）と決定的に異なるのは、監査等委員会の構成員（監査等委員）が取締役でなければならない点である（399条の2第2項）。言い換えると、監査等委員は、取締役会の決議に参加し、重要な業務執行の意思決定や代表取締役の選定・解職などについて議決権を行使する（1票を投じる）ことができるのである。監査等委員の過半数は、社外取締役（2条15号）であることが要求されている（331条6項）。社外取締役の定義については、129頁以下参照。

　監査等委員会設置会社では、①取締役会の構成員の過半数が社外取締役

であるとき、または、②定款の定めがあるときは、重要な業務執行（一定の事項を除く）の決定を代表取締役等に委ねることができる点にも特徴がある（399条の13第5項6項）。このような仕組みを採用することで、業務執行の意思決定が迅速に行われるようになり、取締役会の役割としては監督機能に重点が置かれるようになる。

　後述する指名委員会等設置会社においても、委員会に過半数の社外取締役の設置が義務づけられ、業務執行と監督の分離がはかられているが、指名委員会等設置会社では、指名委員会・監査委員会・報酬委員会の3つの委員会を置くことが求められるのに対し、監査等委員会設置会社では、監査等委員会の設置のみで足りる。

❷………監査等委員会の構成

　監査等委員会は、その名称からも明らかであるように合議体である。監査等委員会は、すべての監査等委員で組織される（399条の2第1項）。監査等委員は取締役でなければならない（同条2項）。

【監査等委員会設置会社の機関】

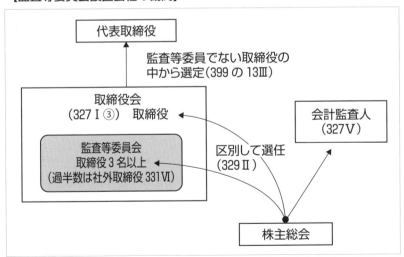

監査等委員である取締役は、その会社もしくは子会社の業務執行取締役、支配人その他の使用人または子会社の会計参与（会計参与が法人であるときは、その職務を行うべき社員）もしくは執行役を兼ねることができない（331条3項）。自らの職務執行について、自らが監査等を行うこととなるのを避けるためである。

　監査等委員会は3名以上の監査等委員で構成され、監査等委員の過半数は社外取締役でなければならない（331条6項）。客観的かつ中立の立場から監査等を行うことが監査等委員会に期待されているのである。

◆発展学習　**監査等委員の独立性の保障**

　監査等委員が有効に監査を行うためには、代表取締役等からの独立性が確保されていることが重要である。そこで、会社法では、次のような制度が設けられている。

　監査等委員でない取締役の任期は最長で1年であるのに対し（332条3項）、監査等委員である取締役の任期は2年とされ、これを定款で短縮することはできない（同条4項）。さらに、監査等委員である取締役を解任するには、それ以外の取締役の解任決議要件（341条）よりも厳しい、株主総会の特別決議が必要とされる（344条の2第3項・309条2項7号）。安定した地位のもとで、監査等委員が監査を行うことができるようにするためである。

　監査等委員である取締役の選任は、株主総会において、それ以外の取締役と区別して行わなければならない（329条2項）。監査等委員も取締役である以上、株主総会の決議によって選任されるが（同条1項）、取締役会において監査等委員に選ばれるのではなく、株主総会において監査等委員である取締役として選任されるのである。

　監査等委員会には監査等委員の選任議案につき同意権が認められている。すなわち、取締役は、監査等委員である取締役の選任議案を株主総会に提出するには、監査等委員会の同意を得なければならないこととされている（344条の2第1項）。監査等委員の候補者について、監査等委員会の意向を反映させることができるのである。さらに、監査等委員会は、取締役

に対し、監査等委員である取締役の選任を株主総会の議題とすること、または、選任議案を株主総会に提出することを請求することができる（同条2項）。つまり、監査等委員会が監査等委員である取締役の選任に関し、積極的にイニシアティブをとれる仕組みとなっているのである。

　監査等委員である取締役は、選任または解任が不当と思えば、株主総会で意見を述べることができる（342条の2第1項）。また、不当な処遇等により辞任に追い込まれることもないわけではないから、辞任についても株主総会で意見陳述することが認められている（同項）。これらの意見陳述権は、監査等委員の地位の強化をはかるものである。

　金銭面での独立性を確保するため、監査等委員の報酬は、それ以外の取締役と区別して定めなければならないこととされている（361条2項）。定款または株主総会決議による個人別の額の定めがない場合、監査等委員の個別配分は、総額の範囲内で、監査等委員の協議によって決められる（同条3項）。監査等委員は、株主総会において、報酬について意見陳述することができる（同条5項）。これらは、監査等委員の報酬が、それ以外の取締役から不当な影響を受けないようにするためのものである。

　また、監査等委員は、監査にかかった費用を会社に対して請求することができるが、会社は費用が必要でないことを証明しないかぎり費用の請求を拒否することができないこととされている（399条の2第4項）。監査等委員がその費用の必要性を証明しなくてよいのである（民649条・650条参照）。

❸………監査等委員会の権限・義務

　監査等委員会の職務として、取締役の職務執行の監査がある（399条の2第3項1号）。これは業務監査と呼ばれる。さらに、監査等委員会は、計算書類・事業報告およびこれらの附属明細書の監査を行う（436条2項）。これは会計監査と呼ばれる。監査等委員会または監査等委員には、監査機能を十分に発揮することができるようにするため、以下の諸権限が与えられている。

　監査を行うには情報収集が必要である。そこで、監査等委員会が選定する監査等委員には、次のような報告徴求・調査権限が認められている。第

一に、取締役および支配人その他の使用人に対し、その職務執行に関し報告を求め、または会社の業務・財産の状況の調査をすることができる（399条の3第1項）。第二に、監査のため必要があるときは、子会社に対して事業の報告を求め、または子会社の業務・財産の状況の調査をすることができる（同条2項）。子会社は、正当な理由があるときは、この報告や調査を拒否できる（同条3項）

　監査等委員会は、監査の結果を株主等に報告するため、監査報告を作成しなければならない（399条の2第3項1号）。監査等委員は、取締役が不正の行為をし、もしくはそのおそれがあるとき、または法令・定款に違反する事実もしくは著しく不当な事実があると認めるときは、遅滞なく、その旨を取締役会に報告する義務を負う（399条の4）。監査等委員会が選定する監査等委員は、取締役会の招集権を有する（399条の14）。監査等委員と取締役会との連携をはかる制度である。また、監査等委員は、取締役が株主総会に提出しようとする議案・書類等について、法令・定款違反または著しく不当な事項があると認めるときは、その旨を株主総会に報告する義務を負う（399条の5）。問題のある株主総会決議の成立を事前に防ぐことが、そのねらいである。

　監査等委員には是正権限も認められている。取締役が会社の目的の範囲外の行為その他法令・定款に違反する行為をし、またはそのおそれがある場合において当該行為によって会社に著しい損害が生ずるおそれがあるときは、監査等委員は、当該取締役に対し、違法行為等の差止請求権を有する（399条の6）。また、監査等委員会により選定された監査等委員は、会社・取締役間の訴訟（監査等委員が訴訟当事者でない場合）において会社を代表すること（399条の7第1項2号）などが定められている。

　監査等委員会設置会社では、会計監査人を必ず置かなければならない（327条5項）。監査等委員会は、株主総会に提出する会計監査人の選任・解任・不再任に関する議案の内容につき決定権限を有する（399条の2第3項2号）。代表取締役等の経営者から会計監査人の独立性を確保するためである。

また、監査等委員会は、監査等委員以外の取締役の選任・解任・辞任および報酬についても意見陳述することができる（399条の2第3項3号）。

❹………監査等委員会の運営

　監査等委員会の招集権は、各委員が有する（399条の8）。監査等委員会を招集するには、原則として、会日の1週間前までに、各監査等委員に対し、招集通知を発しなければならないが（399条の9第1項）、監査等委員全員の同意があるときは、このような事前の招集手続を経ることなく、開催することができる（同条2項）。

　監査等委員会は監査等委員のすべてで組織される（399条の2第1項）。ただし、監査等委員会の要求があれば、取締役は、監査等委員会に出席しなければならず、求められた事項について説明しなければならない（399条の9第3項）。

　監査等委員会での決議は、議決に加わることができる監査等委員の過半数が出席し、その過半数によって行われる（399条の10第1項）。決議に特別の利害関係を有する監査等委員は、議決に加わることができない（同条2項）。監査等委員会の議事については、書面あるいは電磁的記録の方法により議事録が作成され（同条3項4項）、会日から10年間、本店に備え置かなければならない（399条の11第1項。株主や債権者等の議事録の閲覧・謄写請求については、同条2～4項参照）。

❺………取締役会の権限・運営

　(1)　**取締役会の権限**　　取締役会は、次の職務を行うこととされている（399条の13第1項）。

　　①次に掲げる事項その他監査等委員会設置会社の業務執行の決定
　　　・経営の基本方針
　　　・監査等委員会の職務の執行のため必要なものとして法務省令で定める事項
　　　・取締役の職務の執行が法令および定款に適合することを確保する

ための体制その他株式会社の業務ならびに当該株式会社およびその子会社から成る企業集団の業務の適正を確保するために必要なものとして法務省令で定める体制の整備

　②取締役の職務の執行の監督

　③代表取締役の選定および解職

　取締役会は、上記①に掲げる事項を必ず決定しなければならない（399条の13第2項）。業務執行の決定は、基本的に、取締役会の職務・権限とされているが、必ずしもすべての業務執行の決定を取締役会がしなければならないわけではない。上記①に掲げる事項以外の業務執行の決定のうち、重要なものについては、取締役に委任することができないとされている（同条4項）。

　代表取締役等に決定を委任することができない業務執行とは、次の(ア)から(カ)に掲げる事項その他の重要な業務執行である（399条の13第4項）。(ア)重要な財産の処分および譲受け、(イ)多額の借財、(ウ)支配人その他の重要な使用人の選任および解任、(エ)支店その他の重要な組織の設置、変更および廃止、(オ)募集社債に関する事項、(カ)定款の定めに基づく役員等の責任免除である。したがって、これらの事項その他の重要な業務執行に該当しない業務執行（日常業務）の決定については、代表取締役等に決定を委任することができるのである。

　監査等委員会設置会社では、①取締役の過半数が社外取締役である場合、または、②定款の定めがある場合、一定の事項を除き [10]、重要な業務執行の決定を取締役に委ねることができる（399条の13第5項本文・6項）。

---

10)　本文の①または②の取締役会決議によっても、代表取締役等に委任することができない事項とは、①譲渡制限株式の譲渡承認および指定買取人の指定、②株主との合意による自己株式の取得に関する事項、③譲渡制限新株予約権の譲渡承認、④株主総会の招集に関する事項、⑤株主総会への提出議案、⑥業務執行の社外取締役への委託、⑦取締役の個人別の報酬等の内容についての決定方針の決定、⑧競業・利益相反取引の承認、⑨取締役会の招集権を有する取締役の決定、⑩会社・取締役間の訴えにおいて監査等委員が当事者である場合の会社代表者の決定、⑪定款の定めに基づく役員等の責任免除、⑫補償契約の内容の決定、⑬役員等賠償責任保険契約の内容の決定、⑭計算書類・事業報告・附属明細書の承認、臨時計算書類の承認、連結計算書類の承認、⑮中間配当に関する事項、⑯事業譲渡等にかかる契約内容の決定、⑰合併契約・吸収分割契約・新設分割計画・株式交換契約・株式移転計画・株式交付計画等の内容の決定である（399条の13第5項各号）。

このように重要な業務執行のうち多くの決定権限を代表取締役等に移行することで、業務執行の意思決定が迅速に行われるようになる。そして、取締役会は、監督機能により重点を置いた役割を果たすことが期待されるようになる。

(2) **取締役会の運営**　取締役会の運営については、ほとんど監査役会設置会社と同じ規制となっているが、招集に関し、次のような特例が定められている。監査役会設置会社における取締役会の招集権者は、原則として、各取締役とされ、定款または取締役会決議で招集権者を定めたときは、その取締役が招集権を有することとされている（366条1項）。これに対し、監査等委員会設置会社では、招集権者の定めがある場合であっても、監査等委員会が選定する監査等委員もまた取締役会の招集権を有する（399条の14）。

❻………代表取締役

取締役会は、取締役の中から、代表取締役を選定しなければならない。ただし、監査等委員である取締役は代表取締役となることができないので、それ以外の取締役から選定されることとなる（399条の13第3項）。代表取締役は、会社を代表し、業務執行を行う。代表取締役の解職権も、取締役会にある（同条1項3号）。

Ⅸ　指名委員会等設置会社──執行と監督の分離

❶………指名委員会等設置会社の趣旨

(1) **特徴**　会社法は、指名委員会等設置会社の定義として、指名委員会、監査委員会および報酬委員会（指名委員会等）を置く株式会社をいうと定めている（2条12号）。この定義から明らかなように指名委員会等設置会社の構造的特徴は、3種の委員会をセットとして設けている点にある。そのうち1つでも欠けると法律の要請を満たさないので、指名委員会等設

置会社とはいえないということになる。これらの委員会が有機的に連携することによって、執行役に対する監督機能を発揮することが期待されている。

(2) **委員会の構成**　各委員会の定員は、3名以上である（400条1項）。委員の地位は取締役であることを前提とし、取締役会の決議を経て選定される（同条2項）。ただし、各委員会の委員の過半数は、社外取締役（2条15号）でなければならないし（400条3項）、さらに監査委員会の委員については、指名委員会等設置会社もしくはその子会社の執行役もしくは業務執行取締役または指名委員会等設置会社の子会社の会計参与（会計参与が法人であるときは、その職務を行うべき社員）もしくは支配人その他の使用人を兼ねることができない（同条4項）。3委員会に共通の特徴として社外取締役主導であることが指摘される。特に監査委員の地位の独立性の保障が重視されている。仮に取締役会全体では社外取締役は少数派であったとしても、委員会レベルでは社外取締役が主導権を握ることが可能なように制度設計されている。

　一方、各委員会の委員を兼任することは可能である。したがって、社外

【指名委員会等設置会社の機関】

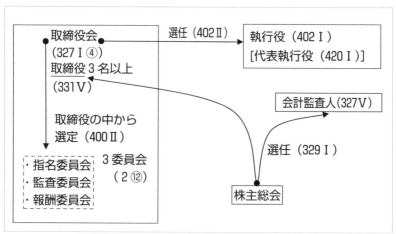

取締役が 2 名選任されている会社であれば、指名委員会等設置会社を選択することが可能である。

委員の解職の権限も取締役会にある（401 条 1 項）。

❷………委員会の権限

3 種の委員会の果たすべき役割とは何か。

(1) **3 委員会の権限**　指名委員会の権限は、株主総会に提出する取締役（会計参与設置会社にあっては、取締役および会計参与）の選任および解任に関する議案の内容の決定である（404 条 1 項）。この決定を取締役会が覆すことはできない。

監査委員会の権限は、執行役等の職務の執行の監査および監査報告の作成（会社則 131 条、会計規 129 条）、株主総会に提出する会計監査人の選任および解任ならびに会計監査人を再任しないことに関する議案の内容の決定である（404 条 2 項）。

報酬委員会の権限は、執行役等の個人別の報酬等の内容を決定することにある。指名委員会等設置会社では株主総会決議により取締役の報酬が決まるわけではないのである。執行役が指名委員会等設置会社の支配人その他の使用人を兼ねているときは、当該支配人その他の使用人の報酬等の内容についても、個人別に決定する（404 条 3 項）。なお、指名委員会等設置会社では使用人兼務取締役は認められない（331 条 4 項）。

(2) **取締役の独立性の保障**　3 委員会が各々の役割を適切に果たすならば、全体として取締役の執行役からの独立性を確保しうるものと会社法は期待している。すなわち、各取締役について報酬面や人事面の独立性を保障するとともに、その職務の執行は監査委員の監査対象とすることにより、3 委員会が有機的に機能することが全体として取締役の独立性の保障につながると期待されている。この場合、執行役に対する取締役の独立性が問題となる。しかし、会社法は、執行役と取締役の兼任を認めている（402 条 6 項）。

❸………監査委員会

(1) **基本的権限**　監査委員会は、その権限からみて監査役の役割を果たすことが期待されているようにみえる。たしかに監査委員会の権限は取締役・執行役に対する監査業務である（404条2項1号）。また、監査業務を適切に執行しうるように会社法は各種の権限を法定している（405～408条・419条1項）。しかも、先に述べたように監査する者と監査される者とが同じ者であることのないように配慮されている。

(2) **監査役との比較**　しかし、次に述べるように、厳密には監査役とは性質が異なることに注意を要する。すなわち、まず監査対象に違いがある。監査役の監査がいわゆる適法性監査に限定されると解されているのに対して、監査委員会による監査は、適法性のみならず妥当性の領域までも対象とすると考えられる。なぜなら、監査委員会の委員は、取締役の地位を占めているからであって、取締役会による監督権限（416条1項2号）を実質的に補完することが期待されているからである。

　また、監査委員に与えられた権限に注意すべきである。執行役等および支配人その他の使用人に対する職務執行に関する報告徴収権、指名委員会等設置会社の業務・財産の調査権、子会社に対する報告徴収・調査権は、すべての監査委員が行使できるわけではなく、行使しうる委員は監査委員会によって選定された者に限定される。しかも、選定された委員であっても、報告徴収・調査に関する事項についての監査委員会の決議に従わねばならず、権限行使に制約が課せられる可能性がある（405条1項2項4項）。会社と執行役あるいは取締役間の訴訟についても、監査委員が当事者である場合を除き、会社代表権限は監査委員会が選定した監査委員に委ねられる（408条1項2号）。ここには監査委員の独任制という性格はみられない。むしろ監査委員会という組織に拘束されている印象が強い。

　これに対して、執行役が会社に著しい損害を及ぼすおそれのある事実を発見したとき、ただちに当該事実の報告を受領する権限（419条1項）、執行役・取締役が不正の行為をし、もしくは当該行為をするおそれがあると認められるとき、または法令もしくは定款に違反する事実もしくは著しい

不当な事実があると認めるときの、取締役会への報告義務（406条）、執行役・取締役が会社の目的の範囲外の行為その他法令・定款に違反する行為をし、またはこれらの行為をするおそれがある場合において、当該行為により会社に対して著しい損害が生ずるおそれがあるときの、執行役・取締役に対する差止請求権（407条1項）、株主から執行役・取締役への株主代表訴訟の提訴請求を受ける権限や、執行役・取締役への株主代表訴訟提起の告知・和解内容の通知・その異議催告を受ける権限（408条5項）については、監査委員であれば特に限定されることなく認められる。緊急事態への対処という性格が強い場合などには、監査委員が単独で権限行使しうるように配慮したものであろう。

　このように、監査役が独任制を明確に認められているのと対照的に、監査委員の場合はケース・バイ・ケースで異なるのである。

　(3)　付随的な権限　　なお、会計監査人の監査委員会による解任は、監査委員全員の同意を要する（340条6項・1～3項）。会計監査人の報酬等の決定は、監査委員会が同意権限を有する（399条4項・1項）。また、取締役・執行役の責任の一部免責を株主総会に提案する場合等においては、各監査委員の同意を要する（427条3項・426条2項・425条3項）。

❹………報酬委員会

　報酬委員会は、取締役・執行役の個人別の報酬等の内容を決定するが、そのためにはまず、当該決定に関する方針を定めねばならず（409条1項）、その方針に従って決定することが求められる（同条2項）。次に、報酬等の額が確定しているものは、個人別の額を、額が確定していないものは、個人別の具体的算定方法を、金銭でないものは、個人別の具体的な内容を、個人別の報酬等の内容として決定しなければならない（同条3項）。

❺………指名委員会等の運営

　(1)　招集　　指名委員会等の招集権は、各委員が有する（410条）。取締役会とは異なり、指名委員会等にはあらかじめ招集権者を置くことができ

ない（139頁を参照）。指名委員会等は原則として会日の1週間前までに招集通知を発出することが必要であるが、あらかじめ全員の同意を得ておけば、招集通知を省略することが許されることは、取締役会の招集手続と同様である（411条1項2項）（140頁を参照）。しかし、指名委員会等は書面決議が認められていない（141頁を参照）。なお、指名委員会等が要求すれば、執行役等に対して委員会への出席・説明を求めた事項についての説明を要求しうる（同条3項）。これは必要な情報が的確に指名委員会等に達するように配慮されたものである。

(2) **決議**　指名委員会等の決議要件、特別利害関係人の議決からの排除、議事録の作成義務（会社則111条）、その閲覧謄写請求権の扱いなどは、取締役会の規制と同様である（412条・413条）（140頁を参照）。

なお、指名委員会等は会議を省略することは許されないが、執行役等の報告については常に会議を開いて報告を受けねばならないわけではない（414条）。

❻………指名委員会等設置会社の取締役の権限

(1) **業務執行の原則禁止**　指名委員会等設置会社の取締役は、会社法または会社法にもとづく命令に別段の定めがある場合を除き、会社の業務執行をすることができない（415条）。これは取締役会設置会社一般については代表取締役などの業務執行取締役が取締役の中から選定されて、これらの者が会社の業務の執行を担当することと対照的である（363条1項）。指名委員会等設置会社の業務執行は、執行役の権限とされる（418条2号）。指名委員会等設置会社の場合は、業務執行と監督を分離する方針のもとで、執行役に業務執行権限を与え、その職務の執行を取締役会が監督するという体制を構築している（416条1項2号）。そのため、取締役には支配人その他の使用人との兼任が禁じられる（331条4項）。

(2) **取締役会の権限**　指名委員会等設置会社の取締役会は、①経営の基本方針、②監査委員会の職務執行のため必要なものとして法務省令で定める事項（会社則112条1項）、③執行役が2人以上ある場合における執行

役の職務の分掌および指揮命令の関係その他の執行役相互の関係に関する事項、④執行役からの取締役会の招集の請求を受ける取締役（417条2項参照）、⑤執行役の職務の執行が法令・定款に適合することを確保するための体制その他株式会社の業務ならびに当該株式会社およびその子会社から成る企業集団の業務の適正を確保するために必要なものとして法務省令で定める体制の整備（会社則112条2項）、⑥その他指名委員会等設置会社の業務執行の決定、ならびに⑦執行役等の職務の執行の監督を職務とする（416条1項）。①から⑤までは必ず決定を要する（同条2項）。①から⑦の職務の執行を取締役に委任することは許されない（同条3項）。

　416条4項各号に列挙された事項は取締役会の決定事項に留保されるが、それ以外の事項は、取締役会の決議によって、決定を執行役に委任することが可能である（416条4項）。

　(3)　取締役会の運営　　指名委員会等設置会社における取締役会の運営について、次のような特例が規定されている。すなわち、招集権者の定めがある場合であっても、指名委員会等が委員の中から選定する者に招集権が認められること、執行役に対して招集請求権・招集権が付与されること、委員会が委員の中から選定する者は、遅滞なく、指名委員会等の職務の執行の状況を取締役会に報告する義務を負うこと、執行役に対して3ヶ月に1回は自己の職務の執行の状況を取締役会に報告する義務を負わせ、取締役会が要求すれば、取締役会に出席し取締役会が求めた事項の説明を行わねばならないことである（417条）。

❼………執行役

　(1)　選任　　執行役の選解任権は、取締役会にある（402条2項・403条1項）。その員数は最低1名が要求される（402条1項）。会社と執行役との関係は委任関係であること、欠格事由等が法定されていることは、取締役に準じる（同条3〜5項）（129頁を参照）。競業取引や利益相反取引についての取扱いも取締役の規定が準用されている（419条2項）（134〜136頁を参照）。株主には執行役に対してその行為の差止請求権が付与されている

（422 条）。

(2) 任期　執行役の任期は、原則として選任後 1 年以内に終了する事業年度のうち最終のものに関する定時株主総会の終結後最初に招集される取締役会の終結の時までである（402 条 7 項）。執行役の選任権限が取締役会にあり、取締役の任期が 1 年であることと平仄を合わせている。もっとも、指名委員会等設置会社が委員会を置く旨の定款の定めを廃止する定款の変更をした場合には、執行役の任期は、その定款変更の効力発生時に自動満了する（同条 8 項）。

(3) 権限　執行役の権限は、取締役会決議により委任を受けた指名委員会等設置会社の業務の執行の決定（416 条 4 項参照）および指名委員会等設置会社の業務の執行である（418 条）。執行役が会社に著しい損害を及ぼすおそれのある事実を発見したときは、ただちに、当該事実を監査委員に報告しなければならない（419 条 1 項）。これは、監査委員会による監査権限の適切な行使のために必要な情報の提供が趣旨である。

(4) 代表執行役　取締役会は、執行役の中から代表執行役を選定することを要するが、執行役が 1 名のときは、その者が代表執行役に選定されたものとされる（420 条 1 項）。代表執行役の解職は取締役会によっていつでも可能である（同条 2 項）。

　代表執行役の権限は、会社の業務に関する一切の裁判上または裁判外の行為をする権限である（420 条 3 項・349 条 4 項）。また、表見代表執行役の規定がある（421 条）。

X　役員等の損害賠償責任
──役員等はどのような場合に法的責任を負うか

❶‥‥‥‥総説

(1) 役員等の責任　423 条 1 項は、取締役、会計参与、監査役、執行役および会計監査人を合わせて役員等と呼んで、これら会社との関係で委

任関係に立つ者が、その任務を怠ったときは、会社に対して、任務懈怠により生じた損害を賠償する責任を負わせている（330条参照）。会社に対する損害賠償責任の一般的な根拠規定である。ただし、これとは別個に、出資額填補責任（52条・103条1項・213条・286条）、利益供与に関する責任（120条）や違法な剰余金の配当等にかかる責任（462条・464条・465条）が規定されていることに注意を要する。

(2) **任務懈怠責任**　　423条1項の責任は、任務懈怠責任である。会社は、役員等の責任を追及するためには、役員等の任務懈怠、損害の発生、損害と任務懈怠との間の因果関係、損害額、そして議論はあるが役員等の故意・過失の存在を主張立証しなければならない。もっとも、これらの主張立証は常に容易とは限らない。そこで、会社法は、取締役・執行役が違法な競業取引をした場合（取締役会の承認を経ていない場合）は、当該取引により取締役らが得た利益の額を損害額と推定する旨定めている（同条2項）。仮に実損害額が推定額より少ないと取締役らが主張したいのであれば、取締役らが反証を挙げねばならない。逆に会社の方で損害額が推定額を超えることを立証できれば、立証された損害の賠償を求めることはもとより可能である。

(3) **利益相反取引の特則**　　また、取締役・執行役が承認を得て利益相反取引を行ったが、結果として会社に対し損害を与えるという場合も考えられる。会社法は、利益相反取引の危険性に特に着目して、このような場合には、①会社と直接取引を行った取締役・執行役、または間接取引の事例で会社と利害が衝突する取締役・執行役、②株式会社が当該取引をすることを決定した取締役・執行役、③当該取引に関する取締役会の承認の決議に賛成した取締役（指名委員会等設置会社においては、当該取引が指名委員会等設置会社と取締役との間の取引または指名委員会等設置会社と取締役との利益が相反する取引である場合に限る）は、その任務を怠ったものと推定されることとした（423条3項）[11]。しかも、取締役・執行役が自己のために

---

11)　なお、この規定は、356条1項2号3号の場合に、同項の取締役（監査等委員であるものを除く）が当該取引につき監査等委員会の承認を受けた場合は適用しない（423条4項）。

会社との間で直接取引をした場合の責任は、任務懈怠が取締役らの責めに帰すべき事由がない場合であっても、責任を免れることはできないし、後述する一部免除の対象ともならない（428条）。

　複数の役員等が同一の事件に責任を負う場合は、当該役員等は連帯債務者とされる（430条）。

上場企業の会計不正事件

　平成27年は「コーポレート・ガバナンス元年」と呼ばれることがある。日本企業のガバナンスに重要な影響を及ぼす改革が相次いで実施されたからである。しかし、この流れに反する重大な不祥事が発生した。それが東証一部上場企業である電機メーカーA社の会計不正事件である。

　同社が自主的に設置した役員責任調査委員会の報告書によれば、リーマン・ショック以降の歴代3名の社長が、①パソコン事業における部品取引に関して利益の水増し、②米国における地下鉄向け電装品納入に関して損失引当金の計上見送り、③テレビやパソコン事業における不適切な損失先送り、④原子力部門の工事原価の過小評価、⑤ETC設備導入における売上高と利益の水増しなど、A社の事業成果を実際よりも良好に見せかけるよう指示をしたことが取締役としての任務懈怠にあたるとされた。A社は、平成21年3月期以降の決算数値の過年度修正を行い、平成28年3月期の当期純利益として5,500億円の赤字見込み（暫定）を公表し、平成27年11月には、上記歴代3名の社長らの任務懈怠責任を追及するため損害賠償を求める訴えを提起した。真相が裁判を通じて明らかにされることが期待される。

　もしも会計不正が真実であったとすれば、A社は指名委員会等設置会社であるが、社外取締役を中心とした監査委員会によって不正行為が早い段階で指摘され、是正されなかった理由はなにか。会計専門家である監査法人の監査を受けながら、不正行為が見過ごされ

てきた理由はなにか。経営者の独走を抑制するためのガバナンス構築はそもそも可能なのか。重い課題が残された。

さらに、令和2年10月22日には、最高裁が東証一部上場企業である光学機器等のメーカーB社の巨額損失隠し事件に対して、旧経営陣側の上告を棄却する決定をした。これにより損失隠しを主導した元会長ら3名に計約594億円を支払うよう命じた2審・東京高裁判決が確定した。B社の事件では、①経営トップによる処理・隠蔽であること、②隠蔽等の手段が巧妙であったこと、③一部の役員のみ情報を共有し、会社法上の監視・監督機関がその機能を十全に果たせなかったことなど、上記A社のケースと似た事情によって長期にわたる不正隠蔽が可能となった。一部従業員の不正行為ではなく、経営者ぐるみの暴走行為が裁判所によって厳しく裁かれた。

◆発展学習　**任務懈怠**

任務懈怠という用語の語感から、役員等が注意義務に違反した場合を指すかの印象を与える。もちろん注意義務違反は任務懈怠に該当するが、判例によれば会社や役員等を名宛人とする具体的な法令に違反する行為は、注意義務違反に該当するか否かを判断するまでもなく、ただちに任務懈怠を構成するものとされる。この場合、予想できないような法令の違反の可能性も否定できないが、取締役らに過酷な結果とならないように過失の判断で対処するのが判例の立場である。

---

❷………**責任追及と免責**

(1) **株主代表訴訟**　役員等が任務懈怠により会社に損害を与えた場合、会社が当該役員等に対して賠償請求をするのが筋である。しかし、仲間意識のせいで責任追及が必ずしも迅速に行われるとは限らない。そこで、会社法は、原則として6ヶ月前から引き続き株式を有する株主に対して、会社を代表して会社の有する請求権を代位して役員等に対して責任追及を行う機会を与えている。これを株主代表訴訟と呼ぶ（847条）。株主代表訴訟

は、本来会社が取締役ら役員等に対して有する請求権を、株主が会社に代わって、会社を代表して行使する、という特別な性格を持つ訴訟形態である。わが国においては第二次世界大戦後、米国の影響の下で、株主の権利を保護・強化する目的で導入された。これまでに実際に提訴されたケースはそれほど多くはないが、政治献金事件、証券損失補填事件、銀行の内部統制をめぐる事件など世間の注目を集めた事件が少なくない。

　株主代表訴訟については、一方で、提訴株主に対する経済的見返りが必ずしも明確とは言えないだけに役員等の責任が追及されるために効果的に利用されるように保障しつつ、一方で、会社・株主全体の利益を真に確保するためにこの制度が適切に利用されるようにする工夫が求められる。会社法は、前者の保障として、訴額の定額制（847条の4第1項）、費用償還請求（852条1項）などを法定するとともに、後者の工夫として、担保提供（847条の4第2項）、不提訴理由書（847条4項）、役員側への会社の補助参加（849条1項）などの制度を設けている。

　株主代表訴訟制度が法定されていることとの関係で、役員等の任務懈怠責任は、総株主の同意がないと免除することはできない（424条）。

◆発展学習　多重代表訴訟

　持株会社の解禁（平成9年）と株式交換・株式移転制度（平成11年）が創設されたことにより、持株会社の設立が容易になったが、近年のわが国では持株会社による子会社の監督が効果的になされていない例が見られるようになってきた。これは、企業グループの業務の経営が子会社を中心として行われているにもかかわらず、完全子会社などでは実質的に株主がいるのは親会社である持株会社の方だけであるため、問題の子会社に対して株主からの監視が働かないことが原因である。また、子会社への親会社の監督がされにくいのは、一般の親子会社にもあてはまることである。このような子会社の問題は、企業グループ全体によくない影響を及ぼしかねない。

　米国では、子会社の取締役が違法な行為によって子会社に損害を与えた場合には、親会社の株主が子会社取締役の当該子会社に対する損害賠償責任を追及する多重代表訴訟を認める裁判例があるが、日本ではこのような

訴訟は認められていなかったし、制度の創設については、反対論も強く主張されていた。しかし子会社への監督の必要性と親会社（持株会社）株主の保護の観点から、平成26年改正で限定的ではあるが次のような多重代表訴訟の規定が設けられた。会社法は、6ヶ月前から引き続きある会社（子会社）の親会社（他の会社によって完全所有されていない最終完全親会社）の総株主の議決権の100分の1以上の議決権を有する株主または親会社の発行済株式の100分の1以上の数を有する株主は、この子会社の取締役らの責任を追及できる（847条の3）。

　多重代表訴訟制度の創設により、子会社への効果的な監督が期待されるが、これが少数株主権とされていることが適切であるのか、反対論が主張していた懸念に十分応える制度になっているのかなど、検討すべき課題は残されている。

【多重代表訴訟（特定責任追及の訴え）】

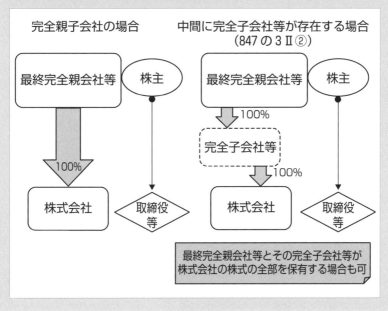

(2) **一部免責**　　前述したように会社法は、役員等の任務懈怠責任について、株主代表訴訟との平仄を合わせるために、免除に総株主の同意を原則として要求する。もっとも、役員等の任務懈怠責任に関しては、取締役・執行役が自己のために会社との間で直接取引をした場合の責任を除き、当該取締役らが職務を行うにつき善意かつ無重過失の要件を満たすとき、賠償責任額から最低責任限度額を控除した額を限度として、①株主総会決議による、②定款の定めを基礎に取締役の過半数の同意（取締役会設置会社では取締役会の決議）による、あるいは、③取締役（業務執行取締役等であるものを除く）・会計参与・監査役・会計監査人（③に列挙したものを「非業務執行取締役等」という）につき①および②に加えてさらに責任限定契約[12]による、責任の一部免責が認められている（425〜427条）[13]。

◆発展学習　**会社法施行規則113条・114条**
　会社法425条を受けて会社法施行規則113条および114条は、最低責任限度額の算定にあたり、{役員等がその在職中に会社から得た報酬や賞与など財産上の利益の額の事業年度ごとの合計額のうち最高額 ＋ 役員等就任期間1年平均の退職慰労金の額（当該役員等がすでに退職した場合）} × 役員等の係数 ＋ ストック・オプション以外で有利発行された新株予約権の行使に伴う含み益（または新株予約権譲渡益）により算出することを明らかにしている。

❸………第三者に対する責任

(1) **役員等の対第三者責任**　　役員等がその職務を行うについて悪意または重大な過失があるときは、当該役員等に対して、第三者が損害賠償責

---

12)　責任限定契約をした社外監査役の責任額を報酬の2年分とした判例として、大阪高判平成27年5月21日金判1469号16頁。
13)　なお、役員等の任務懈怠責任について和解がなされる場合にも、一部免責と同様の法的効果が生じる（民695条参照）。そのため、会社が取締役や元取締役等の責任を追及する訴えにかかる訴訟において和解をする場合には、会社自体が原告として和解をする場合、および、株主代表訴訟が提起されており、会社が補助参加人として和解をする場合のいずれにおいても、各監査役等の同意を要する（849条の2）。

任を追及することが認められる（429条1項）。判例[14]によれば取締役が放漫な経営により会社を倒産させてしまい、これにより取引先に損害を与えた場合（間接損害）や、支払見込みもないのにあえて取引を行った場合（直接損害）などに、当該取締役の責任が追及される。他の取締役に対して監視義務違反を根拠に責任が肯定された事例もみられる。これは株式会社が今日の経済社会において占める重要な機能を背景に、株式会社の経営における役員等が果たすべき役割にかんがみ、特にその責任を法律上明定し強化したものと考える立場が有力である。事実上、本条を利用することにより、主として小規模閉鎖的な株式会社において、法律上は禁止されていないが過小な資本で事業を行った取締役の経営責任が追及されうることを意味する。また、所有と経営が一致している会社において株主の有限責任原則が修正されるという意味を有する。

　なお、株主が429条1項を根拠に取締役らに対してどこまで直接賠償を請求することができるかについては、判例・学説は見解が分かれており、今後の議論の進展が注目される。

　(2)　**虚偽記載の責任**　　取締役・執行役については①資金調達に絡んで情報提供に際して行った虚偽記載、②計算書類等の虚偽記載、③虚偽登記、④虚偽公告が、会計参与については⑤計算書類等および会計参与報告の虚偽記載が、監査役（監査等委員会設置会社の監査等委員、指名委員会等設置会社の監査委員）および会計監査人については⑥監査報告または会計監査報告の虚偽記載が、無過失を立証しない限り、第三者に対して責任を負う根拠とされる（429条2項）。ただし、計算書類に虚偽記載があるがこれを直接信頼したわけではなく、当該計算書類を基礎に第三者が編集した情報を信頼して株式の売買をした者に対して、取締役らが429条2項により責任を負わせられることになるのか否か、議論がある。

　なお、複数の役員等が同一の損害について責任を負う場合は、当該取締役らは連帯債務者とされる（430条）。

---

14)　最大判昭和44年11月26日民集23巻11号2150頁。

　令和元年の会社法改正は、会社が役員等として優秀な人材を確保すると
ともに、役員等がその職務の執行に関して生じた損害を賠償する責任を負
うことを過度におそれることによりその職務の執行が萎縮することがない
ように、役員等に対して適切なインセンティブを付与する趣旨で、補償契
約と役員等賠償責任保険契約の2つの制度を創設した。ただし、以下に述
べるように、いずれの契約も利益相反性が類型的に高いものであることか
ら、それらの内容を決定する手続等必要な規律が整備された。すなわち、
これらの契約の内容は、取締役会の決議によって定めることを要する（430
条の2第1項・430条の3第1項）とともに、公開会社においては、契約
に関する一定の事項は株主の関心の高い情報であるので、事業報告に記載
することが要求される（会社則121条3号の2～3号の4・119条2号の
2・121条の2参照）。

　前者の補償契約は、会社とその役員等との間で契約を締結しておくこと
により、役員等が支出する防御費用や、賠償金・和解金の全部または一部
を、会社が当該役員等に対して補償することを可能とするものである（430
条の2）。また、後者の役員等賠償責任保険契約は、会社が保険者との間
で締結する保険契約であって、被保険者である役員等がその職務に関して
負う防御費用や賠償金・和解金を保険者が補填することを約するものであ
る（430条の3）。わが国において上場会社を中心に広く普及している会社
役員賠償責任保険（D&O保険）がこれに該当することとなる。

　これらの制度創設によって、法の趣旨のとおりに、わが国企業の取締役
等が積極果敢な経営判断を実行していくことになるのか、また補償契約と
役員等賠償責任保険契約の使い分けがどのように行われていくのか、など
今後の実務の動向が注目される。

第**5**章
....

資金調達

I 資金調達の概要——会社活動に必要な資金の調達方法

❶………**概説**

　株式会社の事業活動には資金が必要である。従業員の賃金、原材料費、機械の購入費、工場や店舗の用地購入費や建設費など、日常的なものから、そうでないものまで、必要な資金を用意しなければならない。

　このような資金需要に株式会社はどうやって対応しているのだろうか。まず考えられるのは、会社が日頃の事業活動で得た利益を会社内部に蓄積しておいて（内部資金）、これを必要資金に充てる方法である。このほか、銀行からの借入金や株式・社債を発行して得た手取金（外部資金）を必要資金に充てる方法も考えられる。この方法は銀行や投資家といった会社の外部の者から必要資金を調達するものである。株式会社の資金調達の方法は、このように資金の出し手が誰かという点からみると、内部資金による調達（内部金融）と外部資金による調達（外部金融）に大別することができる。また、外部資金による調達のうち、会社が株式や社債を発行して投資家から直接的に資金を集める方法は直接金融と呼ばれ、銀行等の金融仲介機関から資金を借り入れる方法は間接金融と呼ばれる。

　株式会社が得る資金は、返済義務の有無によって、さらに自己資本と他人資本に分けることができる。会社が株式を発行して得た資金は、返済

【直接金融と間接金融】

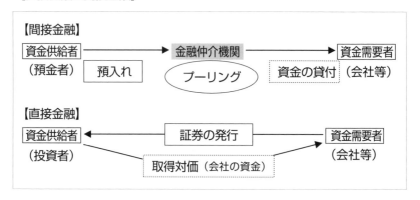

（払戻し）を必要としないし、債権者の信頼を担保する財産だから原則的に返済をしてはならない。その代わり、資金を拠出した者（株主）には、会社経営に参加する権利や剰余金配当を受ける権利が与えられている。そこで株式を発行して集められた資金や内部資金のような返済義務を伴わない資金を自己資本と呼んでいる。株式を発行すると資本が増加するので、株式発行のことを増資ともいう。これに対し、借入れや社債の発行によって得た資金は、会社の借金であり、負債（債務）となる。したがって、一定期限までに資金の提供者（債権者）に返済しなければならない。このような返済義務を伴う資金は他人資本と呼ばれる。

　会社がどのような資金調達方法を選択するかは自由であり、いずれの方法を選択するかは経営者が様々な事情を勘案して判断することになる[1]。以下では、外部資金調達に関して会社法に定めのある株式の発行、新株予約権の発行、および社債の発行について公開会社の場合を概観する。

---

1)　そのような事情として、たとえば必要資金の額、担保財産の有無、会社の財務状態・財務政策、返済義務の有無、金利の動向などが挙げられる。なお、株式や社債の大規模な発行を行う場合、売れ残りが出て目標とする資金調達額に達しないことを回避するため、発行した株式等を証券会社等にいったん買い取ってもらい販売を任せる（買取引受け）とか、証券会社等に販売を任せて売れ残りが生じたら引き取ってもらう（残額引受け）といった引受け（アンダーライティング）をさせるのが一般的であるが、そのための費用（引受手数料）を会社は負担することになる。さらに株券や社債券を発行する会社であればその印刷や郵送に伴う費用を負担することになる。株式や社債を発行するにはこのような資金調達コストがかかることも考慮される。

❷………株式、新株予約権、社債

　詳しい内容に入る前に、株式、新株予約権および社債について簡単に整理しておこう。株式、新株予約権および社債はともに、株式会社の資金調達のために取締役会設置会社において原則として取締役会の決議によって発行されるものであり、投資単位を小口に細分化して資金を集めやすい仕組みをとっている点で共通している。

　しかし以下のような違いがある。株式と社債では、①株主は社債権者には認められていない株主総会の議決権や監督是正権などの経営参加権を有する、②株主は分配可能な剰余金の範囲内で不確定額の配当金を受け取る権利を有するのに対し、社債権者は剰余金の有無に関係なく確定利息の支払いを受ける権利を有する、③社債権者は償還期限が到来すれば会社から元本の返済を受けるのに対し、株主は出資の払戻しを受けることは原則として認められていないため株式を譲渡して投下資本を回収しなければならない（当初の出資額と同額で売れるとは限らない）、さらに、④会社が解散した場合に社債権者は一般債権者と同順位で会社財産から弁済を受けることができるのに対し、株主に対する残余財産の分配（出資金の返還）は劣後的に扱われる（会社債権者に対する弁済が終わった後だから財務状態の悪い株式会社では何も残っていない場合もある）、といった相違点がある。

　新株予約権とは、会社に対しその権利を行使することにより、その会社の株式の交付を受けることができる権利のことである。権利行使すれば株式が交付されるので、潜在的な株式であるといえる。会社から新株予約権を与えられた者（新株予約権者）は、権利行使に際してあらかじめ定められた金額を払い込んで株式を取得する。会社はこの権利を有償で与えることもできるし無償で与えることもできる。権利行使するか否かは新株予約権者の自由である。あらかじめ定められた払込金額が市場価額を下回っている状況では権利行使をしても経済的メリットはない。新株予約権は、後述のように、ストック・オプションや、社債と結合させて新株予約権付社債として利用されることが多い。また近年、平時導入型の買収防衛策としての新株予約権の利用（「ライツ・プラン」あるいは「ポイズン・ピル」と呼

ばれる）も注目されている。敵対的買収者が現れたことを権利行使の条件とする新株予約権を平時に発行しておいて、敵対的買収者が現れた場合にその権利行使によって買収者の持株比率を低下させることをねらうものである。

【株式と社債の比較】（公開会社の場合）

	株式（株主）	社債（社債権者）
決定機関	原則として取締役会決議で発行（201 I）	原則として取締役会決議で発行（362 IV⑤）
経営参加権	経営参加権あり（株主総会での議決権 105 I ③・308 I）	経営参加権なし
利益・利息の分配	配当金を受け取る権利（461）（剰余金の範囲内）	確定利息の支払いを受ける権利（676 ③⑤）（剰余金に関係なし）
払戻し	原則として出資金の払戻しなし	償還期限が到来すれば元本返済（676 ④）
残余財産の分配	会社債権者に劣後して分配される（502）	一般債権者と同順位で弁済を受ける

II　株式発行──自己資本を集める

❶………概説

　上に述べたように、株式の発行は株式会社にとって返済義務のない資金（自己資本）を集める手段となる。一方、投資家にとっては、株式を取得して株主となる（既存株主の場合、株式を買い増す）機会となる。発行される株式は普通株式に限らない。議決権制限株式や取得請求権付株式などの種類株式が発行される場合もある。ところで会社は、一定の手続を経て、自己株式を取得することができることは先に述べたとおりである。会社が消却をしないで保有していた自己株式を手放す（処分する）場合、議決権

株式が増加して議決権の希釈化が起こるため（自己株式には議決権がない）、株式発行と同様の規制を受けるということには注意が必要である。

　会社法では、募集に応じて株式の引受けの申込みをした者に対し株式発行または自己株式の処分によって割り当てられる株式を「募集株式」と呼び、株式発行と自己株式の処分を併せて募集株式の発行等と呼んでいる（199条1項柱書かっこ書）。

　前述したように、会社は設立に際して、定款所定の発行可能株式総数（授権株式数）の4分の1以上を発行しなければならないことになっている（37条3項本文）。つまり、成立後の会社は、残っている授権株式数（未発行株式数）の範囲内で、随時、必要に応じて株式発行を行い、資金調達を行うのである。そして、この決定は、資金調達の機動性を損なわないよう、取締役会の決議事項とされている（201条1項・199条2項）。株式発行の回数を重ねると発行済株式総数が増加するとともに授権株式数の残りが少なくなってくる。その場合、株主総会の特別決議によって定款を変更して、発行済株式総数の4倍まで授権株式数を増加することができる（113条3項1号・466条・309条2項11号）[2]。

　設立時の株式発行についてはすでに説明しているので、ここでは株式会社が成立後に行う募集株式の発行等（199条以下）について株式発行を中心に説明していく。

❷………株式発行の形態

　株式の発行形態は、誰に対して募集を行うかによって、株主割当て、公募および第三者割当ての3つの種類に分けられる。具体的な発行手続の説明をする前に、この3つの発行形態について簡単に見ておこう。

　(1)　**株主割当て**　　会社は、既存株主に株式の割当てを受ける権利を与えたうえで、これらの者に株式を発行することができる（202条1項）。このような発行形態を株主割当てという。ただ、会社にとっては、この形態

---

2)　たとえば、授権株式数10万株のうち、9万株を発行済である場合、授権株式数の枠を36万株まで拡大することが可能であり、そのうち9万株は発行済なので、以後発行できるのは27万株である。

を選ぶと、出資者が既存株主に限定されるため、大規模な資金調達には適しない場合が多いであろう。もっとも、既存株主は、その有する株式数に応じて募集株式の割当てを受ける権利を有する（同条2項本文）ので、全員がこれに応じるならば株主間の持株比率を維持することができる[3]。もちろん、株主にとっては権利であって会社から割当てを強制されるものではない。しかし、割当てに応じなければ自己の持株比率が下がってしまう。株主はこのような不利益を受けたくなければ割当てに応じざるをえない。このように株主割当てでは引受けが事実上強制されるため、会社は確実に資金を集めることができる。

(2) **公募**　会社は、募集（株式引受けの申込みの勧誘）の相手方を特に限定せずに、不特定多数の者に対して募集を行うことができる。このような発行形態を公募という。この形態を選択した場合、会社は多数の投資家（既存株主も含む）から資金を集めることができるため、公募は大規模な資金調達を行うのに適している。その反面、既存株主に持株比率の低下（希薄化）という不利益をもたらす可能性がある[4]。また、時価より低い価額で発行を行うときは既存株主の保有する株式の1株当たりの価値が低下して経済的損失が生じるおそれもある。

(3) **第三者割当て**　上記のほか、会社は、特定の者のみを相手に募集を行って、その者だけに株式を発行することができる。これを第三者割当てという。第三者割当ては、経営状態が悪化した会社が資金援助を求めて支援企業に対し株式を発行する場合、特定企業と資本関係を増強するためや安定株主工作の一環として株式を発行する場合、株式の買集めによる乗っ取りの対抗策として友好的な者に株式を発行する場合などにおいて用いられる。第三者割当ても公募の場合と同様、既存株主は希薄化の不利益を受け、また発行価額が時価より低いときは経済的損失を被るおそれがある。

---

3)　たとえば、A（400株）、B（300株）、C（200株）、D（100株）の各株主から成るX株式会社が、株主割当てにより100株発行する場合、Aは40株、Bは30株というように比例的に株式を取得することができ、その結果、発行の前後で4：3：2：1という株主間の持株比率に変動は生じない。
4)　仮に前掲注3)のX株式会社が100株の公募を行って、既存株主4名のほか6名が申込みを行ったとしよう。6名に何株かの割当てがある場合、結局、AからDの既存株主のうちいずれかの者または全員に希薄化が生じる。

❸·········株式発行の手続

【株式発行手続の流れ】

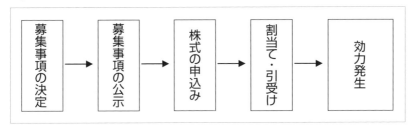

募集事項の決定 → 募集事項の公示 → 株式の申込み → 割当て・引受け → 効力発生

(1) 募集事項の決定　(a) 公募または第三者割当ての場合　取締役会は株式を発行するに際して次の事項（募集事項）を決定しなければならない（201条1項・199条1項各号・2項）。

①募集株式の数

②募集株式の払込金額またはその算定方法

　　（市場価格のある株式の場合は、発行価額の決定日から払込期日・期間までの間に価格が下落してしまうと引き受ける者がいなくなって株式発行ができなくなるリスクがあるため、「○月○日の東京証券取引所における終値」というような払込金額の決定方法でも可とされる。201条2項）

③金銭以外の財産を出資の目的とするとき（現物出資の場合）は、その旨ならびに当該財産の内容および価額

④金銭の払込みまたは財産の給付の期日または期間

⑤増加する資本金および資本準備金に関する事項

　　（原則として払込み・給付の全額は資本金に計上されるが、その額の2分の1を超えない額を資本金ではなく資本準備金として計上することができる。445条1～3項）

◆発展学習　**支配株主の異動を伴う場合**
募集事項の決定は、公開会社では、機動的な資金調達の観点から、有利

発行に該当しない限り、取締役会の決議によってなされる（201条1項・199条1項各号・2項）。つまり、授権株式数の範囲内で、誰に何株を発行するか、取締役会が決定することができる。そうすると、取締役会が、ある者に対し大量の株式を発行することによって、新たに支配株主が登場したり、支配株主の異動が生じたりすることがある。支配株主の登場や異動は、既存株主にとって重要な関心事であるにもかかわらず、支配株主となるべき者についての十分な情報を知らされないまま、取締役会の決議のみでこれが行われるのは望ましくないと考えられる。そこで、平成26年の会社法改正で、公開会社につき、次のような特則が設けられた。

まず、支配株主となるべき者についての情報開示である。すなわち、募集株式の引受人およびその子会社等（2条3号の2）が、総株主の議決権の過半数を有することとなる場合、そのような引受人（「特定引受人」という。206条の2第1項柱書かっこ書）の氏名・名称、株主となった場合の議決権の数などの情報を、株主に対し、通知しなければならない（206条の2第1項。公告でもよい。同条2項）。ただし、特定引受人が当該発行会社の親会社等（2条4号の2）である場合または株主割当てによる場合、通知は不要である（206条の2第1項ただし書）。金融商品取引法上の有価証券届出書等により上記の通知すべき事項が開示されているときは、重ねて通知する必要はない（同条3項、金融商品取引4条1～3項）。

次に、一定割合以上の反対株主が現れた場合における株主総会決議の要求である。上記の通知の結果、総株主の議決権の10分の1（定款で引下げ可能）以上の議決権を有する株主が、通知または公告の日（有価証券届出書等による開示をしている場合は、法務省令で定める日）から2週間以内に特定引受人による募集株式の引受けに反対する旨を会社に通知したときは、会社は、払込期日の前日までに、株主総会決議によって、当該特定引受人に対する募集株式の割当てまたは当該特定引受人との間の総数引受契約（205条1項）について承認を受けなければならない（206条の2第4項本文）。この株主総会決議は、議決権を行使することができる株主の議決権の過半数が出席し（定款で引上げ可能。定足数の排除はできず、引下げは3分の1まで可能）、出席株主の議決権の過半数（定款で引上げ可能）をもって行われる（同条5項）。普通決議の要件（309条1項）とは異なる。

もっとも、株主総会の開催には時間がかかる。一定の反対株主が現れた場合に常に株主総会決議を要求すると、資金調達の緊急性が高い局面では、株主総会決議までに会社の財産状態が危機的となって、かえって株主の利益に反する結果となるおそれがある。そこで、会社の財産状況が著しく悪化している場合において、当該会社の事業の継続のため緊急の必要があるときは、株主総会の承認決議は不要である（206条の2第4項ただし書）。

　上に述べた規制の潜脱を防ぐため、募集新株予約権の発行等についても、同様の規定が置かれている（244条の2）。

　(b) 株主割当ての場合　　株主割当てを行う場合、取締役会は、上記の募集事項に加えて、①株主に対し、申込みにより、募集株式の割当てを受ける権利を与える旨、②募集株式の引受けの申込みの期日、を決定しなければならない（202条1項・3項3号）。

　(2) 有利発行　　会社が資金調達のために株式を発行しようとしても、時価より大幅にディスカウントをしなければ株式を引き受けてもらえない場合もある。しかし、払込金額が特定の者に「特に有利な金額」である場合、既存株主は保有株式の1株当たりの価値の下落という経済的損失を被るおそれがある。上に述べたように募集事項の決定は取締役会決議によるのが原則である（201条1項）。しかし、「特に有利な金額」で株式を発行する場合は、募集事項（どんな株式を何株、いくらで、いつ発行するのか等）の決定について株主の意思を問うこととし、株主総会の特別決議によることが要求されている（309条2項5号・199条2項・201条1項・199条3項）。これは経済的不利益から自己を守るための手段を既存株主に与えるための制度である。また取締役は、この株主総会において、その者にその金額で株式を発行する必要があることにつき理由を説明しなければならない（201条1項・199条3項）。

　◆発展学習　**「特に有利な金額」とは**
　　特に有利な払込金額による株式発行には、株主総会の特別決議が必要である。この決議を経ないと発行手続を定める法令に違反することになる。

何をもって「特に有利」であるとするかは法律で定義されておらず、解釈に委ねられている。「特に有利」とは、払込金額とすべき公正な価額と比較して特に低い価額を意味すると解するのが通説である。そして、公正な価額とは、上場会社であれば市場価格が一応の基準になると考えられている。日本証券業協会の自主ルール「第三者割当増資の取扱いに関する指針」では、取締役会決議の直前日の価額の90％以上の価額または状況によっては取締役会決議の直前日までの6ヶ月以内の適当な期間における平均価額の90％以上の価額であれば、有利発行に該当しないと考えられている。払込金額を定めた場合に、払込期日までに株価が下落して時価よりも払込金額の方が高くなってしまっては株式引受人が払込みをしないため株式発行は失敗となる。こうしたリスクに対応するため、ある程度のディスカウントをしておくことが考えられる。

　難しいのは、発行前に株価が一時的に著しく高騰しているケースである。高騰した市場価格（仮に1,500円）を基準にして特に有利か否かを判断すべきであるとする立場によれば、数週間前・数ヶ月前（株価高騰前）の時価（仮に800円）をもって払込金額とすることは特に有利な金額による発行であるとされるであろう。これに対して、買集めなどにより一時的に株価が異常なほどに高騰し会社の客観的価値を反映していない場合は、高騰した市場価格を公正な払込金額の算定基礎から排除できるとする立場がある。これによれば、高騰前の時価（800円）に近い金額を払込金額とすることは特に有利な金額による発行に該当しないことになる。一時的に株価が異常な程度まで高騰している場合は、株価高騰前の期間を含む一定期間の平均株価を基準とすることができるとした裁判例がある（東京地決平成元年9月5日判時1323号48頁）。

　なお、市場価格のない株式については、会社の資産、収益の状況、配当の状況、類似会社の株価などを斟酌して株価が決定され、これをもとに払込金額が定まる。一般の株主にとっては払込金額が有利かどうか判断しにくいだろう。

(3)　**募集事項の公示**　　株主割当ては、株主に募集株式の割当てを受ける権利を与えるものであり、これに応じるか否か判断する機会を株主に与える必要がある。そこで、株主割当てを行う場合、引受けの申込期日の2

週間前までに、株主に対して、①募集事項、②当該株主が割当てを受ける株式数、③引受申込期日、を通知しなければならない（202条4項）。

　公募または第三者割当てによる場合は、法令・定款違反または著しく不公正となる株式発行に対する**株主の差止請求権（210条）**を担保するために、払込期日または払込期間初日の2週間前までに募集事項を株主に対し通知または公告しなければならない（201条3項4項）。ただし、当該株式の発行について金融商品取引法にもとづき提出される有価証券届出書、発行登録書等の書類に募集事項に相当する情報が記載され、かつ、その書類が払込期日または払込期間初日の2週間前までに提出されている場合には、それによって募集事項に相当する情報が開示されているので、201条3項4項による通知・公告を重ねて行う必要はない（201条5項、会社則40条）。

(4)　株式の申込み・割当て・引受け　　会社は、募集株式の引受けの申込みをしようとする者に対し、商号・募集事項・金銭の払込取扱場所・その他法務省令で定める事項を通知しなければならない（203条1項、会社則41条）。ただし、金融商品取引法上の発行開示規制の適用を受けて申込みをしようとする者に**目論見書**（募集事項や企業内容を詳細に記載した書類）を交付している場合等は、この通知は不要である（203条4項、会社則42条）。申込みをしようとする者は、氏名・名称、住所および引受株式数を記載した書面を会社に交付して申込みを行う（203条2項）。この申込みを行った者を「申込者」という（同条5項かっこ書）。

　取締役会は申込者のうち割当てを受ける者およびこの者に割り当てる株式数を決定し（204条1項2項）、会社は払込期日または払込期間初日の前日までに申込者に対して割り当てる株式数を通知しなければならない（同条3項）。割当てを受けると、申込者は、割当てを受けた株式について「株式引受人」となる（206条）。株式引受人は、その引受人たる地位、すなわち出資を履行することにより株主となる権利（**権利株**という）を譲渡することができるが、その譲渡を会社に対抗することはできないとされている（208条4項）。

　誰に何株を割り当てるかは自由であるが（**割当自由の原則**）、経営者が

自己の反対派の持株割合を低下させるため自派の株主に多数の株式を割り当てることは、割当自由の原則の濫用として不公正な方法による株式発行にあたり差止原因となるおそれがある。なお、株主割当ての場合は期日までに申込みを行わないと割当てを受ける権利を失う（失権という。204条4項・202条1項2号）。

　以上に述べた募集株式の申込みおよび割当てに関する規制（203条・204条）は、募集株式を引き受けようとする者がその総数について引受けを行う契約を締結する場合には、適用されない（205条1項）。このような契約を総数引受契約という。ただし、総数引受契約を締結する場合において、募集株式が譲渡制限株式であるときは、定款で別段の定めがある場合を除き、株主総会の特別決議（取締役会設置会社にあっては、取締役会の決議）によって、総数引受契約の承認を受けなければならない（同条2項）。

　民法の一般原則では意思表示に瑕疵・欠缺がある場合、取消しや無効の主張が認められている（民93～96条）。しかし、株式引受けなどについて民法の一般原則を適用すると、会社に関する法律関係が不安定なものとなってしまうので、特別な定めが設けられている[5]。

◆発展学習　**株式を報酬等として発行する場合の特則**
　上場会社は、取締役に対して職務の適切な執行を行う動機（インセンティブ）を与える観点から、無償で、その会社の株式を報酬等として付与することができる。新株予約権であれば、発行時に払込みを要しない（238条1項2号）だけでなく、権利行使時においても払込みを要しない（無償で株式を取得できる）ものが報酬等として取締役に付与される。このような無償発行を正面から許容する特例は、上場会社において一定の手続を経た場合に限り認められる（202条の2第1項柱書前段・236条3項柱書前

---

5)　設立の場合と同様に、株式の引受けの申込み、割当ておよび総数引受契約にかかる意思表示において、それが真意でないことを相手方が知っていた（民93条1項ただし書）、またはそれが相手方と通じた虚偽の意思表示であった（同94条1項）としても無効を主張することはできない（会社211条1項）。また、錯誤（民95条）、詐欺又は強迫（同96条）による引受けについては、株主となった日から1年内または株主権を行使する前まで取消しが可能とされている（会社211条2項。なお同102条5項6項参照）。

段）。指名委員会等設置会社についても同様の規制がある（202条の2第3項・236条4項）。具体的には、以下のとおりである（なお、新株予約権については、◆発展学習 **新株予約権を報酬等として発行する場合の特則** 210頁参照）。

　会社は、その募集株式（発行する株式または処分する自己株式）を取締役の報酬等とするときは、定款または株主総会の決議により、当該募集株式の数（種類株式発行会社では株式の種類・種類ごとの数）の上限等を定めなければならない（361条1項3号、会社則98条の2）。会社は、この定款または株主総会の決議による定めに従って募集株式の募集を行う場合、募集事項（199条1項各号）のうち、払込金額等および払込期日等（同項2号4号）を定めなくてよい（202条の2第1項柱書前段）。これに代えて、会社は、①取締役の報酬等として募集株式の発行等を行うものであり、募集株式と引換えにする金銭の払込み等を要しない旨、②募集株式を割り当てる日（割当日）を定める必要がある（同条1項1号2号）。上記①②に加え、会社は、募集事項として、募集株式の数ならびに増加する資本金および資本準備金に関する事項を決定しなければならない（199条1項1号5号）。募集株式の引受人（株式報酬を受領する取締役）は、割当日に、その引き受けた募集株式の株主となる（209条4項）。このような特例による募集株式については、361条1項3号に掲げる事項についての定めにかかる取締役（取締役であった者を含む）以外の者は、申込みをすることができない（205条3項）。

　報酬等としての株式の無償発行と有利発行規制（199条3項）との関係について、明文の適用除外規定は置かれていない。払込み等がされないという意味では無償であるが、実質的には取締役の職務執行による役務提供への対価であるとみれば、完全に無償であるとはいえないだろう。払込金額を定めなくてよいとされている以上（202条の2第1項柱書前段）、「払込金額が……特に有利な金額」（199条3項）に該当せず、有利発行規制は適用されないとする見解が有力である。株主総会で発行される株式数の上限等が決議される（361条1項3号・5号イ）ので、1株当たりの価値の希釈化の上限については株主の意思確認がとられているとみて、有利発行規制は適用されないと考えることもできそうである。

(5) **払込み・給付・株式発行の効力発生**　これまで見てきたように、募集事項が決定した後、申込みをした申込者は株式の割当てを受けて株式引受人となる。

　株式引受人が株主となるには金銭の全部の払込みまたは現物出資の全部の給付が必要である。これがなければ株式引受人は失権、つまり株主となる権利を失う（208条5項）。この場合、株式発行全体が不成立に終わるのではなく、払込み・給付のあった分についてのみ株式発行が成立する（**打切発行**という）。払込みまたは給付の期日が定められている場合はその日に、期間が定められている場合は履行のあった日に、株式発行の効力が生じ、払込みまたは給付を行った株式引受人はその日に株主となる（209条1項）。

　なお、株式引受人は、会社に対して債権を有する場合であっても、この債権と会社に対する払込みまたは給付をなすべき債務とを相殺することはできない（208条3項）。これは、払込みまたは給付を現実に行わせ、会社資本の充実を図る要請によるものである。ただし、会社の便宜を考えて（TOPICS　**デット・エクイティ・スワップ** 199頁を参照）、会社から相殺を主張することは可能である（208条3項の反対解釈）。

　株式発行が効力を生じると、発行済株式総数、資本金の額などの登記事項に変更が生じるため、変更登記をしなければならない（911条3項5号9号・915条1項）。

◆発展学習　**現物出資の規制**

　設立のところ（第2章）で述べたように、株式会社への出資は、金銭出資のほか、金銭以外の財産（不動産、動産等）をもってする現物出資も認められている。しかし、現物出資財産の過大評価がなされると、資本充実が害されて会社債権者および株主に不利益がもたらされることになる。そこで、現物出資については、原則として、裁判所の選任する検査役による調査を受けることが義務づけられている（207条1項）。裁判所は、検査役から調査の報告を受けて、現物出資財産の評価が不当であると認めたときは、これを変更する決定を行う（同条4項7項）。この場合、現物出資

を行う株式引受人は、決定後1週間以内であれば引受けの申込みを取り消すことができる（同条8項）。

　ただし、現物出資が以下のいずれかに該当する場合には、それについて検査役の調査は不要である（207条9項）。

①現物出資者に割り当てる株式の総数が発行済株式総数の10分の1を超えない場合。

②現物出資財産の価額の総額が500万円を超えない場合。

③現物出資財産が市場価格のある有価証券であり、その価格が現物出資財産の価格決定日における市場終値等を超えない場合（会社則43条）。

④現物出資財産の価額が相当であることについて弁護士、公認会計士、税理士等の証明を受けた場合（不動産の場合は、当該証明と不動産鑑定士の鑑定評価）。

⑤現物出資財産が弁済期の到来している会社に対する金銭債権であって、その債権の価額が会社の帳簿に負債として記載された価額を超えない場合。

TOPICS

デット・エクイティ・スワップ

　株式会社は、その債務（デット）を株式（エクイティ）に振り替えることができる。これを「債務の株式化（Debt Equity Swap：DES）」という。たとえば、P社に1,000万円の貸付をしているQ社は、P社から発行された1,000万円分の株式を金銭債権の現物出資という形で取得するのである。再建の見込みがあるものの、いまP社に債権全額の返済を求めると倒産するおそれがある場合のように、一般に企業再生の一環として利用される。DESを行ってP社株式を取得すれば、Q社は不良債権処理を進めることができ、株主の立場からP社の経営に参加する権利を持つ。うまく再生した場合には株価の上昇もありうる。P社にしてみれば、1,000万円の負債が消滅し、自己資本（資本金または資本準備金）の額が1,000万円増加するため、財務体質の改善を図ることができる。

DES は金銭債権の現物出資であるから、本来、検査役の厳格な調査を受けるべきものであるが、◆発展学習　**現物出資の規制** 198頁で⑤に掲げたように、Q 社が金銭債権をその帳簿価額以下で現物出資する場合には検査役調査を免除される。一般に検査役調査は50日程度を要すると言われており、これにかかる費用も少なくないため、検査役調査が免除されることで DES の利便性は高まるものと思われる。また、DES は会社が株式引受人に負っている債務と払込請求権を相殺する形をとるため、払込み・給付の相殺禁止規定との関係が問題となるが、本文で述べたように、会社からの相殺主張は禁止されないことが明らかにされている（208条3項）。

❹‥‥‥‥株式発行の瑕疵

　(1)　**株式発行の差止請求**　　株式会社が、法令や定款に違反し、または著しく不公正な方法で株式を発行することにより株主が不利益を受けるおそれがある場合、株主は会社に対し株式発行の差止めを請求することができる（210条）。株主は訴訟を通じてこの請求を行うことができるが、決着するまでに時間がかかるため、あわせて裁判所に差止めの仮処分（民保23条1項）を請求（仮処分申請）するのが一般である。

　差止請求は、株主を不利益から守るための事前（株式発行の効力発生前）の救済制度である。会社法には、株主の取締役に対する違法行為差止請求権（360条）が定められている。そこでは会社に回復しがたい損害または著しい損害が生じるおそれがあることが要件とされている。これに対し株式発行の差止請求では、株主の不利益が要件とされており、会社の損害というものは要件となっていない。

　210条にもとづく差止請求は、法令や定款違反の存在または著しく不公正な方法での株式発行であることが要件である。①法令違反に含まれるものとして、適法な取締役会決議を欠く場合（201条1項）、有利発行であるにもかかわらず株主総会決議を経ていない場合（309条2項5号・199条2

項・201条1項・199条3項）、発行条件が不均等である場合（199条5項）などがある。②定款違反には、定款に定めている発行可能株式総数を超過する場合（37条1項2項）、定款に定めのない種類株式を発行する場合（108条1項2項）などが含まれる。③著しく不公正な方法にあたるケースとして、支配権争いがある場合に資金調達の必要がないにもかかわらず取締役が自派の者のみに対し大量の株式を割り当てて反対派の持株割合[6]を低下させる場合が挙げられる。

◆発展学習　「著しく不公正な方法」と主要目的ルール

　支配権争いがある状況下での第三者割当てによる株式発行について「著しく不公正な方法」であるとして持株割合を低下される株主が差止請求を行うケースは少なくない。しかし、差止請求を受けた株式会社（経営者）が、「この第三者割当ては資金調達のためだ」と主張することも考えられる。たしかに資金調達のために株式を発行するか否か、どのような方法で誰に対して発行するかは取締役会に委ねられている事柄である。しかし、株式会社に資金需要があるのは一般的であるから、このような主張が常に通るならば、割当自由の原則が濫用されるケースで株主が不利益を未然にくい止めることはほとんど不可能になる。この点につき、会社に資金調達の目的があるかぎり著しく不公正な方法による発行とはならないとする裁判例もあるが（新潟地判昭和42年2月23日判時493号53頁など）、資金調達目的があっても第三者割当てが特定の株主の持株割合を低下させ現経営者の支配権を維持すること（支配目的）を主要な目的としている場合は著しく不公正な方法による発行であるとした裁判例もある（東京地決平成元年7月25日判時1317号28頁など）。後者のように資金調達目的と支配目的のどちらが主要な目的であるかを衡量する考え方を「主要目的ルール」と呼んでいる。資金調達目的を主張する場合、その具体性（使途や金額など）や、なぜ公募ではなく第三者割当てなのか、なぜ当該割当先なのかといったことも問われるであろう。なお、後掲の◆発展学習　敵対的企業買収と緊急の対抗策212頁を参照。

---

6) 買集め側の持株割合が3分の1を超えると株主総会の特別決議を成立させないことが可能となるため、3分の1超は支配権の1つの目安となっている。

(2)　**株式発行の無効の訴え**　　上に述べた差止請求は、株式発行の効力発生前の救済手段であるが、効力が発生した後においては無効の訴えによる救済制度が設けられている。どういう場合に無効となるかは議論がある（◆発展学習　**新株発行の無効事由** 203 頁参照）。この無効の訴えの制度には、法律関係の早期安定・取引の安全に配慮して、一般原則とは異なる扱いが定められていることに注意しなければならない。

　一般原則によれば、いつでも、誰でも、どのような方法でも（裁判上・裁判外を問わず）無効を主張することができる。これに対し、株式発行の無効を主張するには、会社を相手方とする訴えを提起しなければならず、訴えの提起は発行の効力発生日から 6 ヶ月内に限られる（834 条 2 号 3 号・828 条 1 項 2 号 3 号）。さらに、訴えを提起することができる者は、株主・取締役・執行役・清算人・監査役に限られている（同条 2 項 2 号 3 号）。現経営者を困らせたいなどといった個人的な感情を背景に無効訴訟が起こされることも想定される。そこで、被告たる会社は、裁判所に担保提供命令を求めることができ（836 条）、敗訴した原告に悪意・重過失があった場合には会社に対し損害賠償の責任を負うものとされている（846 条）。

　裁判所の判決の効力は一般原則では訴訟当事者間（ここでは会社と提訴者）のみに及ぶ（民訴 115 条 1 項）。しかし、株式発行の無効の訴えについては、原告（株主等）の請求を認容する（無効主張を認める）判決の効力は、原告以外の第三者にまで及ぶ（838 条）。これを対世効という。

　また、無効とは行為の当初から効力を生じないということである。しかし、株式発行の無効判決が過去に遡って効力を及ぼす（これを遡及効という）と、株式発行が有効であるものとして行われた剰余金配当や株主総会での議決権行使・決議内容、株式譲渡などに影響が及んで混乱してしまう。そこで、株式発行の無効判決の遡及効を否定して、既存の法律関係の安定を図っている。とはいえ、無効判決により株式の発行は将来に向かって効力を失うため（839 条）、株主としての地位は消滅する。したがって、会社は株主に対し、払い込まれた金銭または給付された現物出資財産の価額に相当する金銭を支払わなければならない（840 条 1 項・841 条 1 項）。ただし、

支払われる金額に不服があるときは裁判所に申立てを行って増額・減額を求めることができる（840条2項・841条2項）。また、発行された株式数は未発行株式数として復活し、そのぶん発行済株式総数は減少する。これに伴って発行済株式総数などについて登記の変更が必要となる（911条3項5号9号・915条1項）。

なお、株式発行の手続がまったくとられていないにもかかわらず、株式発行の登記だけは行っているような場合は、株式発行の不存在確認の訴えを提起することができる（829条）。提訴権者や提訴期間の制限はなく、判決には対世効がある（838条）。

◆発展学習　**新株発行の無効事由**

　無効事由（原因）は法に定めがなく解釈に委ねられるが、一般に狭く解されている。発行可能株式総数を超える株式発行、定款に定めのない種類の株式発行などの違法行為は無効になると解されている。判例は、株式発行にかかる通知・公告は、株主の差止請求の機会が保証するためのものであるため、差止事由がないと認められる場合を除き、通知・公告を欠くことは無効事由にあたるとする（最判平成9年1月28日民集51巻1号71頁）。また、判例は、差止めの仮処分命令が下されたにもかかわらず、これを無視して株式発行を行うことも、差止請求権を認めた法の趣旨を没却することになるとして無効事由になるとしている（最判平成5年12月16日民集47巻10号5423頁）。しかし、取締役会の株式発行決議がない場合や有利発行であるにもかかわらず株主総会決議がない場合について、判例は、取引安全の要請を重視して、これらの株式発行を有効と解している（最判昭和36年3月31日民集15巻3号645頁、最判昭和40年10月8日民集19巻7号1745頁）。

---

❺………**株式引受人・取締役等の責任**

　株式引受人は、取締役と通謀して著しく不公正な払込金額で引き受けた場合、公正な価額との差額を会社に対して支払う義務を負う（212条1項1号）。ここでも、「著しく不公正な払込金額」とは何かという問題が出てく

る。市場価格が一応の基準であるが、株価が払込期日までに下落する可能性があることも踏まえると、ある程度のディスカウントは著しく不公正とまではいえないと考えられている。

　現物出資額が不足する場合は、会社の資本充実が害される。そこで以下のような義務が定められている。現物出資をした株式引受人は、給付した現物出資財産の価額が募集事項に定めた価額に著しく不足する場合、その不足額を会社に対して支払う義務を負うが（212条1項2号）、善意・無重過失であれば引受けの申込みを取り消すことができる（同条2項）。

　取締役は、上記現物出資に不足額がある場合、株式引受人と連帯して不足額を会社に対して支払う義務を負う（213条1項・4項1号）。ただし、検査役調査を受けた場合や注意を怠らなかったこと（無過失）を立証した場合は義務を免れる（同条2項）。また、現物出資の証明を行った弁護士、公認会計士、税理士等も、自己の無過失の立証に成功しない限り、株式引受人と連帯して不足額を会社に対して支払う義務を負う（同条3項・4項2号）。

　株式引受人が、払込みを仮装した場合、会社に対し、仮装した払込金額全額の支払義務を負う（213条の2第1項）。この責任は、代表訴訟により追及することができる（847条1項）。仮装払込金額の支払義務は、総株主の同意がなければ、免除することができない（213条の2第2項）。また、株式引受人の仮装払込みに関与した取締役等は、その職務を行うについて注意を怠らなかったことを証明した場合を除き、会社に対し、仮装払込みをした株式引受人と連帯して、支払義務を負う（213条の3）。仮装払込みをした株式引受人は、上記の支払義務が履行された後でなければ、株主の権利を行使することができない（209条2項）。また、仮装払込みがされた株式を譲り受けた者は、悪意または重過失がない限り、その株式についての株主の権利を行使することができる（同条3項）。

Ⅲ　新株予約権——株式を取得できる権利

❶⋯⋯⋯概説

　新株予約権とは、会社に対して行使をすることにより当該株式会社の株式の交付を受けることができる権利をいう（2条21号）。簡単な例を挙げてみよう。「あなたは、このA社新株予約権1個につき、平成○年○月○日から△年△月△日までの間に、A社株式1株（現在の株価10万円）を15万円で10株まで取得する権利を有します」という内容のものを仮定しよう。

　新株予約権を有する者を「新株予約権者」、権利を行使することができる「平成○年○月○日から△年△月△日」の期間を「権利行使期間」といい、権利行使時の株式の取得対価である15万円を「権利行使価額」と呼ぶ。

　新株予約権は有償で発行されることもあるし、無償で発行されることもある。A社の株価は20万円を超えるだろうと予測する投資家にとっては、この権利1個が20万円の有償であったとしても、期待どおり株価が20万円になれば（20万円 − 15万円）× 10株 ＝ 50万円の売却益が得られるので、権利料を差し引いて30万円の利益が残る。当初の権利料（新株予約権の発行価額）と期待する株価に照らして損だと思う投資家は手を出さない。

　権利が行使されると、会社は、株式を発行するか、保有する自己株式を交付し、新株予約権者は株主となる。権利行使期間内に行使しなければ、権利は失効する。ただし、権利であるから条件が悪ければ当然権利行使をしなくてもよいが、取得の際の対価の分だけ損をする。

TOPICS

ストック・オプション

　新株予約権をストック・オプションとして利用することが多い。たとえば、A社が株価1,000円のときに役員や従業員などに対して権利行使価額を1,500円として権利1個につき1,000株まで取得す

ることができる新株予約権を各人に1個ずつ無償で交付しておく。役員らは時価1,500円で購入しておいて1,800円のときに売却すれば300円の差益（キャピタル・ゲイン）が得られるのである。1,000株取得した者は30万円の利ざやとなる。この利益をインセンティブとして、役員らはA社の株価を上昇させるべく業績向上のためにより一層勤労意欲を高めるであろうという考えがストック・オプション制度の前提となっている。その意味で、ストック・オプションはインセンティブ報酬と呼ばれることがある。

❷………新株予約権の発行

　(1)　**募集事項の決定**　　新株予約権の発行についても株式発行のところで述べた株主割当て、公募、第三者割当ての3つの形態がある。会社法では、募集に応じて新株予約権の引受けの申込みをした者に対し割り当てられる新株予約権を「募集新株予約権」という。

　　(a)　**公募または第三者割当ての場合**　　取締役会は新株予約権を発行するに際して次の事項（募集事項）を決定しなければならない（240条1項・238条1項1〜5号・2項）。

　　①募集新株予約権の内容および数

　　②募集新株予約権を無償発行する場合にはその旨

　　③有償発行の場合には払込金額（募集新株予約権1個の対価）またはその算定方法

　　④募集新株予約権を割り当てる日（割当日）

　　⑤払込みの期日を定めるときはその期日

　なお、①の「募集新株予約権の内容」として、新株予約権の目的である株式の数[7]・種類、権利行使価額またはその算定方法、現物出資の場合はその旨ならびに現物出資財産の内容および価額、権利行使期間などが定め

---

7)　新株予約権者が権利行使をして取得する株式数は、発行可能株式総数のうち未発行株式数の範囲内でなければならない（113条4項）。

られることになる（236条1項各号）。また、新株予約権を発行したときは、新株予約権の数や内容等を登記しなければならない（911条3項12号）。

支配株主の異動を伴う募集新株予約権の割当てについては、募集株式の割当ての場合と同様の特則が定められている（244条の2）（◆発展学習　**支配株主の異動を伴う場合** 191頁参照）。

(b)　**株主割当ての場合**　　取締役会は上記の募集事項に加えて、①株主に対し、申込みにより、募集新株予約権の割当てを受ける権利を与える旨、②募集新株予約権の引受けの申込みの期日を定めなければならない（241条1項・3項3号）。

(2)　**募集事項の公示、申込み、割当て等**　　募集事項の公示（240条2〜4項、会社則53条）、新株予約権の申込み（242条、会社則54条・55条）については、株式発行とほぼ同様の手続規定が設けられている。新株予約権の割当てについても割当自由の原則が認められており、また割当日の前日までに申込者に対し割り当てる新株予約権の数を通知することも株式発行と同様である（243条）。

(3)　**払込み・新株予約権発行の効力発生**　　株式発行の場合は募集事項の中で払込期日または払込期間が定められるが、新株予約権の場合は払込みの期日を定めておかなくてもよい（238条1項5号）。株式発行の場合、払込期日または払込日において株式発行の効力が生じて申込者は株主となる。これに対し、新株予約権の場合、払込みがあると否とを問わず、割当日において新株予約権発行の効力が生じて申込者は新株予約権者となる（245条1項1号）。

注意を要するのは、有償発行の場合、払込みが権利行使条件とされていることである。すなわち、新株予約権者となっても、権利行使期間の初日の前日または払込みの期日（権利行使期間の初日の前日より前の日）を定めたときはその日までに、全額払込みしない限り、新株予約権を行使することはできないものとされている（246条1項3号）。なお、新株予約権者は会社の承諾を得たうえで、金銭の払込みに代えて、金銭以外の財産（土地や有価証券など）の給付または会社に対する債権（ストック・オプションを

利用する場合における取締役の報酬請求権など）との相殺をすることができる（同条2項）。

(4) 新株予約権証券・新株予約権の譲渡等　会社は、新株予約権を発行するに際して、その権利を表章する有価証券である新株予約権証券を発行するか否かを決めておかなければならない（238条1項1号・236条1項10号）。発行すると定めた場合には、原則として新株予約権発行日、つまり割当日（245条）以後、遅滞なく新株予約権証券を発行しなければならない（288条1項）。また株式会社は、新株予約権の発行日以後、遅滞なく新株予約権原簿（株主名簿に相当するもの）を作成し、新株予約権の内容・数、無記名式の新株予約権証券が発行されている場合にはその内容・数および証券の番号、記名式の新株予約権証券が発行されている場合にはその内容・数、新株予約権者の氏名・名称および住所等を記載しなければならない（249条）。

　新株予約権者は、新株予約権を自由に譲渡することができる（新株予約権の自由譲渡性。254条1項）。①新株予約権証券が発行されていない場合は、当事者の意思表示によって譲渡の効力が生じる。ただし、会社および第三者に対抗する（自己が新株予約権の権利者であると主張する）ためには取得者の氏名・名称および住所を新株予約権原簿に記載（名義書換え）する必要がある（257条1項・249条3号イ・260条1項）。②記名新株予約権証券が発行されている場合は、新株予約権の譲渡は証券の交付によって行い（255条1項本文）、譲受人が第三者に対抗するには証券の占有（つまり証券を所持している状態）、会社に対抗するには新株予約権原簿の名義書換えが要件となっている（257条1項2項・260条1項）。③無記名新株予約権証券が発行されている場合も同様に、譲渡は証券の交付によって行うが（255条1項本文）、証券の占有が会社および第三者への対抗要件となっている（258条3項）。

　株券喪失の場合は株券喪失登録制度のもとで再発行手続が進められるが、新株予約権証券の喪失の場合は手続が異なる[8]。新株予約権証券の喪失の場合は除権決定を経なければ再発行を受けられない。喪失した新株予約権

証券を無効にするため公示催告手続を利用することができる（291条）。

　株式と同様、会社は、新株予約権の内容に定めを設けて（236条1項6号・238条1項1号）、譲渡に会社の承認を必要とする譲渡制限新株予約権を発行することができる。先に述べたインセンティブ報酬として新株予約権を利用する場合、このような譲渡制限を設けておく意味があるだろう。譲渡承認の請求および承認の決定について譲渡制限株式にかかる制度に相当する規定が設けられている（262～266条）。また、新株予約権者は、新株予約権に質権を設定することもできる（267条1項）。

(5)　新株予約権の有利発行

新株予約権の発行を決定するのは取締役会であるが、無償発行とすることが新株予約権を引き受ける者に「特に有利な条件」であるとき、または有償発行で払込金額が新株予約権を引き受ける者に「特に有利な金額」であるときは、株主総会の特別決議で承認を受けなければならない（309条2項6号・238条2項・240条1項・238条3項）。この場合、取締役はこの株主総会においてその条件・金額で発行する必要があることにつき理由を説明しなければならない（240条1項・238条3項）。

　株式の場合は取締役会による発行決議の直前日の価額または直前日までの6ヶ月以内の適当な期間における平均価額の90％以上であれば有利発行にあたらないと考えられていることは先に述べたとおりである（◆発展学習　「特に有利な金額」とは193頁参照）。これに対し、新株予約権の場合は、上に述べたように無償発行であっても当然に有利発行にあたるとは限らない。権利行使をする時の株価次第によって有利となる場合もあればそうならない場合もある点が株式と違うところである。新株予約権の有利発行をどのように捉えるのか。新株予約権の発行価額と権利行使価額の合計額を権利行使時における合理的に予測される株価と比較して有利か否かを判断するという立場や、発行時における新株予約権自体の価値を計算して得た価額と新株予約権の発行価額とを比較して有利か否かを判断するとい

---

8)　社債券を喪失した場合についても、公示催告・除権決定の手続（非訟事件手続156～160条）が適用される（699条）。

う立場がある。

　株式のところで解説した発行規制の特則と同じようなものであるが（◆発展学習　**株式を報酬等として発行する場合の特則** 196 頁参照）、新株予約権を取締役の報酬等として発行する方法は次のとおりである。会社は、取締役が引き受ける募集新株予約権の数の上限等（361 条 1 項 4 号、会社則 98 条の 3）または募集新株予約権と引換えにする払込みに充てるための金銭を報酬等とする場合（いわゆる相殺方式）において取締役が引き受ける募集新株予約権の数の上限等（361 条 1 項 5 号ロ、会社則 98 条の 4 第 2 項）についての定款または株主総会の決議による定めに従って新株予約権を発行するときは、権利行使価額（またはその算定方法）を当該新株予約権の内容とすることを要しない（236 条 3 項）。この場合、これに代えて、会社は、新株予約権の内容について、①取締役の報酬等としてまたは取締役の報酬等をもってする払込みと引換えに当該新株予約権を発行するものであり、当該新株予約権の行使に際して金銭の払込み等を要しない旨、②定款または株主総会の決議による 361 条 1 項 4 号または 5 号ロに掲げる事項についての定めにかかる取締役（取締役であった者を含む）以外の者は、当該新株予約権を行使することができない旨を定めなければならない（236 条 3 項各号）。会社は、上記①および②の事項の定めを登記しなければならない（911 条 3 項 12 号ハ）。

　新株予約権についても、引受人に特に有利な条件である場合には有利発行規制（238 条 3 項）との関係が問題となりうるが、上記のような新株予約権は取締役の職務執行の対価として発行されるものであるため、金銭の払込みを要しないことが特に有利な条件に該当することは想定しがたいというのが有力な見解である。

(6)　**新株予約権の行使**　　新株予約権の権利行使（280 条）は、権利行使期間中（236 条 1 項 4 号）に行うことができる。新株予約権が有償発行される場合は、払込みをしたのちでないと権利行使ができないことは上に述べたとおりである。新株予約権者は権利行使日に株主となる（282 条 1 項）。会社は、自己新株予約権を取得することができるが（273～275 条）、資本空洞化を招くため、自己新株予約権を行使することは認められていな

い（280条6項）。

　先に述べた有償発行の場合の払込みというのは新株予約権の取得対価である。つまり、株式を○○円で買うことができる権利に付けられた値段である。したがって、新株予約権を行使すると、今度は株式の取得対価を支払うことになる。この場合、新株予約権者は、金銭で支払ってもよいし、現物出資をすることも可能であるが（281条1項2項）、新株予約権を取得するときのように会社に対する債権と支払（給付）債務とを相殺することは許されない（同条3項）。

　(7)　**新株予約権発行の瑕疵**　　大量の株式を取得できる内容の新株予約権を一部の者に発行した場合、その新株予約権が行使されると、株主間の持株割合に大きな変動が生じ、既存株主に持株割合の低下という形で不利益を与えることもありうる。また、特に有利な条件または金額で新株予約権が発行された場合、既存株主は保有する株式の経済的価値の低下という不利益を受けると考えられる。そこで、会社法は、株式の場合と同様に、新株予約権の発行に関して既存株主の保護を図っている。

　新株予約権が発行される前にあっては事前の保護策として、株主に新株予約権発行の差止請求権が認められている。すなわち、新株予約権の発行が法令もしくは定款に違反する場合または著しく不公正な方法により行われる場合、株主は会社に対し新株予約権発行の差止めを請求することができる（247条）。たとえば、経営者にとって敵対的な買収者が現れたので、取締役会がこの者の株式の保有割合を低下させる目的で大量の新株予約権を第三者に発行する場合、「著しく不公正な方法」による発行に該当して差止めの対象となることもありうる（◆発展学習　**敵対的企業買収と緊急の対抗策**212頁参照）。

　経済的な不利益に対する既存株主の保護としては、前述のとおり有利発行に該当するものについて株主総会の特別決議を要求している（240条1項・238条2項・309条2項6号・238条3項）。有利発行に該当するにもかかわらず株主総会の特別決議を経ていない場合、上記の「法令に違反」するものとして差止めの対象となる。なお、株主が差止請求権を行使するに

は、事前に新株予約権の内容・条件を知っておく必要がある。そこで、会社は新株予約権の発行をする場合、通知・公告をしなければならないこととされている（240条2項3項。金融商品取引法による開示が行われている場合を除く。同条4項）。

　事後的な救済手段として、株式発行と同様、新株予約権発行無効の訴えおよび不存在確認の訴えが定められている（828条・829条）。無効主張の訴えによること、提訴期間が6ヶ月に限られること、提訴権者（株式の場合の提訴権者のほか、新株予約権者も含む）が限定されていることは、株式の場合と同様である（828条1項4号・2項4号）。無効判決には対世効が認められ、遡及効が否定されることも同様である（838条・839条）。無効判決が下された場合、払い込まれた金銭を新株予約権者へ支払う手続等も株式の場合と同様である（842条・840条2～6項）。

　また、現物出資の際の検査役調査（284条）や現物出資額に不足がある場合の新株予約権者・取締役等の責任（285条・286条）は、株式発行の場合と同様である。仮装払込みをした新株予約権者の責任や、仮装払込みに関与した取締役の責任は、株式の場合と同様である（286条の2・286条の3）。

> ◆発展学習　**敵対的企業買収と緊急の対抗策**
>
> 　買収対象会社の経営者が同意していない買収を敵対的買収という。この場合には、買収者は対象会社のすでに発行された株式を市場や公開買付を通じて集めていくしかない。対象会社と合併や株式交換をしたり、対象会社に大量の新株を買収者に対して発行させたりするには、対象会社の株主総会決議または取締役会決議が必要とされるからである。こうして敵対的買収では既発行株式の取得をめぐる攻防が行われる。
>
> 　対象会社の経営者としては、買収者が大株主にならないよう、安定株主工作なども試みるが、緊急の事態には買収者の持株割合を低下（希薄化）させる株式発行・新株予約権発行が効果的である。従来から主要目的ルールのもとでは、その株式発行の主要な目的が経営権維持であるならば不公正発行にあたるとされてきた。そのため、緊急事態において株式発行で買

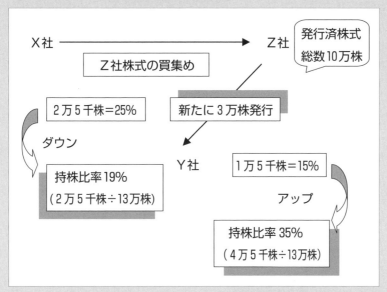

【第三者割当てによる持株比率の希薄化】

X社 ―――――――――――→ Z社　発行済株式総数10万株

Z社株式の買集め

2万5千株＝25%　　新たに3万株発行

ダウン

持株比率19%
（2万5千株÷13万株）

Y社　　1万5千株＝15%

アップ

持株比率35%
（4万5千株÷13万株）

収者に対抗するのは困難であった。しかし、下級審裁判所（対抗策として新株予約権を発行した事例）の裁判例のなかには、支配権争いがある場合に、経営者またはそれに同調する株主の経営支配権維持・確保を主要な目的として新株予約権が発行されたときは、原則として不公正発行にあたるとしながら、株主全体の利益保護という観点から新株予約権の発行を正当化する特段の事情がある場合には、例外的に、経営支配権の維持・確保を目的とする発行も不公正発行に該当しないとして、例外の許容を明示したものがある。その特段の事情として、①買収者がグリーンメイラーである場合、②焦土化目的で買収している場合、③対象会社の資産を買収者等の債務の担保や弁済減資として流用する予定で買収している場合、④資産の売却益で一時的な高配当をさせるかまたはそれによる株価上昇の機会を狙って株式の高値売り抜けを目的としている場合など、会社を食い物にしている場合が挙げられている（東京高決平成17年3月23日判時1899号56頁）。

　また、買収防衛策としての差別的な内容の新株予約権の無償割当てが株

主平等の原則に違反するか否かが問題となったケースがある。すなわち、敵対的な公開買付の開始後に、対象会社が買収防衛策として株主総会の特別決議にもとづき買収者の持株比率を低下させる差別的な内容の新株予約権の無償割当て（新株予約権に付された取得条項では対価として買収者以外の株主には普通株式が交付されるのに対し買収者には金銭が交付されることとされていた）を行おうとしたのに対し、買収者がこの新株予約権の無償割当ては株主平等の原則に反して法令・定款に違反し、かつ、著しく不公正な方法によるものであると主張して当該新株予約権の無償割当ての差止めを求める仮処分命令を申し立てた事件である。

　最高裁は、差別的な内容の新株予約権の無償割当てについても株主平等の原則の趣旨が及ぶとしたうえで、特定の株主による経営支配権の取得に伴い会社の企業価値が毀損され、会社の利益ひいては株主の共同の利益が害されることになる場合、その防止のために当該株主を差別的に取り扱ったとしても、そのような取扱いが衡平の理念に反し、相当性を欠くものでない限り、これをただちに平等原則の趣旨に反するものということはできないと判示した。そして、企業価値が毀損されるか否かは最終的には株主自身により判断されるべきであって、問題となった新株予約権の無償割当ては買収者以外のほとんどの既存株主が企業価値の毀損を防ぐために必要な措置として是認したものであり、さらに買収者には新株予約権に見合う金銭が支払われることから、かかる無償割当てによる取扱いが衡平の理念に反し相当性を欠くものとは認められず、株主平等原則の趣旨に反するものではなく法令等に違反しないとした。また、著しく不公正な方法によるものであるとの主張も斥けた（最決平成19年8月7日民集61巻5号2215頁）。

Ⅳ　社債──株式会社に対する金銭債権

❶………社債とは

　株式会社が必要な資金を調達する手段としては、株式や新株予約権の発行のほかに社債の発行が挙げられる[9]。社債とは、社債を発行する株式会

社（＝社債発行会社）を債務者とする金銭債権であって、676条の定めに従って償還されるものをいう（2条23号）。この社債を引き受けた者を社債権者と呼ぶ。社債も株式も株式会社が多額の資金調達をする手段という点では同じであるが、両者にはいくつかの違いがある（両者の違いについては、187頁を参照）。違いの1つとして、株主は社員としての地位に基づいて議決権や監督是正権を有しているが、社債権者はこのような権利を有していないことが挙げられる。株主は会社の経営に関与することで自分の利益を守ることができるが、社債発行会社に対して株主のような権利を持たない社債権者は、どのように自分の利益を守るのだろうか。以下では、その手段として社債管理者、社債管理補助者および社債権者集会について紹介する。

❷‥‥‥‥‥社債権者の利益保護

(1) 社債管理者 **ⓐ 社債管理者の義務と権限** 社債を発行する場合に株式会社は、社債管理者を定めて、社債権者のために社債の管理を行うことを委託しなければならない（702条）[10]。社債の管理には、会社から社債管理者に償還される金銭の受領（＝弁済の受領）や社債権の保全が含まれる。社債管理者になれるのは、銀行や信託会社、その他法務省令が認めるものに限られる（703条、会社則170条）。

　社債管理者は、社債権者のために公平かつ誠実に社債の管理をする義務（＝公平誠実義務）を負う（704条1項）。さらに社債管理者は、社債の管理に際して、社債権者に対し善管注意義務を負う（同条2項）。社債管理者は、社債発行会社から社債の管理について委託を受けているのであり、委託関係が成立しているのは、社債管理者と社債発行会社との間であるこ

---

9) 株式会社だけでなく持分会社も社債を発行することができる。そのため社債については、会社法第4編に独立の編が設けられており、これは、すべての会社類型に適用される規定であることを意味している。

10) ただし各社債の金額が1億円以上である場合や、ある種類の社債の総額を当該種類の各社債の金額の最低額で除して得た数が50を下回る場合には社債管理者を置く必要はない（702条ただし書、会社則169条）。これは、社債管理者が大口投資家のみの場合や社債権者が多数になるおそれがない場合においては、社債権者保護のために社債管理者を置く必要がないと考えられるからである。

とに注意が必要である。社債管理者が、委託者である社債発行会社に対して善管注意義務を負うのは当然であり、これは社債権者の保護のために特に社債権者に対する善管注意義務を負わせた規定である。

社債管理者は社債権者のために社債にかかる債権の弁済を受け、債権の実現を保全するために必要な一切の裁判上・裁判外の行為をする権限を有する（705条1項）。弁済を受けたり、時効中断の措置をとる等の債権を保全する行為のために必要があるときは、社債管理者は、裁判所の許可を得て、社債発行会社の業務や会社財産の状況を調査することができる（同条4項）。

社債管理者は、社債権者集会の決議によらずに次の行為をしてはならない（社債権者集会については後述）。それは、当該社債の全部について会社に支払猶予をすること、会社の債務不履行によって生じた責任の免除または和解をすること、社債の全部についての訴訟行為や倒産手続に関する行為（705条1項の行為は除く）をすることである（706条1項1号2号）。社債権者と社債管理者との利益が相反する場合に、社債権者のために裁判上または裁判外の行為をする必要があるときは、裁判所は社債権者集会の申立てにより、特別代理人を選任しなければならない（707条）。

◆発展学習　**社債管理者と約定権限の行使**

社債管理者は、社債権者のために弁済を受け、債権の実現をするために必要な一切の裁判上・裁判外の行為をする権限のほか、社債権者集会の承認や裁判所の許可を得て一定の行為をする権限を有している（705条・706条）。このような権限を法定権限と呼ぶ。704条によれば、社債の管理に際して社債管理者は、公平誠実義務および善管注意義務を負う。従来は、社債管理者がこのような義務を負うのは法定権限の行使をする場合に限られ、社債管理委託契約に基づく約定権限の行使については負わないとする立場が一般的であった。

しかし、約定権限にも社債権者の利益に重大な影響を与える権限が含まれることが多いため、約定権限の行使について社債管理者が義務を負わないとすると、社債権者の利益が十分に保護されないとの指摘がされていた。

そこで、直接明文の規定は定めていないが、会社法の立法者は、約定権限の行使についても社債管理者が公平誠実義務・善管注意義務を負うという前提で規定を整備した。

(b) **社債管理者の責任**　社債管理者は、会社法または社債権者集会の決議に違反する行為をしたときは、社債権者に対し、連帯して、これによって生じた損害を賠償する責任を負う（710条1項）。これは社債管理者の責任についての一般規定である。「会社法に違反する行為」の中には、公平誠実義務や善管注意義務に違反する行為も含まれる。

710条2項は、1項の特別規定として、社債管理者が社債権者に対して損害賠償責任を負う4つの場合を挙げている[11]。ただし、社債管理者が誠実にすべき社債の管理を怠らなかったこと、または社債権者が被った損害が社債管理者の行為によって生じたものでないことを証明した場合には、社債管理者は710条2項の責任を負わない。2項の規定は、たとえば銀行のように社債発行会社に対して債権を持つ社債管理者が、社債権者の利益よりも自分の債権の回収を優先しようとすること（＝利益相反行為）を防ぐために、設けられている。

(c) **社債管理者の辞任**　社債管理者は、社債発行会社および社債権者集会の同意を得て辞任することができる。社債管理者が複数いる場合は問題ないが、ある社債管理者が辞任する場合に他に社債管理者がないときは、社債管理者はあらかじめ、事務を承継する社債管理者を定めなければならない（711条1項）。この同意が得られない場合であっても、委託契約に事務を承継する社債管理者に関する定めがあり、かつその契約に定めた辞任事由があるときは、辞任することができる（同条2項）。またやむをえない事由があるときは、裁判所の許可を得れば、711条1項の同意が得

---

11) 710条2項は、一定の期間内に、1号から4号に掲げる行為をした社債管理者は、社債権者に対し損害賠償責任を負うと定めている。一定の期間内とは、社債発行会社が社債の償還や利息の支払いを怠ったり、支払いを停止したりした後または前3ヶ月以内をさす。710条2項の掲げる4つの行為は、社債管理者が自分の利益を優先する行為である。

られなくても辞任することができる（同条3項）。

(d)　**社債管理者の解任**　社債管理者がその義務に違反したとき、その事務処理に不適任であるときその他正当な理由があるときは、社債発行会社または社債権者集会の申立てによって裁判所は、社債管理者を解任することができる（713条）。

(2)　**社債管理補助者**　会社法は、例外的に社債管理者を置かなくても良い場合を認めている（702条ただし書）。しかし、社債管理者を定めないで発行された社債については、債務不履行や社債権者が損失を被る事態も生じうるため、社債管理者以外に社債の管理に関する最低限の事務を担う者として社債管理補助者を定めている。各社債の金額が1億円以上である場合その他社債権者の保護に欠けるおそれがないものとして法務省令（会社則169条）で定める場合には、株式会社は、その判断によって社債管理補助者を置くことができる（714条の2・702条ただし書）。社債管理補助者になることができるのは、銀行や信託会社、法務省令で定める弁護士・弁護士法人である（714条の3・703条、会社則171条の2）。

社債管理補助者は、会社から社債権者のために社債の管理の補助を行うことについて委託を受けており（714条の2）、社債の管理の補助についての公平誠実義務や社債権者に対する善管注意義務を負う（714条の7・704条）。社債管理者と異なり、債務の弁済を受ける権限は、社債管理補助者が当然に有する権限ではない（705条1項参照）。これは、社債発行会社が社債管理補助者に支払いをする時点ではなく、社債権者に実際に支払いをする時点に社債にかかる債権の弁済があったものとするためである。さらに社債管理補助者は、会社との委託にかかる契約に定める範囲内においていくつかの権限を有する（714条の4第2項）。これらの権限には、社債にかかる債務の弁済を受ける権限が含まれている（同項1号）。

社債管理補助者は、会社法または社債権者集会の決議に違反する行為をしたときは、連帯してその損害を賠償する責任を負う（714条の7・710条1項）。なお、社債管理者が社債権者に対して損害賠償責任を負う特別規定である710条2項は、社債管理補助者には準用されていない。

(3) **社債権者集会** (a) **社債権者集会の意義**　社債権者集会とは、社債の種類ごとに社債権者によって組織される会議体である（715条）。社債権者集会は、会社法に規定される事項および社債権者の利害に関する事項について決議をすることができる（716条）。これは、それぞれの社債権額が大きくなく、会社に対する立場の弱い社債権者の利益保護のために設けられるものである。社債発行会社にとっても、社債権者に対する集団的な処理が容易になるというメリットがある。社債権者集会は、株主総会と類似する面もあるが、大きく異なる面もある。まず挙げられる違いは、株主総会は会社の常設の機関であるのに対して、社債権者集会は会社外の組織であって、会社の機関ではないという点である。以下では、株主総会と対比しつつ、社債権者集会の手続や決議について述べていく。

【株主総会と社債権者集会の比較】

	株主総会	社債権者集会
位置づけ	会社の常設の機関	会社外の組織
議決権	一株一議決権（308Ⅰ本文）	自己が有している種類の社債の金額の合計額に応じた議決権（723Ⅰ）
決議の効力発生要件	決議のみで効力発生	裁判所の認可が決議の効力発生要件（734Ⅰ）

(b) **社債権者集会の招集手続**　株主総会と同様に（296条2項）、社債権者集会も必要がある場合にはいつでも招集できる（717条1項）。社債権者集会を招集する者（＝招集者）は、社債発行会社、社債管理者または社債管理補助者であるが（同条2項3項）、一定の場合には、社債権者が裁判所の許可を得て社債権者集会を招集することができる（718条3項）。株主と同様に（297条1項）、社債権者も社債発行会社、社債管理者または社債管理補助者に対して社債権者集会の招集を請求することができる。この請求は、ある種類の社債の総額（償還済みの額を除く）の10分の1以上に

あたる社債を持つ社債権者が、社債権者集会の目的である事項および招集の理由を示した場合に認められるものである（718条1項）。社債権者集会の招集者が社債権者集会を招集する場合には、次の事項を定めなければならない。①社債権者集会の日時および場所（719条1号）、②社債権者集会の目的である事項（同条2号）、③社債権者集会に出席しない社債権者が電磁的方法によって議決権を行使することができることとするときは、その旨（同条3号）、④①〜③に掲げるもののほか、会社法施行規則172条が定める事項である。これらの事項は、招集通知に記載されなくてはならない（720条3項）。

　社債権者集会を招集しようとする招集者は、社債権者集会の日の2週間前までに、知れている社債権者および社債発行会社ならびに社債管理者または社債管理補助者がある場合にあっては社債管理者または社債管理補助者に対して、書面をもってその通知を発しなければならない（720条1項）。通知を受ける者の承諾があれば、この通知を電磁的方法で発することも可能である（同条2項）。

　(c) **社債権者の議決権**　　株主が一株一議決権であるのに対して、社債権者は、自分が有している種類の社債の金額の合計額（償還済みの額を除く）に応じて議決権を持つ（723条1項）。この議決権は、代理人によって代理行使することができる。代理行使をする場合には、社債権者または代理人は、代理権を証明する書面を招集者に提出しなければならない（725条1項）。招集者が承諾すれば、書面ではなく電磁的方法で提供することもできる（同条3項）。この代理権の授与は社債権者集会ごとにしなければならない（同条2項）。議決権の行使は、書面投票によって行うこともできる（726条）。招集通知を送る際に招集者が、知れている社債権者に対して、議決権の行使について参考となるべき事項を記載した書類（＝社債権者集会参考書類）と議決権行使書面を交付するのは（721条1項）、この書面投票のためである。議決権行使は電磁的方法で行うことができる（727条1項、会社則176条）。さらに、社債権者は議決権を統一しないで行使することもできる（728条）。

(d) **社債権者集会決議の効力**　社債権者集会の決議事項は、集会に出席した議決権者の議決権の総額の2分の1を超える議決権を持つ者の同意によって可決される（724条1項）。「議決権者」とは、議決権を行使することができる社債権者のことである。社債権者に重大な影響を及ぼす可能性のある事項については、724条1項の普通決議よりも要件が加重された特別決議を必要とする（同条2項）。**特別決議**は、議決権者の議決権の総額の5分の1以上で、かつ、出席した議決権者の議決権の総額の3分の2以上の議決権を有する者の同意がなければならない。決議の執行は、社債管理者または社債管理補助者（権限に属する事項につき社債権者集会の決議があったとき）が行う。これら以外の場合は代表社債権者が行う。（737条1項）。株主総会決議と同様に、社債権者集会についても決議を省略することが認められている。社債発行会社や社債管理者等が社債権者集会の目的である事項について提案をした場合に、この提案につき議決権者の全員が書面または電磁的記録により同意の意思表示をしたときは、当該提案を可決する社債権者集会の決議があったものとみなされる（735条の2第1項）。注意すべきは、株主総会決議と異なって、社債権者集会の決議はそれのみでは効力がなく、裁判所の認可を受けなければ効力を生じないという点である（734条1項）。裁判所の認可が効力の発生要件とされるのは、多数決の濫用の弊害を防止するためである。裁判所による認可あるいは不認可の決定は、社債発行会社によって公告される（735条）。

　社債権者集会の決議を経なければ社債権者が行使できない権限としては、債権者保護手続における異議申立てがある（740条1項）。ただし社債管理者がある場合には、社債権者集会の決議を経なくても、社債権者のために異議を述べることができる（同条2項）。

❸………社債の発行

(1) **発行手続の概要**　株式会社が社債を引き受ける者を募集するには、そのつど募集社債について676条1項が掲げる事項を定めなければならない。**募集社債**とは、募集に応じて引受けの申込みをした者に対して割り当

てる社債をいう。定めるべき事項とは、①募集社債の総額（1号）、②各募集社債の金額（2号）、③募集社債の利率（3号）、④募集社債の償還の方法および期限（4号）、⑤利息支払の方法および期限（5号）、⑥社債券を発行するときは、その旨（6号）、⑦社債権者が698条の規定による請求の全部または一部をすることができないこととするときは、その旨（7号）[12]、⑧社債管理者を定めないこととするときは、その旨（7号の2）、⑨社債管理者が社債権者集会の決議によらずに706条1項2号の行為をすることができることとするときは、その旨（8号）、⑩社債管理補助者を定めることとするときは、その旨（8号の2）、⑪各募集社債の払込金額（各募集社債と引換えに払い込む金銭の額）もしくはその最低金額またはこれらの算定方法（9号）、⑫募集社債と引換えにする金銭の払込みの期日（10号）、⑬一定の日までに募集社債の総額について割当てを受ける者を定めていない場合において、募集社債の全部を発行しないこととするときは、その旨およびその一定の日（11号）、⑭以上のほか、会社法施行規則162条で定める事項（12号）である。流通することが予定されていない社債については、社債券を不発行とするニーズがあり、社債券を発行しないという選択肢も認められている。社債券を発行する場合には、社債発行会社の商号、その社債券にかかる社債の金額や種類を記載しなくてはならない（697条1項）。社債券には利札を付することができる（同条2項）。利札とは、利息の支払請求権を表章する有価証券である。

　この募集に応じて募集社債の引受けの申込みをしようとする者に対して株式会社は、次の事項を通知しなければならない（677条1項）。それは、①会社の商号（1号）、②当該募集にかかる676条各号に掲げる事項（2号）、③以上のほか、会社法施行規則163条で定める事項（3号）である。引受けの申込みをする者は、①申込みをする者の氏名または名称および住所、②引き受けようとする募集社債の金額および金額ごとの数、③会社が676

---

12) 「698条の規定による請求」とは、記名式の社債券を無記名式とし、または無記名式の社債券を記名式とするという請求をさす。無記名社債は、必ず社債券が発行され、その券面上に社債権者の名前の記載がされることのない社債である。

条 9 号の最低金額を定めたときは希望する払込金額、を記載した書面を会社に交付しなければならない（677 条 2 項各号）。この書面の交付は、会社の承諾があれば電磁的方法で行うこともできる（同条 3 項）。

　会社は、申込者の中から募集社債の割当てを受ける者を決めて、その者に割り当てる社債の金額等を決めなくてはならない（678 条 1 項）。さらに会社は、払込期日の前日までに、申込者に割り当てる社債の金額や金額ごとの数を通知しなくてはならない（同条 2 項）。社債発行会社と社債を引き受けようとする者が、発行される社債のすべてを引き受ける契約（＝総額引受契約）を締結する場合は、677 条と 678 条の規定は適用されない（679 条）。このような要件を満たしたうえで、会社が申込み者に割当てをすると、その者は社債権者になる（680 条 1 号）。募集社債の総額を引き受けた者も引き受けた社債について社債権者になる（同条 2 号）。

　(2)　社債の発行方法　　社債の募集を行おうとする株式会社は 676 条 1 項に掲げる事項を定めなくてはならないが、具体的にはどの機関がそれを定めるのであろうか。362 条 4 項 5 号は、取締役会が決定すべき事項として、「676 条第 1 号に掲げる事項その他の社債を引き受ける者の募集に関する重要な事項として法務省令〔会社法施行規則 99 条〕で定める事項」を挙げている。これは、募集社債の総額と会社法施行規則 99 条で定める事項については取締役会自体が決定しなくてはならないが、それ以外の事項については、代表取締役や業務執行取締役に決定を委任できるということである。このような大幅な委任が認められているので、取締役会では募集社債の総額のみを定め、具体的な発行の時期については代表取締役に委任することができる。したがって、1 種類の社債について発行時期を何回かに分けて発行を行う発行方法（＝シリーズ発行）も可能である。

　676 条 11 号は、募集を行う株式会社は「一定の日までに募集社債の総額について割当てを受ける者を定めていない場合において、募集社債の全部を発行しないこととするときは、その旨およびその一定の日」を定めることとしている。これを特に定めた場合は、募集社債の総額が引き受けられない限り社債の発行自体をすべて取りやめることになる。しかし、これ

はあくまでも「例外」である。このようなことを定めない限り株式会社には、予定された募集総額のうち割り当てることができた募集社債のみを発行すること（＝打切発行）が原則として認められている。

(3) 社債原簿　　株式会社は、社債を発行した日以後遅滞なく、社債原簿と呼ばれる社債権者の名簿を作成しなくてはならない。この社債原簿には、681条が掲げる事項（＝社債原簿記載事項）を記載しなければならない。その事項とは、①676条3号から8号までに掲げる事項その他の社債の内容を特定するものとして会社法施行規則165条で定める事項（社債の種類）（1号）、②種類ごとの社債の総額および各社債の金額（2号）、③各社債と引換えに払い込まれた金銭の額および払込みの日（3号）、④社債権者の氏名または名称および住所（4号）、⑤前号の社債権者が各社債を取得した日（5号）、⑥社債券を発行したときは、社債券の番号、発行の日、社債券が記名式か、または無記名式かの別および無記名式の社債券の数（6号）、⑦以上のほか、会社法施行規則166条で定める事項である（7号）。社債権者には、社債原簿記載事項を記載した書面の交付または電磁的記録の提供を請求する権利が認められている（682条1項）。この書面には社債発行会社の代表者の署名または記名押印が必要である（同条2項）。ただし株式会社が社債券を発行している場合は、これらの規定は適用されない（同条4項）。

　社債原簿の備置きおよび閲覧については、株主名簿と基本的には同じ内容となっている。株主名簿と同じく（125条1項）、社債発行会社は、社債原簿をその本店に備え置かなくてはならない（684条1項）。社債原簿を閲覧できる者についての定め方は形式的には株主名簿と異なっているが、実質は変わらないといえる。すなわち、株主名簿の閲覧等請求ができるのは株主および債権者であるが（125条2項）、社債原簿の場合は、「社債権者その他の法務省令で定める者」である（684条2項）。これは、会社法施行規則によれば、「社債権者その他の社債発行会社の債権者及び社債発行会社の株主又は社員」である（会社則167条）。

　株主名簿の場合と同様に、社債発行会社は、一定の場合を除いて閲覧等

【株主名簿と社債原簿の閲覧請求の拒否事由の比較】

株主名簿	社債原簿
閲覧請求の拒否事由（125 Ⅲ） ・権利の確保・行使に関する調査以外の目的の請求（同項①）	閲覧請求の拒否事由（684 Ⅲ） ・同左（同項①）
・株主の共同の利益を害する目的の請求（同項②）	125 Ⅲ②に相当する事由は規定されていない
・閲覧等によって知りえた事実を利益を得て第三者に通報するための請求（同項③）	・同左（同項②）
・過去2年以内に、上記の通報をしたものからの請求（同項④）	・同左（同項③）

の請求を拒むことはできない（684条3項）。しかし、この請求を拒むことができる事由が株主名簿とは異なっている。株主名簿の場合には拒否事由として認められていた「請求者が当該株式会社の業務の遂行を妨げ、又は株主の共同の利益を害する目的で請求を行ったとき」（125条3項2号）が、社債原簿の場合の拒否事由とはされていない。これは、株主名簿の場合は会社の支配に関する株主の情報の閲覧であるのに対して、社債原簿の場合は単なる金銭債権者の情報の閲覧にすぎないという違いからくるものであろう。

　社債発行会社は、この社債原簿の作成や備置きその他の社債原簿に関する事務について、社債原簿管理人を定めて委託することができる（683条）。社債原簿管理人が定められた場合には、社債原簿は社債原簿管理人の営業所に備え置かれることになる（684条1項）。

　(4)　**社債の譲渡・質入れ**　　社債の譲渡・質入れの方法は、社債発行会社が社債券を発行する場合と発行しない場合とで異なっている。

　社債券を発行する場合は、株券が発行される場合と同様に（128条1項）、社債券の交付によって譲渡の効力が発生し（687条）、社債を取得した者の

氏名または名称および住所を社債原簿に記載することが、社債発行会社への対抗要件となる（688条2項）。ただし無記名社債の場合は、社債原簿に氏名を記載するわけにいかないので（同条3項）、動産としての引渡しが対抗要件となる（178条）。社債券の占有者は、当該社債券にかかる社債についての権利を適法に持つものと推定される（689条1項）。また、社債券の交付を受けた者は、悪意または重過失がない限り当該社債券にかかる社債についての権利を取得する（同条2項）。これは、株券が発行されない場合と同様の規定である（130条1項）。質入れについても、社債券の交付が質入れの効力発生要件である（692条）。社債発行会社その他の第三者への対抗要件は、質権者が社債券を継続して占有することである（693条2項）。

【株式と社債の譲渡・対抗要件の比較】

	株式		社債		
	株券不発行の場合(注1)	株券を発行する場合	社債券不発行の場合(注2)	社債券を発行する場合	
譲渡の効力要件	意思表示のみ	株券の交付（128 I）	意思表示のみ	社債券の交付（687）	
会社・第三者への対抗要件	対会社 対第三者 株主名簿への記載（130 I）	対会社 株主名簿への記載（130 II） / 対第三者 株券の交付	対会社 対第三者 社債原簿への記載（688 I）	【記名社債】 対会社 社債原簿への記載（688 I II） / 対第三者 社債券の交付	【無記名社債】 対会社 対第三者 社債券の交付（688 III、民178）

（注1）振替株式の場合、振替先口座への増加記録により、譲渡の効力が生じ、第三者への対抗要件を備える（社債株式振替法140条・161条3項）。会社への対抗要件は原則として株主名簿の名義書換が必要である（同法161条3項、会社130条1項）。なお、◆発展学習　**振替株式についての総株主通知・個別株主通知**78頁を参照。

（注2）振替社債の場合、振替口座簿への記録により、譲渡の効力が生じ、会社・第三者への対抗要件を備える（社債株式振替法73条・74条）。

これに対し、社債券を発行しない場合は意思表示だけで譲渡できるが、社債を取得した者の氏名または名称および住所を社債原簿に記載しなければ、社債発行会社その他の第三者に対抗できない（688条1項）。これは、株券が発行されない場合と同様の規定である（130条1項）。質入れについても意思表示のみで効力が生じる。この場合の社債発行会社その他の第三者への対抗要件は、質権者の氏名または名称および住所を社債原簿に記載することである（693条1項）。

❹‥‥‥‥‥新株予約権付社債

　新株予約権を付した社債のことを新株予約権付社債という（2条22号）。かつては、転換社債、転換社債型新株予約権と呼んでいたものである。

　新株予約権部分は株式を一定金額で取得できる権利を表している。これまでの説明では、権利行使期間に新株予約権を行使して株式を取得するには、金銭の支払いまたは現物出資が必要になると述べてきた（204頁を参照）。ところが、新株予約権付社債は、権利行使がなされた際に社債を出資の目的とするものであるため（236条1項3号）、新たな金銭の払込みをするのではない。株式を取得するために社債が消滅することが多くの場合予定されている。つまり、社債の償還金（元本の返済）が新株予約権の行使により取得することになる株式の取得代金として充てられるとみればよいだろう。新株予約権付社債という名が付いているが潜在的な株式（エクイティ）であるといえる。

　先に述べたように、新株予約権は権利であるから（197頁を参照）、権利行使するかしないかは自由である。新株予約権付社債の保有者は、権利行使期間中に新株予約権を行使しなくても、社債部分があるため最終的には元本の返済と利息の支払いを受けることができる（ただし、取得条項付新株予約権付社債については一定の事由の発生を条件に会社が強制的に社債を取得する。275条2項・236条1項7号イ参照）。株価が権利行使価額を大幅に上回っている場合、保有者は新株予約権を行使して株式を取得し売却益を得る方が社債の利回りよりも有利だと判断するであろう。このような甘味

料が付いているので株価の上昇が見込めるときには投資家にとって魅力のある投資商品となる。他方、新株予約権付社債を発行した株式会社にしてみれば、普通社債よりも利息を低目に抑えて低金利で資金調達することができるメリットがある。また、株価が上昇して新株予約権が権利行使されると、社債が消滅するため負債が減少し、株式が発行されるため自己資本が増強されるメリットもある。

新株予約権付社債の発行は、先に述べた新株予約権の発行手続に従うこととされている（248条）。取締役会は新株予約権の募集事項を定める際に（238条1項）、募集社債に関する事項も定めておく（同条1項6号・676条）。新株予約権付社債に付される新株予約権の数は、社債金額に応じて均等でなければならない（236条2項）。

株式会社から新株予約権付社債の引受けの申込みを行おうとする者に対する通知（242条1項）、会社に対する申込み（同条2項）、割当て（243条）など、新株予約権の発行の場合と同様である。新株予約権付社債の引受けをしようとする者は、割当日に、新株予約権者になると同時に、社債権者となる（245条1項）。新株予約権付社債を譲渡することはできるが、新株予約権部分のみまたは社債部分のみを譲渡することはできない（254条2項3項）。

❺⋯⋯⋯⋯担保付社債

担保付社債とは、社債権者に対する元本と利息の支払いを担保するために物上担保が付加された社債のことである。物上担保とは、特定の財産による債権の担保のことで、不動産抵当などがその例であり、物的担保ともいう。担保付社債については、会社法と担保付社債信託法（以下、担信法）に規定が置かれている。

ここでは、社債発行会社が、自己が所有する土地を担保とした社債を発行する場合を想定してみよう。社債発行会社は、信託会社との間で信託契約を結び、社債権者のために社債の管理をすることを委託しなければならない（担信法2条1項2項）。信託契約の受託者である信託会社は、「受託

会社」と呼ばれる（同法35条）。これは、社債発行会社が個々の社債権者との間で担保権を設定したり、個々の社債権者が自分で担保権を実行して元利金を支払わせるのは容易でないため、作られた仕組みである。

　信託契約によって社債発行会社の土地に設定された担保権は、受託会社に帰属する。受託会社は、信託証書に記載されたすべての社債権者のために担保権を保存し実行する義務を負う（担信法36条）。担保権を設定する土地は、社債発行会社以外の者の所有物であってもよい。その場合に信託契約を結ぶには、社債発行会社の同意が必要である（同法2条1項）。

第 **6** 章

計算

Ⅰ　総論──法規制の意義

　会社法では、第2編第5章に株式会社の計算に関する詳細な規定を置いている。たしかに株式会社を効率的で合理的に運営していくためには、会社の財務状況や経営成績を明らかにしておくことが必要であり、正確な会計処理が要請されるが、そのようなことは各会社が自主的にやればよいのであって、あえて法が強制するまでもないともいえる。しかし、以下のような会社関係者の利益を保護するためには、会計についての法規制が必要なのであり、計算に関する会社法の規定は原則的に強行規定となっている。またその違反には罰則も置かれているのである（976条7号8号）。

❶………株主の利益保護

　株式会社では、株主は配当を得られることを期待している。そこで適正な会計処理をして、配当が可能な額を明確にしておくことが、株主の利益保護にとって不可欠となる。また、経営者が不正・不当な経営を行う場合には、これに対して株主は監督・是正手段を行使することを考える。そのような権利を株主が的確に行使するためには、経営者の経営行動について十分知っておく必要がある。その際には、会計書類は有力な資料となるのであり、適正な会計処理が重要となる。

❷·········会社債権者の利益保護

株式会社においては株主が間接有限責任しか負わない。このため、会社債権者にとっては会社財産だけが唯一の担保となり、会社の財務状態の健全性が強く期待される。財務情報が正確に知らされること、特に会社資産が過大に評価されていないことについて会社債権者は大きな利害を有するのである。

❸·········投資家保護

これからその会社に投資をしようとする者あるいはすでに投資している者にとって、その会社の財務状態を知ることは重要であって、会計書類はその会社の株式を売買すべきかどうかの判断材料となる。

❹·········取引先の利益保護

その会社とこれから取引しようとする者にとって、取引すべきかどうかを判断するには会計書類は重要である。

Ⅱ　会計帳簿と計算書類
──会計帳簿や計算書類はどのようなものか

❶·········会計原則

会社法では、株式会社の会計は、一般に公正妥当と認められる企業会計の慣行に従うものと規定されている（431条）。この規定は、実務上公正な会計慣行がある以上、これに従うことが会社法上も要請されることを示している。とりわけ企業会計原則は、企業会計実務の中で慣習として発達したものの中から一般に公正妥当と認められるものを要約したものであると解され、原則としてこれに従うことが求められる。

❷………会計帳簿の作成と閲覧等の請求

　会社法では、法務省令の定めるところにより適時に正確な会計帳簿を作成することを求めている（432条1項）。その具体的な作成については、会社計算規則に定められている。このように、詳細が会社法ではなく法務省令で定められているのは、法律に規定することで会計基準の変更等への迅速な対応が難しくなることを避けようとするためである。会計帳簿は次に述べる計算書類等の元になる帳簿である。

　作成された会計帳簿は、使用しなくなってから10年間、その会計帳簿およびその事業に関する重要な資料を保存しなければならない（432条2項）。また、会計帳簿・資料は、次の要件のいずれかを満たした株主は閲覧等の請求ができる（433条1項）。①総株主の議決権の100分の3以上の議決権を有する株主。ただし、株主総会の決議可能事項のすべてについて議決権のない株主は計算から除外されている。また100分の3以上という要件は、定款でこれをよりも緩やかなものに変えることが可能である。②自己株式を除いて計算した発行済み株式の100分の3以上の数の株式を有する株主。この場合の100分の3以上という要件も、定款でこれより緩やかなものに変えることが可能である。

　ここで権利行使の要件として、議決権基準だけでなく、株式数基準を併用しているのは、議決権を持たないが配当その他の権利を有している株主がおり、彼らが会社の財産状況等を知るために、これを認める必要があると考えられたためである。

　株主は請求をするにあたって、その理由を明らかにしなければならない（433条1項後段）。会社はその理由等から判断して、次に挙げた一定の拒絶事由にあたるときは、請求を拒むことができる（同条2項）。逆に言うと、これ以外の場合には会社は請求を拒めないのである。

　　①請求を行う株主がその権利の確保または行使に関する調査以外の目的で請求を行ったとき。
　　②請求を行う株主が当該株式会社の業務の遂行を妨げ、株主の共同の利益を害する目的で請求を行ったとき。

③請求を行う株主が当該株式会社の業務と実質的に競争関係にある事業を営み、またはこれに従事するものであるとき。

④請求を行う株主が会計帳簿またはこれに関する資料の閲覧または謄写によって知りえた事実を利益を得て第三者に通報するため請求したとき。

⑤請求を行う株主が、過去2年以内において、会計帳簿またはこれに関する資料の閲覧または謄写によって知りえた事実を利益を得て第三者に通報したことがあるものであるとき。

　また、会社の親会社社員も、その権利を行使するため必要があるときは、裁判所の許可を得て、会計帳簿・資料について、上記の請求をすることが認められており、この場合にも、請求の理由を明らかにしてしなければならない（433条3項）。

　なお、株主が以上のような請求をしない場合であっても、裁判所が、申立てによりまたは、職権で、訴訟の当事者に対し、会計帳簿の全部または一部の提出を命じることができることになっている（434条）。

❸………計算書類の意義と作成

　(1)　**計算書類とは**　　計算書類とは、貸借対照表、損益計算書その他株式会社の財産および損益の状況を示すために必要かつ適当なものとして法務省令で定めるものをいう（435条2項かっこ書）。そして、株式会社には、法務省令で定めるところにより、その成立の日における貸借対照表（同条1項）と、各事業年度にかかる計算書類および事業報告ならびにこれらの附属明細書の作成をしなければならないとされている（同条2項）。これらは、書面だけではなく、電磁的記録による作成も可能である（同条3項）。

　計算書類およびその附属明細書の保存期間は、計算書類作成時から10年間である（435条4項）。

　(2)　**計算書類等の内容**　　以上に挙げた書類は次のような内容のものである（(c)と(d)は計算書類には入らないが、計算書類等には含まれる）。

　(a)　**貸借対照表**　　左側に資産の部を、右側に負債の部および純資産

貸借対照表（令和○年○月○日現在）

資産の部		負債の部	
流動資産	×××	流動負債	×××
現金及び預金	×××	支払手形	×××
受取手形	×××	買掛金	×××
売掛金	×××	短期借入金	×××
有価証券	×××	未払金	×××
製商品	×××	固定負債	×××
前払い費用	×××	社債	×××
短期貸付金	×××	長期借入金	×××
固定資産	×××	退職給付引当金	×××
有形固定資産	×××	負債合計	×××
建物	×××	純資産の部	
機械	×××	株主資本	×××
土地	×××	資本金	×××
無形固定資産	×××	資本剰余金	×××
特許権	×××	資本準備金	×××
投資その他の資産	×××	その他資本剰余金	×××
投資有価証券	×××	利益剰余金	×××
長期貸付金	×××	利益準備金	×××
長期預金	×××	その他利益剰余金	×××
繰延資産	×××	別途積立金	×××
開発費	×××	繰越利益剰余金	×××
社債発行費	×××	自己株式	×××
		評価・換算差額等	×××
		その他有価証券評価	
		差額金	×××
		土地再評価差額金	×××
		新株予約権	×××
		純資産合計	×××
資産合計	×××	負債及び純資産の合計	×××

の部を記載し、決算期における会社の財産の構成について概括的に明らかにしたものである。これによって会社資産の内容や資産の調達方法などが明らかになる。純資産の部は株主資本（資本金、資本剰余金、利益剰余金、自己株式等）や新株予約権等に区分されている。

(b) **損益計算書** 当該営業年度に発生した利益または損失の発生原因を明らかにしたうえで、その年度における業績を明らかにしたものである。貸借対照表だけからでは利益や損失の額はわかっても、どのようにしてそれが発生したかその原因や過程はわからない。損益計算書ではこれが明らかになる。

(c) **事業報告** 当該事業年度の株式会社の現況を明らかにしたものであり、事業内容、営業所および工場、株式の状況、従業員の状況などが記載される。(a)や(b)の書類と異なり、数字や表だけでなく文章をもって会社の状況と事業の経過や成果について説明するものである。直接会計とは関係ない事項について記載される。

(d) **附属明細書** 貸借対照表、損益計算書、事業報告の記載を補充して説明する文書である。取締役や監査役の利害関係、子会社との取引の明細などが記載される。

(3) **計算書類等の監査手続** 計算書類等は作成後監査を受けなければならない。計算書類等は経営者の作成するものなので、経営者から独立した監査役や外部の専門家等の監査が必要だからである。そのような義務のあるのは会計監査人設置会社と監査役設置会社である。

①会計監査人設置会社であれば、計算書類およびその附属明細書について、監査役および会計監査人の監査を受け、事業報告およびその附属明細書について、監査役の監査を受けなければならない（436条2項）。ただし、指名委員会等設置会社では、監査役ではなく、監査委員会、監査等委員会設置会社では監査等委員会の監査となる。なお、監査役会設置会社では、監査の方針や業務・財産の調査方法の決定は監査役会の職務であるが、監査役の権限行使を監査役会が妨げることはできない（390条2項）。

損益計算書

（令和○年○月○日～令和○年○月○日）

Ⅰ　売上高		×××
Ⅱ　売上原価		×××
売上総利益		×××
Ⅲ　販売費及び一般管理費		×××
営業利益		×××
Ⅳ　営業外収益		
受取利息	×××	
受取配当金	×××	×××
Ⅴ　営業外費用		
支払利息	×××	
売上割引	×××	×××
経常利益		×××
Ⅵ　特別利益		
固定資産売却益	×××	
その他の特別利益	×××	×××
Ⅶ　特別損失		
固定資産売却損	×××	
固定資産災害損失	×××	
その他の特別損失	×××	×××
税引前当期純利益		×××
法人税、住民税及び事業税	×××	
法人税等調整額	×××	×××
当期純利益（または当期純損失）		×××

②監査役設置会社であれば、計算書類および事業報告ならびにこれらの附属明細書について、監査役の監査を受けなければならない（436条1項）。これは、監査役を設置している会社であれば、たとえ監査役の監査の範囲を会計に関するものに限定する旨の定款の定めがある会社（そのような会社であるかどうかは登記によって公示される。911条3項17号イ）であっても、適用される。ただし監査役と会計監査人を設置する会社は、①に従うことになる。

　計算書類等は取締役会の承認を受けなければならないが、上のような監査を受けなければならない会社においては、監査を受けたものについて、取締役会の承認を受けることになる（436条3項）。

(4)　計算書類等の提供　　取締役会設置会社の取締役は、定時株主総会の招集の通知に際して、株主に対し、取締役会の承認を受けた計算書類および事業報告、さらに監査が要求されている場合には、監査報告または会計監査報告を含めて、これらを提供しなければならない（437条）。取締役会が設置されている会社では、招集通知が書面または電磁的方法で出されるが（299条2項2号・3項）、その際に、計算書類等の提供が求められるわけである。

(5)　計算書類等の定時総会への提出と承認　　次に、計算書類等は定時株主総会へ提出・提供されることになる。すなわち、監査役を設置している会社では、監査役の監査を受けた計算書類および事業報告を提出する。ただし、会計監査人設置会社では、計算書類は会計監査人の監査を受けたものでなければならないし、取締役会設置会社では、取締役会の承認を受けた計算書類および事業報告でなければならない（438条1項）。

　このように提出・提供された計算書類等のうち、計算書類は原則として定時総会の承認を受けなければならない（438条2項）が、事業報告はその内容について定時総会で報告を行えばよい（同条3項）。

　ただし、会計監査人設置会社については特則が定められている。すなわち、取締役会の承認を受けた計算書類が法令および定款に従い、株式会社の財産および損益の状況を正しく表示しているものとして法務省令で定め

る要件に該当する場合には、計算書類について定時総会での承認が不要となるのである（439条前段）。この場合には、取締役は、当該計算書類の内容を定時株主総会に報告しなければならない（同条後段）。

❹………計算書類の公告

　定時株主総会が終結したならば、会社は遅滞なく、貸借対照表と損益計算書（大会社以外では、貸借対照表だけでよい）を公告しなければならない（440条1項）。会社法はこの場合の公告方法としては、4つを用意している。

　　①電子公告。定款により会社の公告方法を電子公告とする会社（939条1項3号）については、定時株主総会の終結後遅滞なく、貸借対照表・損益計算書を電子公告で公告しなければならない。かつて公告は紙ベースのみで行われていたが、1回限りの公告では見落としてしまうことやコストがかかることが問題であった。電子公告はこの点で優れている。

　　②官報または日刊新聞紙。会社の公告方法を、電子公告ではなく紙ベースとする会社、すなわち官報に掲載する方法や、時事に関する事項を掲載する日刊新聞紙に掲載する方法とする会社（939条1項1号2号）については、この方法で公告することになるが、その場合貸借対照表（大会社では貸借対照表・損益計算書）の要旨で足りる（440条2項）。

　　③計算書類のみ電磁的方法。電子公告を一般的な公告方法としない会社ではあるが、計算書類に関する公告については紙ベースではなく、電磁的方法を選ぶことが認められている。この場合法務省令で定めるところにより、定時株主総会の終結後遅滞なく、貸借対照表（大会社では貸借対照表・損益計算書）の内容である情報を、定時株主総会の終結の日後5年を経過する日までの間、継続して電磁的方法により不特定多数の者が提供を受けることができる状態に置く措置をとることになる（440条3項）。

④有価証券報告書。金融商品取引法24条1項の規定により有価証券報告書を内閣総理大臣に提出しなければならない株式会社については、以上のような公告は要求されない（会社440条4項）。金融商品取引法のディスクロージャーをもって代替させる趣旨である。

◆発展学習　臨時計算書類

　上に述べた計算書類と異なり、事業年度の途中の一定の日における株式会社の財産の状況を把握するため、作成される貸借対照表や損益計算書を臨時計算書類といい、会社は任意に作成することができる（441条1項）。このように通常の計算書類のほかに、会社法が臨時計算書類についても規定を置く理由は、会社法では、剰余金の配当をいつでも行うことが認められているが（453条）、配当可能な額（461条2項でいう分配可能額）を適正に算定するためには、定時総会に合わせて計算書類を作成するだけでなく、その度に必要な情報を記載した計算書類を作成し、監査を受ける必要性が生じると考えられたためである。

　臨時計算書類は、計算書類とほぼ同様に、監査や承認を受けることが求められている。すなわち監査役設置会社においては、臨時計算書類について監査役（指名委員会等設置会社の場合は監査委員会、監査等委員会等設置会社では監査等委員会）の、会計監査人設置会社であればさらに会計監査人の、監査を受けなければならない（441条2項）。また、監査を受けた臨時計算書類について、取締役会設置会社においては、取締役会の承認を受けなければならない（同条3項）。

　さらに、臨時計算書類も原則として、株主総会の承認を受けなければならない。ただし、臨時計算書類が法令および定款に従い株式会社の財産および損益の状況を正しく表示しているものとして法務省令で定める要件に該当する場合には、承認が不要となる（441条4項）。

　計算書類と臨時計算書類との差異としては、事業報告の作成は必要ないこと、公告が義務づけられていないことが挙げられる（440条参照）。

❺………計算書類等の備置きと閲覧等

会社法では、計算書類等を本店および支店に備え置くことが求められて

いる。本店に備え置かなければならないのは、各事業年度にかかる計算書類および事業報告ならびにこれらの附属明細書（監査が要求されている場合には、監査報告または会計監査報告も）であり、その期間は定時株主総会の日の1週間（取締役会設置会社では2週間）前の日から5年間である（442条1項）。さらに、その支店においても、上記の計算書類等を備え置かなければならない。その期間は本店と異なり、3年間である（同条2項）。ただし、計算書類等が電磁的記録で作成されていて、これを使って支店で閲覧・交付請求に応じることができるような場合には、支店での備置きは免除される。臨時計算書類についても（その監査報告・会計監査報告を含めて）、同様に本店・支店での備置きが求められている（同条1項2号・2項2号）。

　このように本店・支店に備え置いた計算書類等について、営業時間内いつでも、株主および会社債権者は、閲覧・謄写等の請求ができる（442条3項）。

　さらに、会社の親会社社員も、その権利を行使するため必要があるときは、裁判所の許可を得て、同様の請求ができる（442条4項）。

◆発展学習　**連結計算書類**

　わが国では、かつては当該会社自体の計算書類の作成のみが行われていたにすぎなかったが、その会社の属する企業集団の財産・損益状況は、株主等にとって重要な情報である。そこで会社法は、会計監査人設置会社については、各事業年度にかかる連結計算書類を作成することができるとしている（444条1項柱書）。連結計算書類とは、会計監査人設置会社およびその子会社から成る企業集団の財産および損益の状況を示すために必要かつ適当なものとして法務省令で定めるものをいうと定義されている（同項かっこ書）。このように、会社法が会計監査人設置会社に限って連結計算書類の作成を許容しているのは、作成される連結計算書類を信頼に足りるものとしようとしているからである。

　もっとも、事業年度の末日において大会社であって、かつ、有価証券報告書提出会社（金融商品取引24条1項）である会社については、当該事業年度にかかる連結計算書類の作成が、単なる許容ではなく、義務となる（会社444条3項）。

連結計算書類は、監査役（指名委員会等設置会社では監査委員会、監査等委員会設置会社では監査等委員会）および会計監査人の監査を受けなければならない（444条4項）。また、取締役会設置会社である場合には、監査を受けた連結計算書類は、取締役会の承認を受けなければならない（同条5項）。また、取締役会設置会社である場合には、取締役は、定時株主総会の招集の通知に際して、株主に対し、取締役会の承認を受けた連結計算書類を提供することになる（同条6項）。そして、取締役は、監査を受け、取締役会の承認を受けた連結計算書類を定時株主総会に提出・提供しなければならない。この場合、連結計算書類の内容および監査の結果を定時株主総会に報告する必要がある（承認は不要）（同条7項）。公告は義務づけられていない。

Ⅲ　資本金・法定準備金
——株主有限責任をどのように担保するか

❶………制度の趣旨

　(1)　**資本金制度**　　前述したように株式会社の法的特徴として株主の有限責任原則が挙げられる（104条）（5頁参照）。これは会社債権者の立場から見ると、会社財産が唯一の責任財産であることを意味する。株主は有限責任のメリットを享受しつつ、会社が生み出す利益の分配に与る。ここでは「利益」の算定が重要な意味を持つ。仮に会社財産が会社債権者を害するような形で払い戻される事態が生じたならば、それは会社債権者の期待に反し、ひいては株式会社への信頼が揺らぎかねない。そこで会社法は、株主と会社債権者との利害調整のために、会社財産が「利益」を偽って不正に払い戻されることのないように、株主に対して分配しうる額に一定の歯止めを設けることとした。それが資本金の制度である。資本金制度を補完するものとして準備金制度も法定されている（＝法定準備金、資本金のバッファーとしての法定準備金）。すなわち、資本金という一定額を基準と

して、それに加えて準備金制度を設け、原則としてこれらの数字の合計額に相当する額を留保するように分配しうる額を算出し、その額の範囲内で株主への利益分配を認める。このように資本金と準備金の制度は、後述する剰余金分配規制と密接な関係を持つこととなる。

(2) **数額としての意味**　　もっとも、会社法においては、資本金および準備金の額に相当する財産が会社の中でどのような形で保有されるかは問題とされない。資本金・準備金の増加・減少といっても、貸借対照表上の資本金の額または準備金の額という数字が増加または減少するだけであって、必ずしも現実の財産が増減するとは限らない。

❷………資本金の額

(1) **資本金の額の算定**　　資本金額はどのように算定されるのか。会社法はまず原則を次のように定める。すなわち、株式会社の資本金の額は、会社法に別段の定めがある場合を除き、設立または株式の発行に際して株主となる者が当該株式会社に対して払込み（＝金銭出資の場合）または給付をした（＝金銭以外の現物出資の場合）財産の額とされる（445条1項）。たとえば会社が設立時に〇円の金銭出資を受け、さらに成立後に1株△円の払込金額で1万株発行したとすると、それにより当該会社の資本金は合計で〇＋△×1万円となる（会計規14条1項・43条1項）。

> ◆発展学習　**資本金の額が増加しない場合**
> 　募集株式のところで述べたように「株式の発行」に該当しないと、そもそも資本金額の増加は問題とならない。自己株式を募集により処分したとしても資本金は増加しない（会計規14条参照）。また、株式無償割当て（185条）の場合は株主が払込みをしないので、この場合も資本金は増加しない（会計規16条）。取得請求権付株式を、株式を対価に取得する場合（167条2項4号）、取得条項付株式を、株式を対価に取得する場合（170条2項4号）および全株取得条項付種類株式を、株式を対価に取得する場合（173条2項1号）にも、自社株の交換なので、財産が入ってこないので資本金は増加しない（会計規15条）。さらに、株式分割の場合（183

条）は、株式が追加で発行されるが、それは発行済み株式総数の計数上の
増加にすぎない。この場合にも資本金は増加しない。

(2) **算定の例外**　　上述した原則には、重要な例外がある。445条2項
により、払込みまたは給付にかかる額の2分の1を超えない額は、資本金
として計上しないことができる。同項により資本金として計上しないこと
とした額は、資本準備金として計上しなければならない（同条3項）。た
とえば1株当たり1,000円を払込金額として株式を発行したとすると、資
本金に500円、資本準備金に500円、それぞれ計上することができる。こ
のように資本金および資本準備金に払込金額をどのように割り振るかは、
募集事項として決定することを要する（199条1項5号）。

　また、合併、会社分割、株式交換、株式移転または株式交付といった組
織再編に際して資本金または準備金として計上すべき額については、法務
省令に委任されている（445条5項）。法務省令に委任されている趣旨は、
組織再編に関する企業会計基準の動向をにらんで適切かつ迅速に対応でき
るようにするためである。この委任を受けて会社計算規則は、35条以下
に詳細な規定を置いている。

　同様に、取締役や執行役に対してインセンティブ報酬として株式または
新株予約権を交付するに際して資本金または準備金として計上すべき額に
ついても、法務省令に委任されている（445条6項）。

　さらに、所定の手続を踏むことにより、資本金を適法に増減することが
許されている（447条・448条・450条）。これについては後述する。

❸………法定準備金の額

　会社法は、資本準備金および利益準備金を総称して準備金と呼んでいる
（445条4項かっこ書）。法定準備金と呼ばれることもある。

　会社法は前述した445条2項3項により、資本準備金には資本金と同様
に株式発行に伴う出資金額を計上することとしている。そのほか会社法は、
剰余金の配当をする場合には、株式会社に対して、法務省令で定めるとこ

ろにより、当該剰余金の配当により減少する剰余金の額に10分の1を乗じて得た額を資本準備金または利益準備金として計上するように強制する（445条4項）。この委任を受けて会社計算規則は、①資本金の額の4分の1を基準資本金額としてこれに達するまで法定準備金を積み立てることを要すること、②その他資本剰余金から配当するときは資本準備金に、その他利益剰余金から配当するときは利益準備金に、それぞれ積み立てることを要するものとしている（会計規22条）。

❹………資本金の額の増減

(1) **手続規制**　前述したように会社法においては、株式会社は、設立、成立後の株式の発行および組織再編等に伴い一定の資本金が積み立てられる。このようにして積み立てられた資本金は、所定の手続を踏むことにより、適法にこれを増減することができる。

　まず資本金の額の減少については、次の手続が必要である。株主総会決議（原則として特別決議。309条2項9号）によって、①減少する資本金の額、②減少する資本金の額の全部または一部を準備金とするときは、その旨および準備金とする額、ならびに③資本金の額の減少がその効力を生ずる日、を定めねばならない（447条1項各号）。この場合、①の額は、③の効力発生日における資本金の額を超えてはならないものとされ（同条2項）、したがって資本金の額がマイナスとなることは許されないが、ゼロとなることは適法であると解される。なお、②の準備金は、資本準備金を指す（会計規26条1項と28条1項を比較せよ）。株主総会の特別決議を要求する趣旨は、資本金の減少が会社の基本的変更に該当すると考えるからである。なぜなら、資本金の減少は、株主に対する出資の払戻しという意味を伴い、したがって一部清算と解されるからである。

(2) **例外に該当する場合**　ただし、例外として、定時株主総会において欠損（＝分配可能額がマイナスの状態にあること）を填補するための資本金の額の減少決議は、特別決議を要せず、普通決議でこれを行うことが許されている（309条2項9号イ・ロ）。また、株式会社が株式の発行と同時

に資本金の額を減少する場合において、当該資本金の額の減少の効力が生じる日後の資本金の額が、当該日前の資本金の額を下回らないとき（＝事実上減資が生じない場合）は、取締役会決議により資本金の額の減少を行うことが許されている（447条3項）。

　なお、資本金の額の減少については、会社債権者の利害に影響を及ぼすことに照らして、債権者保護制度が設けられている。

> ◆発展学習　**資本金の額の減少と債権者保護**
>
> 　会社は債権者保護として、①当該資本金等の額の減少の内容、②当該会社の計算書類に関する事項として法務省令で定めるもの（会計規152条参照）、③債権者が一定の期間内（最低1ヶ月）に異議を述べることができる旨を官報に公告し、かつ、知れたる債権者には個別的に催告することを要する（449条2項）。債権者が所定期間内に異議申立てをしないと、当該債権者は資本金の額の減少を承認したものとみなされるが（同条4項）、逆に債権者が異議を述べた場合は、会社は原則として当該債権者に対し、弁済あるいは相当の担保の提供等をしなければならない（同条5項）。債権者異議の手続を完了していないと、資本金の額の減少はその効力を生じない（同条6項）。

　(3)　**剰余金の資本組入れ**　　剰余金の額を減少させて、これを資本金に組み入れることが可能である。この場合は株主総会決議（普通決議でよい）によって、減少する剰余金の額と資本金の額の増加が効力を生じる日を決定しなければならない（450条1項2項）。なぜなら、分配可能額が減少することとなり株主への影響があるからである。このルールに従えば資本金組入れの効力発生日現在の剰余金をすべて資本金に組み入れることも可能である（同条3項）。この場合は債権者にとってはその利益を害されるわけではないので、債権者保護策は特に要求されていない。

❺‥‥‥‥‥**法定準備金の額の増減**

　(1)　**手続規制**　　資本金だけではなく法定準備金も所定の手続を経ればこれを減少させることが許される。この場合には株主総会の決議によって

（普通決議でよい）、①減少する法定準備金の額、②減少する法定準備金の額の全部または一部を資本金とするときは（＝法定準備金の資本組入れ）、その旨および資本金とする額、ならびに③法定準備金の額の減少がその効力を生じる日、を定めなければならない（448条1項）。資本金の場合と同様に法定準備金をゼロまで減少させることは許されるが、マイナスにはできない（同条2項）。

　株式会社が株式の発行と同時に法定準備金の額を減少する場合において、当該法定準備金の額の減少の効力が生じる日後の準備金の額が、当該日前の法定準備金の額を下回らないとき（＝事実上準備金減少が生じない場合）は、取締役会決議により法定準備金の額の減少を行うことが許されている（448条3項）。これは資本金の額の減少の場合と同様である。

　(2)　**例外に該当する場合**　　このように原則として会社法においては法定準備金の額の減少は株主総会決議を要するが、取締役会設置会社でかつ会計監査人設置会社の場合は、一定の条件を満たせば（会計規155条参照）、定款の定めを基礎に、欠損を填補するために法定準備金の額の減少を決定する権限を取締役会に移すことが可能である（459条1項2号）。

　(3)　**債権者保護**　　法定準備金の額を減少させる場合にも、資本金額の減少と同様の債権者保護手続を経ねばならないのが原則である（449条）。ただし、会社法は、債権者の利益を害さないと思われる以下の場合には債権者保護手続を求めていない。

　すなわち、①減少する法定準備金の額の全部を資本金に組み入れる場合である（449条1項柱書かっこ書）。この場合資本金と法定準備金とのトータルで変化しないからである。②欠損填補のための法定準備金減少の場合である。定時株主総会において法定準備金の額の減少を決議し、かつ、減少する法定準備金の額が定時株主総会の日における欠損額として法務省令で定める方法により算定される額（会計規151条参照）を超えない場合（449条1項1号2号）がこれである。これは法定準備金の使途として想定される場合だからである。定時総会に限定する理由は、欠損額を正確に算定させることにある。

⑷　**剰余金の準備金組入れ**　　資本金の場合と同様に、剰余金の額を減少させて法定準備金に組み入れることも可能である。この場合も株主総会決議（普通決議でよい）によって、減少する剰余金の額と法定準備金の額の増加が効力を生じる日を決定しなければならない（451条1項2項）。法定準備金組入れの効力発生日現在の剰余金をすべて法定準備金に組み入れることも可能である（同条3項）。なお、その他資本剰余金を減少させた場合は資本準備金に、その他利益剰余金を減少させた場合は利益準備金に、それぞれ組み入れることとなる（会計規26条1項・28条1項）。

この場合は債権者にとってはその利益を害されるわけではないので、債権者保護策は特に要求されていない。

Ⅳ　剰余金の配当
───どのように剰余金を算定し、株主に分配するか

❶………剰余金の額

⑴　**算定の原則的方法**　　前述したように株式会社に対する法規整においては、株主と会社債権者の利害を調整することが要請される。そのため、剰余金の配当を適法に行うためにはその前提として剰余金の額を適正に算定しなければならない。剰余金額の算定方法が詳細に法定されているゆえんである。

446条1号は、剰余金額の算定方法を次のように定める。それは、最終事業年度の末日（＝決算期末）における貸借対照表に表示された数字を基礎に、①資産の額に②自己株式の帳簿価額の合計額を加え、①および②の合計額から、③負債の額、④資本金および法定準備金の額の合計額、ならびに、⑤法務省令で定める各勘定科目に計上した額の合計額、以上の合計額を差し引いた残りの額を剰余金として算定する。会社計算規則149条の規定を合わせて考えると、結局最終事業年度の末日における剰余金額とは、その他資本剰余金およびその他利益剰余金の合計額からなる。

(2)　**考慮すべき要素**　　もっとも、後述するように会社法はすべての株式会社に対して、期中いつでも剰余金の配当を行ってよいとしている。これは剰余金の算定において決算期末の数字に対してその後の剰余金の変動を反映させねばならないことを意味する。1つの例であるが、四半期ごとに利益分配をするのであれば、3月決算会社の場合には、当該会社は従来のように6月定時株主総会における決議によって配当を行うのみならず、9月、12月、翌年3月と年4回の配当を行うことも理論的には可能なのである。6月時点においてはもとより、その後の配当時点で前期末の決算数字をそのまま信頼して剰余金額を算定することは適切ではない。

◆発展学習　**剰余金算定**

　会社法は、446条2号から7号までにおいて、決算期末時点の剰余金額に、その後の変動のうち加算するものとして、⑥自己株処分に伴う処分益、⑦資本金額の減少分のうち資本準備金に組み入れずにその他資本剰余金に組み入れた額相当額、および、⑧法定準備金の減少分のうち資本金に組み入れずにその他資本剰余金あるいはその他利益剰余金に組み入れた額相当額、以上の合計額を挙げる。一方で、減算するものとして、⑨自己株式のうち消却されたものの帳簿価額、⑩剰余金配当分、および、⑪法務省令（会計規150条1項参照）で定める各勘定科目に計上した額の合計額、以上⑨から⑪の合計額を挙げる。⑪に該当する例として、剰余金を資本金あるいは法定準備金に組み入れた場合の組入れ相当額がある。このようにして剰余金額を算定することが求められる。

❷‥‥‥‥剰余金配当の手続

（1）　**株主の剰余金配当請求権**　　会社法上、株主は剰余金配当請求権を有する（105条1項1号）。453条は、株式会社が、その株主に対し、剰余金の配当をすることができると規定する。ただし、会社はその保有する自己株式に対して配当することはできない（同条かっこ書）。

（2）　**手続規制**　　株式会社は、剰余金配当をするためには、原則として株主総会の決議を要する（普通決議でよい）。定時株主総会に限らず、臨時

総会でもよい。株主総会においては①配当財産の種類（当該株式会社の株式等を除く）および帳簿価額の総額、②株主に対する配当財産の割当てに関する事項、ならびに、③当該剰余金配当がその効力を生ずる日、を定めねばならない（454条1項各号）。会社が剰余金配当優先株式を発行している場合、上記②については当該優先株式に対しては配当するが普通株式に対しては配当をしないとするときは、普通株式の株主に対して配当財産の割当てをしない旨を定めるほか、配当財産の割当てについて株式の種類ごとに異なる取扱いを行うときは、その旨および当該異なる取扱いの内容を定めることができる（同条2項）。ただし、上記②についての定めは、株主の有する株式の数（配当財産の割当てについて株式の種類ごとに異なる取扱いを行うときは、各種類の株式の数）に応じて配当財産を割り当てることを内容とするものであることが要請される（同条3項）。株主平等原則の具体化の1つといえよう。

(3)　**現物配当**　　上記①が示すように会社法はいわゆる現物配当を許容する。すなわち、配当財産が金銭以外の財産であるときは、株式会社は、株主総会の決議によって、④株主に対して当該配当財産に代えて金銭を交付することを株式会社に対して請求する権利（＝金銭分配請求権）を与えるときは、その旨および金銭分配請求権を行使することができる期間、ならびに、⑤一定の数（＝基準株式数）未満の数の株式（＝基準未満株式）を有する株主に対して配当財産の割当てをしないこととするときは、その旨およびその数を定めることができる（454条4項各号）。会社が現物配当するにもかかわらず株主に対して金銭分配請求権を与えない旨決議するには、特別決議を要する（309条2項10号）。なお、④の行使期間の末日は、剰余金配当の効力発生前に、現金かあるいは現物かいずれを受け取るか株主に判断する機会を十分に与える趣旨で、剰余金配当の効力発生日以前の日であることが要求され（454条4項ただし書）、会社は行使期間の末日の20日前までに、株主に対し④の事項を通知しなければならない（455条1項）。株主が金銭分配請求権を行使した場合の、配当財産の価額の決定方法については、455条2項およびその委任を受けた会社計算規則154条が

定めている。

　また⑤については、基準株式数を 1,000 株、株主 A の持株数が 100 株で
あるとすると、1,000 株の株主が割当てを受けた配当財産の価額を 455 条
2 項およびその委任を受けた会社計算規則 154 条の例により算定し、これ
に 10 分の 1 を乗じて得た額に相当する金銭を会社は A に対し支払わねば
ならない（456 条）。少数株主から事実上剰余金配当請求権を奪う結果とな
るような不当に高い基準株式数が設定されないよう牽制する趣旨である。

株主優待制度

　株主、特に個人株主層を拡大すべしという主張は、わが国におい
て従来から繰り返し提起されてきた。個人株主を育成していくうえ
で克服すべき課題は多いが、株式保有の魅力を高める策の 1 つとし
て、株主優待制度が注目され普及している。たとえば保有株式数に
いくつかランクを設けて、自社の商品やサービスを当該ランクに応
じて無償で提供するという内容のものが一般的である。これは利益
配当とは別に行われてきた。従来は、個々の株主が受け取る株主優
待の内容がそれほど金額のはるものではなく、目的も適正であると
考えられることから、利益配当の脱法とまで主張する見解は少なか
った。もっとも、会社法は本文でみたように現物配当を正面から認
めている。したがって、従来サービスと考えられてきた株主優待と
現物配当とを区別しなければならない。

　結局、株主増加策の一環として合理的な内容であって、厳格な規
制のもとに置く必要はないと判断しうる程度に支給物が少額といえ
るか否か、そのあたりが両者を分かつポイントと考えられる。

◆発展学習　**剰余金配当の特則**
　本文で述べたように会社は株主総会決議をもって株主に対し剰余金を配
当することを決定しうる。もっとも、この原則には次の例外がある。
　①取締役会、監査役会および会計監査人が設置されている会社で取締

役（監査等委員会設置会社の場合は、監査等委員である取締役以外の取締役）の任期が1年以内であるか、指名委員会等設置会社であるか、いずれかの機関構成の会社の場合は、特定の株主から取得するとき以外の自己株式取得、欠損を填補するための法定準備金の額の減少、452条後段の剰余金の処分ならびに剰余金配当（現物配当においては金銭分配請求権を付与する場合に限る）を、定款の定めにより、取締役会の決議事項とすることができる（459条1項3項）。ただし、会計監査人の会計監査報告に無限定適正意見が表明されているなど、最終事業年度にかかる計算書類が法令および定款に従い株式会社の財産および損益の状況を正しく表示しているものとして法務省令で定める要件を満たさないと当該定款の定めは効力が生じない（459条2項・460条2項、会計規155条）。

　なお、株主提案権（303条・305条）を否定するために、これらの事項は株主総会決議によっては定めないとすることも合わせ定款で規定しうる（460条）。

②取締役会設置会社の場合、定款の定めを基礎に、1事業年度の途中において1回に限り、取締役会決議によって剰余金配当（＝中間配当）を行うことが許される（454条5項）。中間配当の配当財産は金銭に限定される。

③会社の純資産額が300万円を下回るような剰余金配当は許されない（458条）。

❸………分配可能額の制限

（1）**統一的な財源規制**　　会社は、事業年度中に特に回数の制限なく剰余金の配当を行うことができる。決算期末後かなり期間を経て配当を行うことも想定される。そのため先に見たように決算期末後の減資などの変動を考慮に入れて剰余金が算定される（446条）。会社法はさらに分配可能額の制限を課す。すなわち、剰余金の配当をはじめ一定の行為により株主に対して会社が交付する金銭等（当該会社の株式を除く）の帳簿価額の総額は、当該行為がその効力を生ずる日における分配可能額を超えることが禁じら

れる（461条1項）。会社法は、剰余金の配当のみならず、譲渡制限株式の買取り、自己株式取得、全部取得条項付種類株式の取得など会社財産が株主に払い戻されるケースに対して、広く統一的な財源規制をかけている（同項各号。166条1項ただし書・170条5項参照）。

(2) **分配可能額**　　分配可能額の算定は461条2項による。それによれば剰余金の額を基礎に、前述した臨時決算による期間損益を加減し（◆発展学習　**臨時計算書類**239頁参照）、しかも自己株式取得に要した財源を配当財源の計算において控除するように工夫をしている。臨時決算は義務ではなく、臨時決算をすればそれを条件として分配可能額を算定できる。

(3) **取締役等の責任**　　会社法は、分配可能額の制限に違反して剰余金配当等が行われたときの取締役等の責任を、一般的な任務懈怠責任とは別個に定めている。462条1項柱書の規定によれば、共通して責任を負うべき者は、①当該行為により金銭等（当該会社の株式を除く）の交付を受けた者、②当該行為に関する職務を行った業務執行者（業務執行取締役、指名委員会等設置会社であれば執行役、その他当該業務執行取締役・執行役の行う業務の執行に職務上関与した者として法務省令で定めるもの）がこれである。462条1項柱書の委任を受けた会社計算規則159条は、行為ごとに「職務上の関与者」を具体的に定めている。さらに③行為ごとに決定機関が株主総会であるか取締役会であるかに分けて、それぞれ総会議案提案取締役および取締役会議案提案取締役が責任を負うべき者として規定されている（462条1項各号、会計規160条・161条）。①ないし③に該当する者は、連帯して、①の者が交付を受けた金銭等の帳簿価額に相当する金銭を支払う義務を負う（462条1項柱書）。現物配当の場合も金銭の返済が求められる。②および③の者が連帯責任を負担するのは、①の者から全額回収することが実際には無理な場合が少なくないからである。

　①の者は善意・悪意を問わず支払義務を負うと解する立場が有力であるが、悪意の株主に限られると解する見解もある。会社は①に対して返済請求権を有する。それに加えて会社債権者は、株主に対して、その債権額を限度に直接債権者に金銭を支払うよう請求する権利を与えられている（463

条2項）。民法上の債権者代位権（民423条）の特則である。これに対して、②および③に該当する者はその職務を行うについて注意を怠らなかったことを証明したときは、支払義務を免れる（462条2項）。ただし、支払義務の免除について462条3項は特則を定めている。すなわち、会社債権者保護のため、総株主の同意をもってしても全額免除することはできず、行為時の分配可能額を限度として免除することが許されるにすぎない。

　②および③に該当する者がその義務を果たせば、①に対して求償しうるはずである。もっとも、分配可能額を超えることについて善意の株主は、②および③の者からの求償に応じる義務を負わない（463条1項）。株主数が多い上場会社などを想定すれば、分配可能額を超える違法な剰余金配当が行われた場合には、結局のところ取締役等の責任を追及することにより、会社が被った違法な財産流失をいくぶんかでも補うことが必要である。

◆発展学習　**株式買取請求と財源規制**

　会社が株主の株式買取請求に応じて自己株式を取得する場合がある。かような自己株式取得は株主の保護のために法が特に定めた権利を基礎とするものであるから、それに応じて会社が自己株式を取得することに際して財源規制を課し、財源規制に反した取得については関与した取締役等に対して責任を問うとすることは、本来は適切とは言い難いと考えられる。会社法も基本的にはかような発想に立つ。

　もっとも、これには例外がある。すなわち、116条1項は、①発行する全部の株式につき譲渡制限株式とするための定款変更、②ある種類の株式につき譲渡制限株式とし、あるいは全部取得条項付種類株式とするための定款変更、および③会社がある種類の株主に対して損害を及ぼすおそれのある行為をするにもかかわらず、定款の定めにより当該種類株主の種類株主総会決議を省略しうる場合、これらの場合には株主保護のために該当する株主に対して株式買取請求権を与えている。会社がこれらの買取請求に応じて自己株式を取得する場合、株主に対して支払った金銭の額が当該支払いの日における分配可能額を超えるときは、自己株式取得に関する職務を行った業務執行者は、会社に対して、連帯して、その超過額を支払う義務を負う。業務執行者の義務は立証責任が転換された過失責任であって

（464条1項ただし書）、総株主の同意があれば全額免除しうる（同条2項）。株主は正当な権利行使であるから責任を問われることはなく、業務執行者のみが責任を負うが、一部免除の規定の適用はないものの、全額免除の可能性は残されている。結局、取締役としては、上記①から③に掲げる行為について、少なくない株主が反対に回るような提案をしないように慎重に行うインセンティブが生じよう。

(4) **事後的責任**　会社が剰余金配当や自己株式取得をする場合、前述したように分配可能額の制約を受ける。さらに、会社法はこれらの行為に関して事後的な規制も設けている。すなわち、剰余金配当や自己株式取得を行った事業年度にかかる計算書類が翌事業年度において定時株主総会で承認されたときに、その時点において分配可能額がマイナスとなってしまう（＝欠損）と、かような職務を行った業務執行者に対して、連帯して、その超過額か法定額のいずれか少ない額を、会社に対して支払う義務を負わせている。この場合も立証責任が転換された過失責任とされ（465条1項ただし書）、総株主の同意があれば全額免除しうる（同条2項）。ただし、剰余金配当に関しては、定時総会において剰余金配当の決議をして行った場合や、株主総会決議により資本金の額・法定準備金の額を減少してこれにより生じた剰余金を配当する場合については、事後的な欠損の責任を問われない（同条1項10号）。前者は事後的な責任を懸念することなく配当しうる機会を取締役らに対し与えようとするものである。これに対して、後者は債権者保護手続を経ているからである。

　以上は取締役らの民事責任の諸規定であるが、これとは別に刑事罰の規定がある。すなわち、株式会社の計算において不正にその株式を取得したとき、および法令定款に違反して剰余金の配当をしたときには、取締役らは、5年以下の懲役もしくは500万円以下の罰金に処し、またはこれを併科される（963条5項1号2号）。

第7章

組織再編

Ⅰ 総 論

❶‥‥‥‥‥組織再編の概要

　組織再編とは、一般に合併、会社分割、株式交換、株式移転、株式交付をいう。組織変更も含めることもある。組織再編を平たい言葉でいえば、会社を切り離したり合体させたり密着させたりすることである。会社はその形を柔軟に変えていくことができるのである。まずはそれぞれを簡単に見ておこう。

　合併は2つ以上の会社が1つに合体することであるが、それによって同業種の会社同士であれば事業規模を拡大することができ、異業種であれば新規事業に進出して事業範囲を拡大することができる。会社分割とは、会社がその事業に関して有する権利・義務の全部または一部を他の新設会社または既存の会社に承継させることであり、たとえば複数の事業部門を有する会社が会社分割を利用してその一部門を本体から切り離して独立した会社として専業化させれば、本体はスリム化されて経営効率を向上させることができるし、分離された部門は単体の会社として運営されることにより収益性の改善が促されるかもしれない。株式交換・株式移転は完全親子会社を創設するための制度である。特に最近では経営の効率化を図るため、企業集団を統括する会社が事業活動を行わずグループ全体の経営戦略の企

画に専念する純粋持株会社も多くみられるようになった。株式交換・株式移転を利用すれば、純粋持株会社の創設がより容易になる。株式交付は、完全子会社化までは望まない場合に利用される子会社化の方法である。

　事業の全部を譲渡したり事業の重要な一部を譲渡したりする事業譲渡も、経済的には合併や会社分割と同様の効果を有しており、企業の再編に利用される行為であるため、本章で取り上げることにする。

　特に近年は経営の効率性や市場競争での迅速な対応が強く求められるようになっていることから、組織をスリム化したり既存の企業を活用して補強したりする組織再編への関心は高まっている。

　なお、会社が主体となるものとは違って異質なものであるが、完全親子会社創設の新たな手段として、特別支配株主の株式等売渡請求の制度（いわゆる、キャッシュ・アウト）についても、便宜上、本章で扱う。

◆発展学習　**組織変更とは**

　持分会社（合名会社・合資会社・合同会社）から株式会社に会社の組織を変更することや、株式会社から持分会社に組織を変更することを「組織変更」という（2条26号）。組織変更の制度を利用すれば、現在の会社を解散させて新たに会社を設立する手続を経る必要はなく、法人としての同一性を維持したまま別の組織に移行できる。

　組織変更を行うには、変更後の会社の目的や商号、効力発生日、持分会社から株式会社への組織変更では変更後の発行可能株式総数や役員の氏名、社員が取得する株式数等、株式会社から持分会社への変更では変更後の持分会社の種類、社員の責任等を定めた組織変更計画を作成しなければならない（743条・744条・746条）。

　組織変更は、機関設計や株式・持分の譲渡の容易性、出資者の責任の態様などに変更を生じるため、出資者および債権者の利害に大きく関わる。そこで、株式会社から持分会社への変更の場合には、組織変更計画の内容および法務省令で定める事項につき株主および債権者に対し開示が行われ（775条）、組織変更計画につき株式会社では総株主の同意、持分会社では定款で定めがない限り総社員の同意を得なければならない（776条1項・781条1項）。さらに、組織変更に異議を述べた債権者に対し弁済・

担保提供等を行うなど債権者保護制度が設けられている（779条・781条2項）。また、組織変更に瑕疵がある場合には、提訴期間や提訴権者に制限があるが、無効の訴えを提起することができる（828条1項6号・2項6号・834条6号・835〜839条）。

　なお、合名会社から合資会社へ変更するような持分会社間での変更は、組織変更ではなく、持分会社の種類の変更である。その手続は定款変更で足りる（638条）。持分会社については、4頁以下を参照。

❷………組織再編手続の概要

　(1)　**株主保護の必要**　　組織再編に伴って株主の利害に大きな影響が生じる。たとえば、吸収合併では他の会社（消滅会社）の財産が吸収する側の会社（存続会社）に包括的に承継されるのであるが、消滅会社が多額の債務を抱えているような会社であれば、存続会社の経営や財務状態に悪影響が生じて存続会社の株主が不利益を受けるおそれがある。また、存続会社から消滅会社の株主に対し、どのような対価が交付されるのか、存続会社等の株式であれば消滅会社の株式1株につき存続会社等の株式が何株交付されるのか、存続会社の経営状態はどうであるか、金銭であれば1株につきいくら交付されるのかなど、消滅会社の株主の利害にも影響が及ぶ。

　このように組織再編は株主の利害に関わるものであるため、会社法では、組織再編を行うにあたって株主に直接その可否を問うこととして、株主総会の承認決議を求めている。しかも、この決議は普通決議ではなく、より厳格な成立要件、つまりより多くの議決権の賛成を必要とする特別決議とされている点に特徴がある[1]。この決議に参加するには、どのような組織再編が行われるのか事前に情報を得ておかなければならないし、問題のあ

---

1)　このように組織再編は株主の利害に大きな影響を及ぼすものであるため株主総会の承認決議が要求されているが、一方では迅速かつ機動的に組織再編行為が行われる必要も否定できない。会社法はこの点に配慮して、第一に、株主総会決議の成立の可能性がきわめて高い場合については総会決議を不要としている。すなわち、ほとんどすべての議決権を有する「特別支配会社」が存在する会社についてである。これを略式組織再編手続という。第二に、比較的規模の小さい組織再編行為については、株主の利益に及ぼす影響が小さいとみて、株主総会の承認決議を不要としている。これは簡易組織再編手続と呼ばれるものである。

る組織再編行為については差止請求の機会も確保されなければならない。そのため、事業譲渡等を除き、組織再編をなすには事前に参考となる情報の開示を求めている。

事前の救済として、簡易組織再編の場合を除き、株主には差止請求権が認められている。すなわち、株主は、組織再編が法令または定款に違反し、株主が不利益を受けるおそれがあるときは、会社に対し、当該行為の差止めを請求することができる（784条の2・796条の2・805条の2・816条の5）。略式組織再編にあっては、株主総会決議を経る手続が省略されるため、株主に交付される対価が、組織再編の当時会社の財産の状況等に照らして著しく不当であり、株主が不利益を受けるおそれがあるときも差止めを請求できる（784条の2第2号・796条の2第2号）。

また株主総会決議は資本多数決の原理が働くため、反対する少数派株主は多数派の判断に従うことになる。従いたくなければ株式を譲渡して退出するほかない。しかし退出しようとしても非上場会社の場合のように容易に譲渡の相手方が見つかるとは限らないし、譲渡できるとしてもその条件が不利な場合もある。そこで、このような少数派株主の保護を図るために、組織再編に反対する株主には会社に対して公正な価格で株式を買い取るよう請求する権利（株式買取請求権）が認められていることも特徴の1つである。

(2) **債権者保護の必要**　株主のみならず、債権者も組織再編に重大な利害関係をもっている。経営状態・財務内容のよくない会社を吸収合併する場合、存続会社は債権・債務のすべてを引き継ぐわけであるから大きな負の財産を背負うこともありうる。そのため、存続会社の債権者は消滅会社の財務状態や合併の条件などを知る必要があるし、場合によっては早期に債権を回収したいと考えるかもしれない。そこで会社法は、事業譲渡の場合を除き、組織再編行為の相手会社の財務内容などについて会社が債権者に通知・公告しなければならないと定め、債権者は異議を述べて弁済・担保提供等を受けることができるという債権者保護手続を規定している。

(3) **組織再編行為の瑕疵と無効の訴え**　組織再編の事後にその瑕疵を

争う方法として、事業譲渡等の場合を除き、会社法は無効の訴えを定めている。無効はいつでも・誰でも・どのような方法によってでも主張できるのが原則であるが、組織再編行為が有効であるものとして法律関係がすでに生じているため、無効の主張には制限が加えられている。すなわち、無効の主張は訴えによらなければならず、訴えの提起は組織再編行為の効力発生日から6ヶ月以内にしなければならない（828条1項7〜13号）。また、訴えを提起できる者は株主等（株主・取締役・監査役等）、破産管財人、組織再編について承認しなかった債権者等（各組織再編行為によって若干異なる）に限られている（同条2項7〜13号）。なお、何が無効事由にあたるかは法に定めがないため解釈問題となる。

　法律関係の画一的な確定、あるいは取引の安全確保といった要請に応えるため、組織再編行為を無効とする確定判決は第三者に対しても効力（対世効）を有し（838条）、無効とする判決が確定してもそれまでの行為（たとえば、株式交換後に交付した株式にかかる剰余金配当等）は遡って無効とならない（遡及効の否定、839条）。

　以下では、事業譲渡、合併、会社分割、株式交換・株式移転、株式交付について詳しく見ていくが、その前に六法を開いて組織再編に関する規定の位置を確認しておこう。

　会社法では事業譲渡（467〜470条）を除く組織再編行為については第5編（743〜816条の10。ただし、743〜747条および775〜781条は組織変更に関する規定）に規定がある。そこではまず、合併、会社分割、株式交換、株式移転、株式交付の各行為ごとに、組織再編行為の相手会社との契約（新設合併・新設分割・株式移転・株式交付の場合は計画）で定めるべき事項や効力の発生等についての規定を設けている（748〜774条の11）。

　次に782条以下を見てみよう。組織再編行為にかかる株主総会の承認や、株式買取請求、債権者保護手続などの具体的な手続がここで定められている。ただし、上のように組織再編行為ごとではなく、組織再編行為を吸収型のもの（吸収合併、吸収分割および株式交換）と会社創設を伴う新設型の

もの（新設合併、新設分割および株式移転）に分けて、前者につき「吸収合併等の手続（782〜802条）」で、後者につき「新設合併等の手続（803〜816条）」で、それぞれまとめて規定している点に留意しよう[2]。「株式交付の手続」はこれらとは別に規定されている（816条の2〜816条の10）。なお、本章Ⅲ以下では、具体的な手続を上のような分け方をしたうえでまとめて説明するのではなく、それぞれの組織再編行為の説明の中で取り上げることとする。

Ⅱ　事業譲渡──会社をスリムにする

❶⋯⋯⋯事業譲渡の意義

　会社は、複数の事業部門のうちの一部や事業の全部を他社に譲渡することができる。事業の全部を譲渡しても会社は解散しないから新たな事業を始めることもできる。事業譲渡は組織再編の手段として利用される。たとえば、健康食品と院内薬品の製造販売を行うP社は業務を院内薬品に特化しようとしており、ちょうどそのとき飲料メーカーのQ社が健康食品事業に進出したいと考えている場合、P社が健康食品事業部門をQ社に売却すれば、P社は売却代金を得て不要になった部門を整理することができるし、Q社は一から事業を起ち上げることに伴うコストやリスクを回避して事業を拡大することができる。このほか事業譲渡は、特定の事業部門を独立（分社）させるために新たに設立した子会社に事業を譲渡する場合や、複数の企業が合弁事業を行うために新会社を設立してこれにそれぞれの事業を譲渡する場合などにも利用される。

　会社法では、①事業の全部の譲渡、②事業の重要な一部の譲渡、③子会

2）　さらに、吸収合併等の手続は、消滅会社等（吸収合併消滅会社、吸収分割会社および株式交換完全子会社）における手続（782〜793条）と存続会社等（吸収合併存続会社、吸収分割承継会社および株式交換完全親会社）における手続（794〜802条）に分けて規定され、新設合併等の手続についても、消滅会社等（新設合併消滅会社、新設分割会社および株式移転完全子会社）における手続（803〜813条）と設立会社（新設合併設立会社、新設分割設立会社および株式移転設立完全親会社）における手続（814〜816条）に分けて規定されている。

社株式の譲渡（266頁参照）、④他の会社の事業の全部の譲受け、および⑤事業の全部の賃貸、事業の全部の経営の委任、他人と事業上の損益の全部を共通にする契約その他これに準ずる契約の締結、変更または解約をまとめて「事業譲渡等」と呼んでいる（468条1項かっこ書）。

　事業の重要な一部を譲渡する場合、株主総会の承認決議は、譲り渡す資産の帳簿価額がその会社の総資産額として法務省令で定める方法（会社則134条）により算定される額の**5分の1**（定款で引下げ可能）を超えるときに必要とされる（467条1項2号かっこ書）。金額的に小規模の事業譲渡は株主への影響が小さいと考えられるため、株主総会決議を要求しないのである。もっとも、金額ベースで5分の1を超える場合であっても、質的にみて重要でない事業譲渡であれば株主総会決議は不要である。

◆発展学習　**「事業」の意義**

　事業譲渡等を行うには株主総会の特別決議が要求されることから、「事業」とは何であるかが重要な問題となる。会社法には「事業」についての定義がないため、その意義をめぐって議論が展開されている。

　平成17年商法改正前の最高裁判例では、以下のような事案が問題となった。製材加工およびその製品の販売を主たる事業とするX社の代表取締役が、株主総会決議も取締役会決議も経ないで、製材工場を構成する土地・建物・機械・機具類一式をY社に譲渡したのち、X社がこれらの譲渡は平成17年改正前商法（以下、旧○条と表記）245条1項1号（会社467条1項1号2号）にいう「事業」の譲渡に該当するにもかかわらず株主総会の特別決議による承認を受けていないため無効であると主張してY社にこれらの物件の返還を求めたのである。

　最高裁は、旧245条1項1号にいう営業譲渡は旧24条以下にいう営業譲渡と同義であるとしたうえで、①個々の営業用財産（建物や製造機械など）ではなく、一定の営業目的のため組織化され、有機的一体として機能する財産（得意先関係等の経済的価値のある事実関係を含む）の全部または重要な一部を譲渡し、②これによって、譲渡会社がその財産によって営んでいた営業的活動の全部または重要な一部を譲受人に受け継がせ、③譲渡会社がその譲渡の限度に応じ法律上当然に旧25条に定める競業避止義

務を負う結果を伴うものをいう、として3つの要件を示した（最大判昭和40年9月22日民集19巻6号1600頁）。このように旧245条と24条以下の営業譲渡を同じ意味に解することで、用語の概念の統一性・安定性が図られるし、営業活動の承継および競業避止義務の負担が要件とされるため譲受人が「営業」の譲渡であるか否かを区別しやすくなり取引の安全が確保されることになると考えるのである。

これには反対説がある。すなわち、旧245条の規定の目的は株主総会の特別決議を要求することによって譲渡会社の株主の利益を保護することにあり、譲受人の保護や譲渡人の債権者・債務者の保護を目的とする旧24条以下とは規定の趣旨が異なるのであるから、両者で同じ営業譲渡概念を用いる必要はないと主張する。この見解によれば、営業活動の承継や譲渡会社の競業避止義務の負担は株主の利益と直接関係のないものであるから旧245条の営業譲渡の要件とはならず、有機的一体として機能する組織的財産の譲渡であれば営業活動の承継がなされず競業避止義務が課されない場合であっても旧245条の営業譲渡に該当して株主総会の特別決議が必要になると主張する。

最高裁の立場をとると、営業譲渡が無効になる場合が少なくなり、また機動的な営業譲渡が可能となるのに対し、上のような反対説に立つと、株主総会の特別決議が求められる営業譲渡の範囲が広がるため、営業譲渡の機動性と取引の安全が害されるおそれがある一方で株主の利益が手厚く保護されることになる。

会社法では会社法総則の中には商人による営業譲渡の規定に相当する規定（21〜24条）が設けられ、従来の「営業譲渡」という文言は「事業譲渡」に改められた。もっともこれは文言の整理にすぎないため、上に述べた見解の対立は株主総会の特別決議を要求する事業譲渡（467条）の概念と会社法総則にいう事業譲渡（21条以下）の概念をめぐる議論として会社法制定後も残っている。

❷………事業譲渡等の手続

事業譲渡等は会社の事業に重大な影響を及ぼすものであるため、以下のような厳格な手続が定められている。

【事業譲渡の一例】

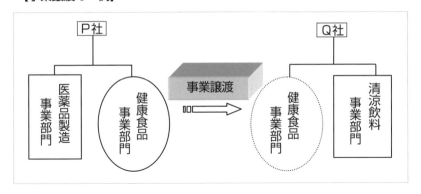

　会社は、事業譲渡等を行う場合には、株主に差止請求（360条）および株式買取請求（469条）の機会を与えるため、効力発生日の20日前までに事業譲渡等を行う旨を株主に通知または公告しなければならない（同条3項4項）。

　事業譲渡等を行うには株主総会の特別決議によって承認されることが要求される（467条1項・309条2項11号）。その株主総会の招集の通知に際して、会社は、①事業譲渡等を行う理由、②契約の内容の概要、および③対価の算定の相当性に関する事項の概要を記載した株主総会参考書類を株主に交付しなければならない（301条1項、会社則92条）。

　事業譲渡等に反対する株主[3]は、自己の有する株式を公正な価格で買い取るよう会社に請求することができる（469条1項）。会社は、反対株主との間で買取価格の協議が調った場合、効力発生日から60日以内にその支払いをしなければならない（470条1項）。協議が不調に終わった場合、会社または株主は裁判所に対し価格の決定の申立てをすることができる（同条2項）。

　なお、株主総会の承認決議を経ずになされた事業譲渡等については、株

---

3)　買取請求権が認められる「反対株主」とは、①総会に先立って会社に事業譲渡等に反対する旨を通知し、かつ、その総会で反対した株主、②その総会で議決権行使ができない株主、および③総会決議がなされない場合（簡易な事業譲渡等などで総会決議が省略される場合）にあっては、特別支配会社を除くすべての株主、をいう（469条2項）。

主の利益保護を重視してこれを無効であると解する説と、取引の安全（譲受人の保護）を図る立場から株主総会の特別決議を要することにつき譲受人が知らず、かつ、知らないことに重大な過失がない場合には無効を主張しえないと解する説に見解が分かれている。

❸………株主総会の承認決議を省略できる場合

(1) 特別支配会社との事業譲渡等　事業譲渡等を行う子会社の相手方が、当該子会社のほぼ全部の株式を有する親会社である場合、親会社が議決権を行使すれば当該子会社の総会決議は当然に成立する。そこで、このような親会社を相手方とする事業譲渡等を行う場合、子会社における株主総会の承認決議を不要として、略式の手続を認めている（468条1項）。このような親会社は「特別支配会社」と呼ばれる。具体的には、ある会社の総株主の議決権の10分の9（定款で引上げ可能）以上を単独で有する会社、または完全子会社その他これに準ずる法人（会社則136条）の保有分と合算してある会社の総株主の議決権の10分の9以上を有する会社をいう（468条1項かっこ書）。たとえば、P社とその完全子会社（P₁）がQ社の総株主の議決権の90％以上の株式を共同して有している場合、P社はQ社の特別支配会社になるため、P社がQ社に事業譲渡等を行う際にはQ社において総会決議が不要となる。

(2) 小規模の事業の全部の譲受け　他の会社の事業の全部を譲り受ける場合において、その対価として交付する財産（典型的には金銭）の帳簿価額の合計額が、純資産額として定める方法（会社則137条）により算定される額の5分の1（定款で引下げ可能）を超えないときは、譲受会社での株主総会の承認決議は不要とされている（468条2項）。上述の(1)と同様に株主への影響が小さいと考えられるため簡易な手続を認めている。ただし、総会の特別決議の成立を阻止できる数またはそれより少ない定款で定めた数（会社則138条）の株式を有する株主が事業の全部の譲受けに反対する旨を一定期間内に会社に通知した場合には、原則に戻って株主総会の承認決議を経なければならない（468条3項）。

事業譲渡を行った会社は、当事者の別段の意思表示がない限り、同一の市町村（東京都および指定都市では区）の区域内およびこれに隣接する市町村の区域内において、事業譲渡を行った日から20年間、同一の事業を行ってはならない（21条1項）。たとえば、パンの製造販売の事業を行うP社がその事業をQ社に譲渡した場合において、P社が事業譲渡後もパンの製造販売業を行うならば、Q社は事業譲受けの経済的利益を得られないことになるからである。

さらに、地域を限定しないで、同一の事業を行わない特約を定めることもできる。ただし、譲渡会社の営業の自由があまりに長期にわたって拘束されるのを防ぐため、そのような特約は事業譲渡を行った日から30年間に限り有効とされている（21条2項）。なお、これらの競業規制に関係なく、そもそも譲渡会社は不正競争の目的をもって同一の事業を行うことは許されない（同条3項）。

事業譲渡は合併のように債権・債務が包括的に移転するものではないため、債務引受けなどの手続をとらない限り、譲渡会社の債務は当然に譲受会社に引き継がれることはない。しかし、譲受会社が譲渡会社の商号を引き続き使用する形で事業譲渡が行われた場合、譲渡会社の債権者は、事業譲渡によって事業主体が代わったことを判別しにくいし、たとえ事業譲渡が行われたことを知っていたとしても自己の債権にかかる譲渡会社の債務が事業譲渡によって譲受会社に移転したと考えるかもしれない。たとえば、パンの製造販売業を行っているP社がQ社に対してパンの製造販売の事業を譲渡するとともに、Q社が商号変更してP社という商号を使用する場合、もとのP社の債権者は上に述べたような理由から場合によってはもとのP社からの債権回収の機会を逃してしまうおそれがある。

そこで、商号の続用がある場合における債権者保護の制度が設けられている。すなわち、事業の譲受会社が譲渡会社の商号を続用する場合、譲受会社も一定の期間、譲渡会社の事業によって生じた債務を弁済する責任を負う（22条1項3項）。ただし、譲受会社が、事業を譲り受けた後遅滞なく本店所在地において譲渡会社の債務を弁済する責任を負わない旨を登記した場合には責任を負わない（同条2項前段）。また事業を譲り受けた後遅滞なく譲受会社および譲渡会社から第三者に対し譲渡会社の債務を弁済

する責任を負わない旨を通知した場合には、その者に対し譲受会社は責任を負わない（同項後段）。

さらに、譲受会社が譲渡会社の商号を続用しない場合であっても、譲渡会社の事業によって生じた債務を引き受ける旨の広告をしたときは、譲渡会社の債権者は一定の期間、譲受会社に対し弁済を請求することができる（23条）。

ところで、実質的に破綻状態にある会社が、事業継続に必要な優良資産や一部の債務だけを譲受会社に承継させると、もとの会社（譲渡会社）には不良資産と承継されなかった債務（残存債権者）が残る。事業譲渡が詐害的に行われた場合、残存債権者の救済方法として、譲受会社の責任が定められている。残存債権者は、譲受会社に対して、承継した財産の価額を限度として、当該債務の履行を請求することができる（23条の2第1項本文）。ただし、譲受会社は、事業譲渡の効力発生時において、残存債権者を害すべき事実を知らなかったときは、債務の履行責任を負わない（同項ただし書）。譲受会社の履行責任は、2年以内に履行請求（または請求予告）しないときは、消滅する（同条2項）。

❹………子会社株式の譲渡

会社が、その子会社の株式の一部または全部を譲渡する場合であって、①譲渡する株式の帳簿価格が当該会社の純資産額の5分の1を超え、かつ、②当該会社が譲渡の効力発生日において当該子会社の議決権総数の過半数を有しないものとなるときは、効力発生日の前日までに、株主総会の特別決議によって、当該譲渡にかかる契約の承認を受けなければならないこととされている（467条1項2号の2）。このような子会社株式の譲渡は、実質的に、事業譲渡と異ならない影響が親会社（譲渡会社）に及ぶと考えられることから、親会社の株主の意思を反映させる手続が要求されているのである。反対株主に株式買取請求権が認められることも、事業譲渡と同じである（469条）。

Ⅲ　合併──会社の権利義務が包括的に受け継がれる

❶………合併の意義

　合併とは、2以上の会社が契約によって結合して1つの会社になることである。このような契約を合併契約という。合併には吸収合併と新設合併の2種類がある。吸収合併に登場するのが、合併によって消滅する会社（＝消滅会社）と、合併後も以前と同じように続いていく会社（＝存続会社）である。たとえばQ社（消滅会社）とP社（存続会社）が合併契約を締結すると、Q社の権利義務のすべてがP社に承継される。このように、P社がQ社を取り込むような合併を吸収合併という（2条27号）。新設合併に登場するのが、消滅会社と、合併によって新しく作られる会社（＝設立会社）である。この場合は、合併契約を締結したP社もQ社も消滅し

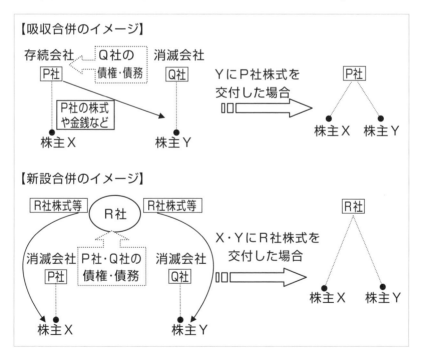

（消滅会社）、P社とQ社の権利義務はすべてR社（設立会社）に承継される。このように、P社とQ社が新たにR社となるような合併を新設合併という（2条28号）。会社法は合併自由の原則を認めており（748条）、株式会社同士の新設合併の場合に、設立会社を持分会社とすることも許される（755条1項）。また、株式会社と持分会社の合併も許され、この場合の存続会社や設立会社は、株式会社でも持分会社でもよい。

　合併は、経営効率を高めるために企業グループを再編する手段として、また、企業規模を拡大したり、経営不振の会社を支援する手段として使われる。合併では、1つの合併契約によって、消滅会社の権利義務が包括的に承継される。したがって、それぞれの権利について権利移転をしたり、義務について債務引受けの手続を行う必要はない。

◆発展学習　**合併と事業の全部譲渡の違い**

　吸収合併も事業の全部譲渡も、会社の事業財産を移転させるという点においては類似している。これらは株主の利害関係に大きな影響を及ぼすため、株主総会の特別決議が要求される（467条1項・783条・795条・309条2項11号12号）。また、反対株主には株式買取請求権が与えられている（469条・785条・797条）。

　これに対し、吸収合併と事業全部の譲渡とでは以下のような相違点がある。第一に、吸収合併によって存続会社は消滅会社の事業財産を包括的に承継し（包括承継）、事業財産のうちのあるものを除外することはできない。しかし事業譲渡によっては事業財産の包括承継の効力は生じない。したがって、事業譲渡の場合は個別に権利義務を移転しなければならない。第二に、吸収合併では包括承継により消滅会社の債務が当然に移転するので、債権者保護手続が必要とされている（789条・799条）。しかし事業譲渡の場合は、債権者の承諾を得て個別の債務引受けをするので、債権者保護は必要なく、特に債権者保護手続は設けられていない。第三に、吸収合併における消滅会社の株主は、存続会社の株式を与えられる場合には存続会社の株主となる（750条3項1号・749条1項2号イ）。これに対し事業譲渡の場合には譲渡会社の株主は当然には譲受会社の株主とはならない。第四に、吸収合併の無効は訴えの方法によってのみ認められるが（828条

1項7号・2項7号）、事業譲渡の場合はこれに限らない。

❷………合併の手続

(1) **合併契約の締結**　会社が他の会社と合併をする場合には、合併契約を締結しなければならない（748条）。合併契約で定めるべき内容は会社法に規定されており、吸収合併契約と新設合併契約とでは定めるべき内容にいくつかの違いがある。

吸収合併契約には以下の事項を定めておかなければならない（749条1項）。

①存続会社および消滅会社の商号と住所（1号）

②消滅会社の株式に代えてその株主に交付する存続会社の金銭等[4]に関する事項（株式を交付する場合はその数またはその算定方法ならびに存続会社の資本金および準備金の額に関する事項、財産を交付する場合はその内容、数もしくは額またはこれらの算定方法）、株主への割当てに関する事項（2号3号）

③消滅会社の新株予約権に代えてその新株予約権者に存続会社の新株予約権を交付する場合、その新株予約権に関する事項（内容、数等）および新株予約権者への割当てに関する事項（4号5号）

④吸収合併の効力発生日（6号）

新設合併の場合の合併契約の内容は753条に規定されており、大部分は吸収合併と同じである。しかし吸収合併の場合とは以下の点で異なっている。第一に、新設合併によって設立する会社について次のような点を定めなければならないことである。すなわち、設立会社の目的、商号、本店の所在地および発行可能株式総数（753条1項2号）、753条1項2号に掲げるもの以外で設立会社の定款で定める事項（同項3号）、設立会社の設立時の役員の氏名などである（同項4号5号）。第二に、吸収合併の場合は消滅会社の株主に対して交付するのは「金銭等」であったのに対して、新設

---

4) 会社法が成立する前は、合併の際に消滅会社の株主に交付する対価は存続会社の株式に限られていた。

合併の場合は必ず「株式」を交付しなければならないとされていることである（同項6号7号）。新設合併の場合にも、株式に加えて社債や新株予約権を交付することは可能である（同項8号9号）。

(2) **合併契約の内容についての事前の開示**　事前の開示とは、合併契約の内容や対価の相当性などを記載した書面または記録した電磁的記録を本店に備え置くことである。これは、消滅会社にも存続会社にも要求されるものである（吸収合併の消滅会社は782条1項、会社則182条・存続会社は794条1項、会社則191条・新設合併の消滅会社は803条1項、会社則204条）。このような事前の開示はなぜ必要なのか。それは、株主が合併契約を承認するかどうかを判断するにあたって参考とする情報を提供するためである。すなわち、株主が合併承認決議において承認すべきかどうかを判断する前に情報を提供する必要があるからである。また、株主だけでなく会社の債権者にとっても情報の提供は必要である。この情報は、債権者が合併に異議を述べるかどうかの判断材料となるからである。この事前の開示は、一定の日[5]から効力発生日後6ヶ月を経過する日まで（吸収合併の消滅会社については効力発生日まで、新設合併の消滅会社については設立会社の成立の日まで）の間行わなければならない。

(3) **株主総会の承認**　(a) **特別決議による承認**　合併をしようとする会社は、株主総会の決議によって合併契約の承認を得なければならない（吸収合併の消滅会社は783条1項・存続会社は795条1項・新設合併の消滅会社は804条1項。吸収合併の場合は、合併契約に定めた効力発生日の前日までに承認が必要）。これは株主にとって重要な事項についての承認なので、原則として特別決議による承認を必要とする（309条2項12号）。ただし、以下の場合には、吸収合併契約についての株主総会の承認決議を省略することができる。

(b) **承認が不要の場合**　存続会社から消滅会社の株主に対して合併対価として交付する株式等の額が一定の額を超えない場合には、存続会社

---

5) 「吸収合併契約等備置開始日」と呼ばれ、株主総会の日の2週間前の日などをいう。会社法は、組織再編行為すべての備置開始日を一括して782条2項・794条2項・803条2項に定めている。

に与える影響が小さいため、存続会社における株主総会決議を不要としている（796条3項）。これは「簡易合併」と呼ばれる[6]。同様に株主総会決議が不要の場合として、「略式合併」がある。略式合併とは、吸収合併の存続会社が特別支配会社である場合の消滅会社、また、吸収合併の消滅会社が特別支配会社である場合の存続会社において、株主総会の承認を不要とする手続のことである（784条1項・796条1項）。特別支配会社とは、「ある会社の総株主の議決権の90％以上を他の会社および当該他の会社が発行済み株式の全部を有する会社その他これに準ずるものとして会社法施行規則136条で定める法人が有している場合における当該他の会社」をいう（468条1項）。つまり、A社の総株主の議決権の90％以上をB社が単独で保有している場合と、B社およびB社の完全子会社であるC社が共同で保有している場合は、B社は特別支配会社である。この場合に株主総会決議が不要とされるのは、総会を開催したとしても承認される可能性が非常に高く、開催する意味が乏しいからである。

（4） 株式の買取請求　　合併に反対する株主（785条2項・797条2項・806条2項）は、自分の有する株式を公正な価格で買い取るよう会社に請求することができる。これは、吸収合併の消滅会社、存続会社、新設合併の消滅会社の場合にあてはまる（785条1項・797条1項・806条1項。反対株主については、263頁注3）を参照）。ただし、存続会社が簡易合併の要件を満たす場合は、反対株主には株式買取請求権が認められない（797条1項ただし書）。また、略式合併の要件を満たす場合には、特別支配会社は株式買取請求権を持たない（785条2項2号・797条2項2号）。公正な価格とは、合併によるシナジー（相乗効果）を反映した価格を意味する。合併をすることによって、人材や技術といった経営資源を効果的に使えるようになるなどのよい効果が生じれば、合併後の企業価値が合併前の2つの会

---

6)　一定の額を超えない場合とは、「吸収合併消滅会社の株主に交付する存続会社の株式数に1株あたり純資産額を乗じて得た額」と、「交付する存続会社の社債、新株予約権または新株予約権付社債の帳簿価額の合計額」と、「交付する存続会社の株式等以外の財産の帳簿価額の合計額」の合計額（＝合併対価の額）が、存続会社の純資産額の5分の1を超えない場合をさす。5分の1という割合は、定款で変更することが可能である（796条3項）。この基準は、他の簡易組織再編にも適用される。

社の企業価値よりも大きくなる場合がある。このような企業価値の変動を
シナジーと呼ぶ。

　吸収合併の消滅会社および存続会社は、効力発生日の 20 日前までにそ
の株主[7] に対し、吸収合併をする旨ならびに存続会社の商号および住所
を（消滅会社の場合）、吸収合併をする旨ならびに消滅会社の商号および住
所を（存続会社の場合）通知しなければならない（785 条 3 項・797 条 3 項）。
この通知は、一定の場合には公告で代用することができる（785 条 4 項・
797 条 4 項）。新設合併の消滅会社は、株主総会の承認決議の日から 2 週間
以内にその株主に対し、新設合併をする旨ならびに他の新設合併消滅会社
および設立会社の商号および住所を通知しなければならない（806 条 3 項）。
この通知は、公告で代用することができる（同条 4 項）。このような会社
から株主に対する通知または公告は、株主に株式買取請求の機会を与える
ためにされるものである。

　吸収合併の場合の株式買取請求は、効力発生日の 20 日前から効力発生
日の前日までの間に、新設合併の場合は、会社の通知または公告をした日
から 20 日以内に、株式の数を明らかにして行わなければならない（785 条
5 項・797 条 5 項・806 条 5 項）。

(5)　**新株予約権の買取請求**　　吸収合併および新設合併の消滅会社の新
株予約権の新株予約権者についても、一定の要件のもとに、公正な価格で
の買取請求が認められている。新株予約権の買取請求が認められるのは、
消滅会社の新株予約権者に交付する新株予約権についての定め（749 条 1
項 4 号 5 号・753 条 1 項 10 号 11 号）が、「存続会社または設立会社が新株予
約権を交付する条件（236 条 1 項 8 号）」に合致する以外の新株予約権につ
いてである（787 条 1 項 1 号・808 条 1 項 1 号）。買取請求に際して会社およ
び新株予約権者がとるべき手続は、株式買取請求の場合と同様である（787
条 3 項 5 項・808 条 3 項 5 項）。

---

7)　特別支配会社は「株主」から除外されている（785 条 3 項・797 条 3 項）。

◆発展学習　公正な価格

　合併に反対する株主は、「公正な価格」で自分の所有する株式を買い取るよう請求することができる。この場合の「公正な価格」とは、合併がなかった場合の株式の価格とは限らない。それは、合併によって生じる相乗効果（シナジー効果）が生じて株価が上昇した場合は、そのシナジーも織り込んで公正な価格を定める必要があるからである。会社法成立前の株式買取請求の価格は、合併の承認決議がなければ株式が有したであろう公正な価格（これを「ナカリセバ価格」という）とされていたが、会社法は、前述のようなシナジー効果に配慮して「公正な価格」と定めたのである。近年の事例である最決平成23年4月19日民集65巻3号1311頁は、この点について言及している。

(6)　**債権者保護手続**　　合併の消滅会社、存続会社は、次に掲げる事項を官報に公告し、かつ、知れている債権者には、各別に催告をしなければならない（789条2項・799条2項・810条2項）。公告すべき事項とは、①合併をする旨、②合併の当事会社である存続会社、消滅会社、そして設立会社の商号および住所、③合併の当事会社である存続会社、消滅会社の計算書類に関する事項として会社法施行規則188条・199条・208条で定めるもの、④異議のある債権者は一定の期間内（1ヶ月以上の期間）に異議を述べることができる旨である。ただし、官報への公告のほか、日刊新聞紙または電子公告も行った場合には、債権者に対する個別の催告は必要ない（789条3項・799条3項・810条3項）。一定の期間内に債権者が異議を述べなかった場合には合併を承認したものとみなされるが（789条4項・799条4項・810条4項）、異議を述べた債権者には弁済、相当の担保提供、弁済のための相当の財産の信託をしなければならない（789条5項・799条5項・810条5項）。

(7)　**登記**　　吸収合併の効力自体は、合併契約に定められた「効力発生日」にすでに発生し、存続会社は、消滅会社の権利義務を包括的に承継している（750条1項）。しかし、消滅会社の解散は、登記の後でなければ第三者に対抗することができない（同条2項）。この登記は、効力発生日か

ら2週間以内にその本店の所在地においてしなければならない（921条）。

　新設合併の場合は、新設会社の成立の日（＝設立登記の日、49条）に合併の効力が発生し、消滅会社の権利義務を包括的に承継する。つまり登記は、効力が発生するための要件である。この登記は、922条1項および2項各号が定める日から2週間以内に、その本店の所在地においてしなければならない。

　(8)　事後の開示　　吸収合併の存続会社は効力発生日後遅滞なく、また新設合併の設立会社は成立の日後遅滞なく、合併により承継した消滅会社の権利義務その他の合併に関する事項として会社法施行規則200条（存続会社の場合）または211条（設立会社の場合）で定める事項を記載した書面を作成しなければならない（801条1項・815条1項）。これらの書面または電磁的記録は、吸収合併では効力発生日から6ヶ月間、新設合併では設立会社の成立の日から6ヶ月間、本店に備え置かなければならない（801条3項1号・815条3項1号）。これを事後の開示という。事後の開示は、合併無効の訴えを提起するか否かの判断材料を株主および債権者に提供するという意味を持つ。

Ⅳ　会社分割──事業に関する権利義務の移転

❶………会社分割の意義

　会社分割とは、会社の事業に関する権利義務の全部または一部を、既存の会社または新たに設立する会社に承継させることをいう（2条29号30号）。分割には吸収分割と新設分割の2種類がある。吸収分割に登場するのが、事業に関する権利義務を承継させる会社（＝吸収分割会社）と、その権利義務を承継する会社（＝吸収分割承継会社）である。これに対し新設分割に登場する会社は、権利義務を承継させる会社（＝新設分割会社）と、その権利義務を承継する会社（＝新設分割承継会社）とである。分割する会社が承継させるのは、会社の事業に関する権利義務の全部でも一部

でもよい。

会社分割は、会社のある事業部門を独立した別会社とする手段などとして使われる。

◆発展学習　**人的分割と物的分割**

　分割の対価として承継会社または設立会社が発行する株式が、分割会社に割り当てられることを物的分割という。これに対し、発行する株式が分割会社の株主に割り当てられることを人的分割という。平成17年改正前の商法では人的分割につき規定されていたが（同法374条の17第2項2号6号）、会社法にはこのような規定はない。しかしこれは人的分割を認めないという趣旨ではない。会社法は、物的分割を実施した後に、分割会社が対価として得た株式を分割会社の株主に分配するという方法によって、人的分割を認めている。この分配は、「剰余金の配当」という形をとっている（758条8号ロ・763条1項12号ロ）。この場合には、剰余金の配当に関する財源規制は適用されない（792条・812条）。財源規制が適用されると、分割後に分配可能限度額がない場合には、分割会社の株主に財産を分配できなくなるからである。分配可能額と無関係に剰余金配当が行われるので、準備金の計上（445条4項）も必要とされない（792条・812条）。

❷………会社分割の手続

(1)　**分割契約の締結および分割計画の作成**　　会社が吸収分割をする場合には、吸収分割契約を締結しなくてはならない（757条）。吸収分割の契約には、以下の事項を定めておかなければならない（758条）。

①吸収分割会社および吸収分割承継会社の商号・住所（1号）

②承継会社が吸収分割により分割会社から承継する資産、債務、雇用契約その他の権利義務に関する事項（2号）

③吸収分割により承継会社に承継させる株式に関する事項（3号）

④分割会社の事業に関する権利義務の全部または一部に代えて承継会社が交付する金銭等に関する事項（株式を交付する場合はその数（またはその算定方法）ならびに承継会社の資本金および準備金の額に関する事項、財産を交付する場合はその内容、数もしくは額またはこれらの

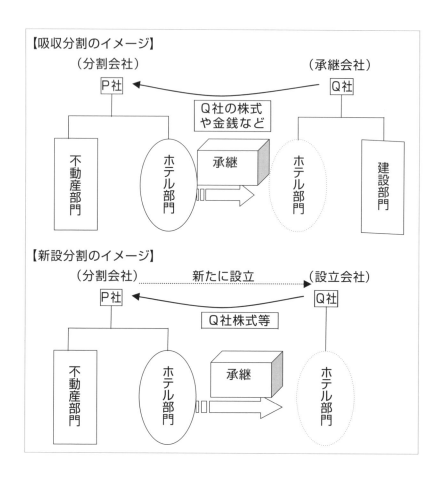

【吸収分割のイメージ】

（分割会社）　　　　　　　　　　　　（承継会社）

P社　　　　　　　　　　　　　　　Q社

Q社の株式
や金銭など

不動産部門　　ホテル部門　　承継　→　ホテル部門　　建設部門

【新設分割のイメージ】

（分割会社）　　新たに設立　　（設立会社）

P社　　　　　　　　　　　　　　　Q社

Q社株式等

不動産部門　　ホテル部門　　承継　→　ホテル部門

　算定方法）（4号）

　⑤分割会社の新株予約権に代えてその新株予約権者に承継会社の新株
　予約権を交付する場合には、その新株予約権に関する事項（内容、
　数など）および新株予約権者への割当てに関する事項（5号6号）

　⑥吸収分割の効力発生日 [8]（7号）

---

8)　吸収分割における承継会社は、吸収分割契約で定めた効力発生日に分割会社の権利義務を承継する
　（759条1項）。分割会社は効力発生日に承継会社の株主や社債権者、新株予約権者となる（同条8項）。
　これに対し新設分割の設立会社は、設立会社の成立の日すなわち登記の日に権利義務を承継する（764
　条1項）。分割会社が株主や社債権者などになるのも登記の日である（同条8項9項）。

⑦分割会社が全部取得条項付種類株式の取得、剰余金の配当をすると

きはその旨（8号）

新設分割をする会社は、新設分割計画を作成しなければならない（762条1項）。新設分割計画に定めなくてはならない事項は、763条に規定されており、基本的には吸収分割と類似の規定である。ただし、吸収分割とは次のような違いがある。第一に、新設分割では設立会社についていくつかの事項を定めなくてはならないということである。第二に、吸収分割では承継会社が分割会社に対して交付するのは「金銭等」であったのに対し（758条4号）、新設分割では必ず株式を交付しなければならないとされている点である（763条1項6号）。

(2)　分割契約・計画の内容についての事前の開示　　事前の開示とは、分割契約・計画の内容や対価の相当性などを記載した書面を本店に備え置くことである。これは、分割会社にも承継会社にも要求されるものである（吸収分割の分割会社は782条1項、会社則182条・承継会社は794条1項、会社則191条・新設分割の分割会社は803条1項、会社則204条）。このような事前の開示は、株主が契約や計画を承認するかどうかを判断するにあたって参考とする情報を提供するために必要とされる。すなわち、株主が分割承認決議において承認すべきかどうかを判断する前に情報を提供する必要があるからである。また、株主だけでなく会社の債権者にとっても情報の提供は必要である。この情報は、債権者が会社分割に異議を述べるかどうかの判断材料となるからである。この事前の開示は、一定の日から効力発生日後6ヶ月を経過する日までの間、行わなければならない。

(3)　株主総会の承認　　(a)　特別決議による承認　　吸収分割契約は、分割会社と承継会社のそれぞれにおいて株主総会の承認を得なければならない（783条1項・795条1項）。新設分割計画も、分割会社における特別決議による承認が必要である（804条1項）。これは株主にとって重要な事項についての承認なので、原則として特別決議による承認を必要とする（309条2項12号）。ただし、以下の場合、株主総会の承認決議を省略することができる。なお、会社分割の場合は他の組織再編と違って、分割後

も両当事会社は存続するため、ここでは会社ごとに分けて記述する。

(b) **承認が不要の場合**　分割会社から承継会社に承継させる資産の帳簿価額の合計額が分割会社の総資産額として会社法施行規則187条で定める方法により算定される額の5分の1を超えない場合は、分割会社の承認決議が不要となる。これを「簡易吸収分割」と呼ぶ（784条2項）。承継会社が分割会社の特別支配会社である場合には、分割会社の株主総会による承認は必要ない（同条1項）。これを「略式吸収分割」という。

吸収分割の承継会社においても、簡易吸収分割と略式吸収分割にあたれば、株主総会の承認決議は必要ない。承継会社から分割会社に対して分割の対価として交付する株式等の額が一定の額（271頁注6）を参照）を超えない場合が簡易吸収分割（796条2項）、分割会社が承継会社の特別支配会社である場合が略式吸収分割（同条1項）、である。

新設分割の分割会社においても、「簡易新設分割」の場合は株主総会の承認決議は必要ない。それは、分割会社が新設分割の設立会社に承継させる資産の帳簿価額の合計額が分割会社の総資産額として会社法施行規則207条で定める方法により算定される額の5分の1を超えない場合である（805条）。

(4) **株式の買取請求**　分割に反対する株主は、自分の有する株式を公正な価格で買い取るよう会社に請求することができる。これは、吸収分割の分割会社、承継会社、新設分割の分割会社の場合にあてはまる（785条1項・797条1項・806条1項。反対株主については、263頁注3）を参照）。ただし、承継会社が簡易吸収分割の要件を満たす場合は、反対株主には株式買取請求権が認められない（797条1項ただし書）。また、略式吸収分割の要件を満たす場合には、特別支配会社は株式買取請求権を持たない（785条2項2号・797条2項2号）。

吸収分割の分割会社および承継会社は、効力発生日の20日前までに、その株主に対し、吸収分割をする旨ならびに承継会社の商号および住所を（分割会社の場合）、吸収分割をする旨ならびに分割会社の商号および住所を（承継会社の場合）通知しなければならない（785条3項・797条3項）。

この通知は、一定の場合には公告で代用することができる（785条4項・797条4項）。新設分割の分割会社は、株主総会の承認決議の日から2週間以内にその株主に対し、新設分割をする旨ならびに分割会社および設立会社の商号および住所を通知しなければならない（806条3項）。この通知は、公告で代用することができる（同条4項）。

　吸収分割の場合の株式買取請求は、効力発生日の20日前から効力発生日の前日までの間に、新設分割の場合は、会社の通知または公告をした日から20日以内に、株式の数を明らかにして行わなければならない（785条5項・797条5項・806条5項）。

　(5)　新株予約権の買取請求　吸収分割および新設分割の分割会社の新株予約権の新株予約権者にも、買取請求が認められている。買取請求が認められるのは、分割会社の新株予約権者に交付する新株予約権についての定め（758条5号6号・763条1項10号11号）が交付条件（236条1項8号）に合致する以外の新株予約権についてである（787条1項2号・808条1項2号）。会社および新株予約権者がとるべき手続は、株式買取請求の場合と同様である（787条3項4項6項・808条3項4項6項）。

　(6)　債権者保護手続　分割の分割会社、承継会社は、次に掲げる事項を官報に公告し、かつ、知れている債権者には、各別に催告をしなければならない（789条2項・799条2項・810条2項）。公告すべき事項とは、①分割をする旨、②分割会社、承継会社そして設立会社の商号および住所、③分割会社、承継会社の計算書類に関する事項として会社法施行規則188条・199条・208条で定めるもの、④異議のある債権者は一定の期間内（1ヶ月以上の期間）に異議を述べることができる旨である。ただし、官報への公告のほか、日刊新聞紙または電子公告も行った場合には、債権者に対する各別の催告は必要ない（789条3項・799条3項・810条3項。吸収分割または新設分割をする場合の不法行為によって生じた分割会社の債務の債権者は除く）。各別の催告を受けるべき債権者が催告を受けなかった場合には、次のような保護がなされる。すなわち、吸収分割契約・新設分割計画において分割後に債務の履行を請求することができないとされている会社（分

割会社または承継会社）に対しても債務の履行を請求することができる（ただし、効力発生日に分割会社が有していた財産承継会社と設立会社の場合は承継した財産の価額を限度とする）（759条2項3項・761条2項3項・764条2項3項・766条2項3項）。債権者が一定の期間内に異議を述べなかった場合は、分割について承認したものとみなされる（789条4項・799条4項・810条4項）。分割後も分割会社に全額を請求できる債権者については、債権者保護手続は必要ない（789条1項2号・810条1項2号）。なお、会社分割が事業譲渡に該当する場合については、◆発展学習 **譲渡会社の義務と譲受会社の責任** 265頁を参照。

(7) **登記** 吸収分割の分割会社および承継会社は、分割の効力が生じた日から2週間以内にその本店の所在地において、変更の登記をしなければならない（923条）。

新設分割の場合は、924条1項および2項各号が定める日から2週間以内に、その本店の所在地において、分割会社については変更の登記、設立会社については設立の登記をしなければならない（924条1項）。

(8) **事後の開示** 吸収分割の分割会社および承継会社は効力発生日後遅滞なく、また新設分割の設立会社は成立の日後遅滞なく、分割により承継した分割会社の権利義務その他の分割に関する事項として会社法施行規則189条・201条・209条・212条で定める事項を記載した書面を作成しなければならない（791条1項1号・801条2項・811条1項1号・815条2項）。これらの書面または電磁的記録は、吸収分割では効力発生日から6ヶ月間、新設分割では成立の日から6ヶ月間、本店に備え置かなければならない（791条2項・801条3項2号・811条2項・815条3項2号）。これを事後の開示という。事後の開示は、分割無効の訴えを提起するか否かの判断材料を株主および債権者に提供するという意味を持つ。

◆発展学習 **詐害的会社分割と債権者保護**

会社分割を行う際に、分割会社が「承継会社等に債務の履行を請求することができる債権者」と「債務の履行を請求できない債権者」とを選別し

たうえで、恣意的に承継会社等に優良企業や資産を承継させることがある。これは残存債権者を害する典型的な形態であり、詐害的会社分割と呼ばれる。この問題に対する平成 26 年改正前の会社法上の対応としては、債権者保護（異議）手続や会社分割無効の訴えを使うことも考えられたが、本来これらの制度は詐害的会社分割に対応する方法として設けられたものではないため、限界があった。裁判例においては、会社分割が民法 424 条（詐害行為取消権）の詐害行為にあたるとして分割会社の債権者による取消しを認める方法、法人格否認の法理に基づき設立会社が分割会社の債権者に対して債務を負うことを認める方法、会社法 22 条 1 項（商号の続用）に基づく責任を承継会社・設立会社に認める方法などの対応がされてきた。

　平成 26 年改正では、分割会社が承継会社等に承継されない債務の債権者を害することを知って会社分割をした場合には、残存債権者が承継会社等に対して承継した財産の価額を限度として当該債務の履行を請求することができる旨の規定が設けられた（759 条 4 項・764 条 4 項）。この規定により、残存債権者は訴えによらずに承継会社等に対して履行を請求できることとなった。なお、事業譲渡についても詐害的会社分割と同様の問題が生じうるため、同様の規定が設けられた（23 条の 2）。

Ⅴ　株式交換・株式移転——完全親子会社関係の創設

❶………株式交換・株式移転の意義

　株式交換および株式移転は、完全親子会社関係を創り出す制度である。完全親会社とは他の会社の株式の 100％を保有する会社をいい、親会社を唯一の株主とする会社は完全子会社という。完全親会社は、完全子会社の議決権の全部を握ることにより、定款変更や事業譲渡、取締役の選解任、解散など、完全子会社にかかる重要な事項を円滑に決定することができる。他の株主がいないため、株主総会の招集通知は不要となるなど、迅速かつ機動的に子会社の管理・運営に対応することが可能となる。

　以下に述べるように、株式交換は、既存の P 社と Q 社の間で、株主総

会の特別決議、つまり多数決原理によって、Q社（完全子会社となるべき会社）株式の全部が強制的にP社（完全親会社となるべき会社）に移転し、Q社株主にはP社の株式等が交付される制度である（2条31号参照）。

　株式移転も同様に特別決議によって、既存のQ社（完全子会社となるべき会社）によって設立されたP社（完全親会社となるべき会社）にQ社株式の全部が移転し、Q社株主はP社の株式等 9) の交付を受ける制度である（2条32号）。すなわち、株式移転では、新会社の設立と株式の交換が1つの手続で行われるのである。

TOPICS

純粋持株会社

　平成9年に純粋持株会社が解禁された。より容易に完全親子会社関係を創る方法が求められたことを受けて、株式交換・株式移転の制度が導入された。○○ホールディングスといった持株会社も多くなってきた。

　持株会社とは株式所有を通じて他の会社を支配する会社である（独占禁止9条5項1号）。大規模・多角的な事業活動を行う際には多くの会社から成る企業グループが形成されることがあり、これを束ねるのが持株会社である。

　自らも事業活動を行いながら他の事業会社を完全子会社として支配・管理する会社形態（事業持株会社）は従来から可能であったが、大規模なグループ経営を行っている企業集団にあってはこれを束ねる持株会社が事業活動を行いながらグループ会社の管理をすることは大きな負担である。平成9年の独占禁止法改正では自らは事業活動を行わず株式保有を通じて専ら他の会社の支配・管理を行う会社形態（純粋持株会社）が認められた（独占禁止9条）。

　純粋持株会社は、事業活動をグループ傘下の会社に行わせ、自らは戦略部門として企業グループ全体の経営戦略の企画・立案に専念

---

9)　株式交換ではQ社株式の対価として金銭を交付することも認められているが、株式移転では金銭を対価とすることは認められていない。

することができる。子会社同士を合併させたり、子会社をさらに分社化（会社分割）するなど、企業グループ全体の再編を状況に応じて迅速かつ円滑に決定・実施することができる。

❷………株式交換の手続

(1) 株式交換契約の締結　株式交換を行うには、完全親会社となるべき会社と完全子会社となるべき会社の間で、まず株式交換契約が締結されなければならない（767条）。株式交換契約には以下の事項を定めておかなければならない（768条1項）。なお、株式交換により完全子会社となるQ社は「株式交換完全子会社」、完全親会社となるP社は「株式交換完全親会社」と呼ばれる。

①株式交換完全子会社と株式交換完全親会社の商号・住所

②株式交換完全子会社の株式に代えてその株主に交付する株式交換完全親会社の金銭等に関する事項（株式を交付する場合はその数またはその算定方法ならびに株式交換完全親会社の資本金および準備金に関する事項等、財産を交付する場合はその内容・数もしくは額またはそれらの算定方法など）、株主への割当てに関する事項

③株式交換完全子会社の新株予約権に代えてその新株予約権者に株式交換完全親会社の新株予約権を交付する場合、その新株予約権に関する事項（内容・数等）および新株予約権者への割当てに関する事項

④株式交換の効力発生日[10]

(2) 株式交換契約に関する事前開示　株式交換完全子会社および株式交換完全親会社は、株主総会の開催前に、株式交換契約に関する事項（株

---

10) この株式交換契約で定めた効力発生日に、株式交換完全子会社の株式は株式交換完全親会社に移転し（769条1項）、株式交換完全子会社の株主は株式交換完全親会社の株主（社債権者、新株予約権者等）になる（同条3項）。

【株式交換のイメージ】

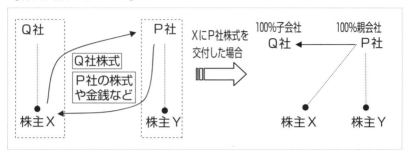

式交換比率の相当性など）を開示しなければならない。事前の情報開示は、株主に差止請求（258頁参照）の判断や株主総会での議決権行使の判断材料を提供するためである。また、後述の事後的開示書類とともに、株式交換無効の訴え提起の判断材料にもなる。

　そこで、株式交換完全子会社および株式交換完全親会社は、一定の日[11]から株式交換の効力発生日後6ヶ月を経過するまで、株式交換契約の内容およびその他法務省令で定める事項（株式交換完全子会社の株主に交付する株式数の相当性に関する事項、相手会社の計算書類等の内容など）を記載した書面等を本店に備え置かなければならない（782条1項・794条1項、会社則184条・193条）。株式交換完全子会社の株主および新株予約権者ならびに株式交換完全親会社の株主[12]は、営業時間内であればいつでもそれらの書面等を閲覧し、謄本等の交付を請求することができる（782条3項・794条3項）。

　(3)　株主総会の承認　株式交換契約は、株式交換完全子会社および株式交換完全親会社のそれぞれにおいて株主総会の承認を得なければならない（783条1項・795条1項）。この決議は特別決議である（309条2項12

---

11)　これを「備置開始日」という。前掲注5）を参照。
12)　株式交換完全親会社の債権者にも閲覧等の請求が認められる場合もある（794条3項かっこ書、会社則194条参照）。

号）[13]。

　ただし、以下の場合、株式交換完全親会社において株主総会の承認決議を省略することができる。

①株式交換完全子会社の株主に交付する金銭等の額が小さい場合

　　株式交換完全親会社が株式交換完全子会社の株主に対して交付する金銭等の額が当該親会社の純資産額として法務省令で定める方法により算定される額の**5分の1を超えない**場合は、親会社株主への影響が小さいと考えられるため、株式交換完全親会社における株主総会の承認決議を不要としている（796条2項）。これは**簡易株式交換**と呼ばれる。なお、株式交換完全子会社においては株主総会決議が必要である。

②特別支配会社との株式交換

　　株式交換の相手会社が自社の株式の議決権のほとんどを有する親会社である場合、その親会社が株主総会で議決権を行使すれば総会決議が成立する可能性は非常に高い。このような場合、株主総会を開催する意味は乏しい。株式交換で完全子会社となるべき会社が完全親会社となるべき会社の支配を受けている場合だけでなく、完全親会社となるべき会社が完全子会社となるべき会社によって支配されていることもある。そこで、株式交換完全親会社が株式交換完全子会社の**総株主の議決権の10分の9以上**（定款で引上げ可能）を有する**特別支配会社**（468条1項かっこ書、会社則136条）[14]である場合には、当該子会社において株主総会の承認決議が不要とされる（784条1項本文）。またこれとは逆に、株式交換完全子会社が株式交換完全親会社の特別支配会社である場合には、当該親会社において株主総会の承認決議が不要とされている（796条1項本文）。これ

13）　株式交換完全子会社が公開会社であり、かつ、その株主に対して譲渡制限株式等が交付される場合は、子会社株主の株式自由譲渡性が奪われることになるため、より厳格な成立要件を定める特殊な決議によって承認されなければならない（309条3項2号）。
14）　特別支配会社については、264頁以下を参照。

は略式株式交換と呼ばれている。

(4) **株式の買取請求**　株式交換は、先に述べたように、多数決原理によって強制的に株式を交換するものである。しかし、株式交換の条件や相手会社の経営状態によっては、株主が不利益を受けるおそれがあるため、株式交換に反対する株式交換完全子会社および株式交換完全親会社の株主（反対株主）に株式買取請求権を認めている（785条1項・797条1項）。反対株主は公正な価格での買取りを会社に請求することができるが、会社との協議が不調に終わった場合、会社または株主は裁判所に対し価格の決定の申立てをすることができる（786条・798条）。

株主に買取請求権行使の機会を確保するために、株式交換の効力発生日の20日前までに、株式交換完全子会社にあっては株式交換をする旨および株式交換完全親会社の商号・住所を、株式交換完全親会社にあっては株式交換をする旨および株式交換完全子会社の商号・住所を、それぞれの株主（特別支配会社である株主を除く）に対し通知しなければならない（785条3項・797条3項）。会社が公開会社である場合またはすでに株主総会決議で承認されている場合は、通知に代えて公告で足りる（785条4項・797条4項）。

(5) **新株予約権の買取請求**　株式交換完全子会社が新株予約権を発行している場合、これを残しておくと株式交換後に新株予約権が行使されて完全親会社による100％支配が維持できなくなるおそれがある。そこで株式交換完全親会社は、株式交換完全子会社の新株予約権者に対してその新株予約権に代えて当該完全親会社の新株予約権を交付することができる（768条1項4号）。この場合、株式交換完全子会社の新株予約権者は交付の条件や相手会社の経営状態によっては不利益を受けるおそれがあるため、新株予約権の買取請求権が認められている（787条1項3号）。なお会社は、新株予約権を発行する際にその内容として、組織再編が行われた場合に当該新株予約権者に他の会社の新株予約権を交付する旨およびその条件を定めておくことができる（236条1項8号）。この場合、実際に組織再編が行われた際にその定めに従って新株予約権が交付されることになるが、その

定めと異なる取扱いがなされる場合には、新株予約権者に新株予約権の買取請求権が認められる（787条1項3号）。新株予約権についても、新株予約権者の買取請求権行使の機会を確保するために、通知・公告がなされる（同条3項3号・4項）。

(6) **債権者保護手続**　株式交換完全親会社の株式を対価とする株式交換では基本的に、株式交換完全子会社では株主が入れ替わるだけで会社財産の流出はなく、また株式交換完全親会社についても株式交換完全子会社の株式を取得して資産および資本金の額が増加するため、債権者の利益が害されるおそれはないといえる。

しかし、以下の場合には債権者の利害に影響が及ぶため、債権者保護手続が必要となる。

①(i)株式交換完全親会社が株式交換完全子会社の新株予約権者にその新株予約権に代えて当該親会社の新株予約権を交付する場合であって、その子会社の新株予約権が新株予約権付社債に付されたものであるときは、新株予約権とともに社債も当該親会社に承継されるため（254条3項）、当該親会社の債務が増加することになる。そこで当該親会社の債権者に対する保護手続が要求されている（799条1項3号）。(ii)さらに当該社債権者にとっては債務者（会社）が変わることになるため、当該子会社は当該社債権者に対する保護手続をとらなければならない（789条1項3号）。

②株式交換完全親会社が対価としてその株式（これに準ずるものとして会社法施行規則198条で定めるものを含む）以外の財産を交付する場合、会社財産の流出が生じるおそれがあるため、当該親会社の債権者に対する保護手続が設けられている（799条1項3号）。

以上の場合、債権者は会社に異議を述べることができる。異議が述べられた場合、会社は当該債権者を害するおそれがないときを除き弁済・担保提供等をしなければならない（789条5項・799条5項）。

異議を述べる機会を確保するために、上記①(ii)の場合、株式交換完全子会社は、株式交換を行う旨、株式交換完全親会社の商号・住所、当該子会

社および親会社の計算書類に関する事項（会社則188条）、一定期間内に異議を述べることができる旨を公告または催告しなければならない（789条2項3項）。上記①(i)および②の場合、株式交換完全親会社は、株式交換を行う旨、株式交換完全子会社の商号・住所、当該子会社および親会社の計算書類に関する事項（会社則199条）、一定期間内に異議を述べることができる旨を公告または催告しなければならない（799条2項3項）。

(7) **事後の開示**　株主総会の開催前の開示に加え、承認決議が成立した後の事後的開示も要求される。これは株式交換無効の訴え提起の判断材料を提供するためである。株式交換完全子会社および株式交換完全親会社は、株式交換により株式交換完全親会社が取得した株式交換完全子会社の株式の数その他の法務省令で定める事項を記載した書面等を効力発生日から6ヶ月間、本店に備え置かなければならない（791条2項・801条3項3号・791条1項2号、会社則190条）。株式交換完全子会社の株主および新株予約権者ならびに株式交換完全親会社の株主[15]は、営業時間内であればいつでもそれらの書面等を閲覧し、謄本等の交付を請求することができる（791条3項4項・801条4項6項）。

❸………株式移転の手続

(1) **株式移転計画の作成**　株式移転を行うには、まず既存のＱ社（完全子会社となるべき会社）は株式移転計画を作成しなければならない（772条1項）。複数の会社が株式移転を行う場合は、それらの会社が共同して株式移転計画を作成しなければならない（同条2項）。

　株式移転計画の法定記載事項は以下のとおりである（773条1項）。なお、株式移転により完全子会社となるＱ社は「株式移転完全子会社」、新たに設立されて完全親会社となるＰ社は「株式移転設立完全親会社」と呼ばれる。

---

15)　株式交換完全親会社の債権者にも閲覧等の請求が認められる場合もある（801条6項かっこ書、会社則202条参照）。

【株式移転のイメージ】

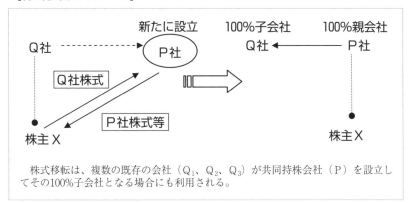

株式移転は、複数の既存の会社（Q₁、Q₂、Q₃）が共同持株会社（P）を設立してその100%子会社となる場合にも利用される。

①株式移転設立完全親会社の目的、商号、本店所在地、発行可能株式総数、その他定款で定める事項

②株式移転設立完全親会社の設立時取締役の氏名、会計監査人等の氏名・名称

③株式移転完全子会社の株式に代えてその株主に交付する株式移転設立完全親会社の株式の数またはその算定方法および株主への割当てに関する事項、株式移転設立完全親会社の資本金および準備金に関する事項

④株式移転完全子会社の株式に代えてその株主に株式移転設立完全親会社の社債等を交付する場合、その社債等に関する事項（種類・金額等）および株主への割当てに関する事項

⑤株式移転完全子会社の新株予約権に代えてその新株予約権者に株式移転設立完全親会社の新株予約権を交付する場合、その新株予約権に関する事項（内容・数等）および新株予約権者への割当てに関する事項

(2) **株式移転計画に関する事前開示**　　株式交換の場合と同様に、株式移転完全子会社は、備置開始日（803条2項）から株式移転の効力発生日

後6ヶ月を経過するまで、株式移転計画の内容その他法務省令で定める事項（株式移転完全子会社の株主に交付される株式数の相当性に関する事項、計算書類等の内容など）を記載した書面等を本店に備え置かなければならない（同条1項、会社則206条）。株式移転完全子会社の株主・新株予約権者は、営業時間内であればいつでもそれらの書面等を閲覧し、謄本等の交付を請求することができる（803条3項）。

(3) **株主総会の承認**　次に、株式移転計画が株式移転完全子会社の株主総会で承認されなければならない（804条1項）。この決議は特別決議である（309条2項12号）。ただし、株式移転完全子会社が公開会社であり、かつ、その株主に対して譲渡制限株式等が交付される場合は、子会社株主の株式自由譲渡性が奪われることになるため、より厳格な成立要件を定める特殊な決議によって承認されなければならない（同条3項3号）。

(4) **株式の買取請求**　株式移転の場合も株式交換の場合と同様に、株式移転に反対する株主の株式買取請求権を認めている（806条1項）。新株予約権者についても同様である（808条1項3号）。反対株主は公正な価格で会社に買取りを請求することができるが、会社との協議が調わなかったときは、会社または株主は裁判所に対し価格の決定の申立てをすることができる（807条・809条）。また株主に買取請求権行使の機会を確保するため、株式移転完全子会社は、株主総会の承認決議の日から2週間以内に、株主および新株予約権者に対し、株式移転をする旨ならびに当該子会社および親会社の商号・住所を通知または公告しなければならない（806条3項4項）。

(5) **債権者保護手続**　株式移転では、完全親会社となるべき会社は新設の会社であるため、債権者保護が問題となるのは株式移転完全子会社についてであるが、基本的には株主構成が変わるだけであるから債権者の利益が害されるおそれはないといえる。しかし、株式移転設立完全親会社が株式移転完全子会社の新株予約権者にその新株予約権に代えて当該親会社の新株予約権を交付する場合であって、その子会社の新株予約権が新株予約権付社債に付されたものであるときは、新株予約権付社債が当該親会社

に承継されるため（773条1項9号ハ）、当該新株予約権付社債権者にすれば債務者（会社）が変更することになる。そこで、株式移転完全子会社はこのような者がいる場合には債権者保護手続をとらなければならない（810条1項3号）。手続の内容は株式交換の場合と同様である。

(6) **登記**　株式移転をする場合、925条各号が定める日から2週間以内に、その本店の所在地において、株式移転により設立する会社の設立登記をしなければならない（925条）。

(7) **事後の開示**　株式移転の場合も、株式交換の場合と同様に、事前の開示に加え、承認決議が成立した後の事後的開示を行うことを要求している。すなわち、株式移転完全子会社および株式移転設立完全親会社は、株式移転の効力発生日[16]後遅滞なく、当該親会社が取得した株式数その他の法務省令で定める事項を記載した書面等を効力発生日から6ヶ月間、本店に備え置かなければならない（811条2項・815条3項3号・811条1項2号、会社則210条）。

❹………親会社株主の監督是正権

　従来から親会社の監査役等による子会社に対する一定の監督是正権が認められているが、株式交換・株式移転制度の導入により完全親子会社関係あるいは持株会社の創設がより容易となったことを受けて、親会社株主の子会社に対する監督是正権が定められた。親会社が子会社を使って粉飾を行うおそれもあるし、特に純粋持株会社にあってはその収入が全面的に子会社の業務状況に左右されるなど、親会社株主は子会社の業務状況に重大な利害関係を有するからである。

　そこで親会社株主は、裁判所の許可を得れば、子会社に対し、その株主総会議事録等（318条5項・319条4項）、取締役会議事録等（371条4項5項）、株主名簿（125条4項）、計算書類およびその附属明細書等（442条4項）等の閲覧または謄本もしくは抄本の交付を請求することが認められて

---

16)　株式移転は、株式移転設立完全親会社の設立登記によって効力が生じる（774条1項・49条）。

いる。また裁判所の許可を得れば、子会社の会計帳簿・資料の閲覧または謄写を請求することができる（433条3項）。

Ⅵ　株式交付──自社の株式を対価とする子会社化

❶………株式交付の意義

　株式交付とは、株式会社（P社）が他の株式会社（Q社）をその子会社（会社則4条の2）とするために当該他の株式会社（Q社）の株式を譲り受け、当該株式の譲渡人（Q社の株主）に対して当該株式の対価として当該株式会社（P社）の株式を交付することをいう（2条32号の2）。親会社となろうとする株式会社を株式交付親会社といい、子会社にしようとする株式会社を株式交付子会社という（774条の3第1項1号）。言い換えると、株式交付は、株式交付親会社が株式交付子会社の株主から株式を譲り受け、その対価として自社の株式を当該株主に交付するものである。

　株式交付は自社の株式を対価として他の会社を子会社化する方法である。自社の株式を対価とすることで、子会社化に必要な多額の資金を用意する

負担が軽減される。親会社となろうとする会社が子会社にしようとする会社の株主に対して募集株式の発行等を行い、その取得対価として子会社にしようとする会社の株式を現物出資財産として給付させる方法だと、原則として検査役調査（207条）が必要となって時間と費用を要することになるし、出資者・取締役等の価格填補責任（212条・213条）が問題となる可能性もある。また、自社の株式を対価とする点では株式交換と似ているが、株式交換では子会社となるべき会社の発行済株式の全部を取得するので（2条31号）、完全子会社とすることまでは望んでいない場合にはこの方法は適さない。そこで、自社株式を対価とする子会社化を円滑に行うための制度として、株式交付制度が設けられている。

　株式交付では、株式交付親会社と株式交付子会社との間での契約締結は必要とされない。株式交付親会社と、株式交付子会社の株式を譲り渡そうとする個々の株主の間で、株式交付子会社の株式の譲渡しの申込みや譲受け、株式交付親会社の株式の交付が行われる。株式交付の手続のうち、株式交付親会社による通知や株主による譲渡しの申込み、どの申込者から何株を譲り受けるかの決定等に関して、募集株式の発行等における手続と類似するものがある。株式交付の手続は、株式交付親会社が株式交付計画を作成することから始まる[17]。

❷⋯⋯⋯株式交付の手続

(1) **株式交付計画の作成**　株式交付を行うには、株式交付親会社はまず株式交付計画を作成しなければならない（774条の2）。株式交付計画には以下の事項を定めなければならない（774条の3）。

　　①株式交付子会社の商号・住所（1号）

　　②株式交付親会社が株式交付に際して譲り受ける株式交付子会社の株式の数の下限（2号）

　　③株式交付親会社が株式交付に際して株式交付子会社の株式の譲渡人

---

17)　上場会社等の有価証券報告書提出会社である株式交付子会社の株式を株式交付で取得しようとする場合、原則として、金融商品取引法27条の2以下の公開買付規制の適用を受ける。

【株式交付のイメージ】

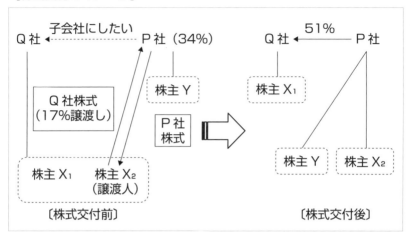

に対して当該株式の対価として交付する株式交付親会社の株式の数
（またはその算定方法）および株式交付親会社の資本金・準備金の
額に関する事項（3号）

④株式交付子会社の株式の譲渡人に対する株式交付親会社株式の割当
てに関する事項（4号）

⑤株式交付親会社が株式交付子会社の株式の譲渡人に対して対価とし
て金銭等（株式交付親会社株式を除く）を交付するときは、その金銭
等に関する事項（5号）および譲渡人に対する金銭等の割当てに関
する事項（6号）

⑥株式交付親会社が株式交付子会社の株式と併せて新株予約権等を譲
り受けるときは、当該新株予約権等の内容・数または算定方法（7号）

⑦株式交付親会社が株式交付子会社の新株予約権等の譲渡人に対して
対価として金銭等を交付するときは、その金銭等に関する事項（8
号）および譲渡人に対する金銭等の割当てに関する事項（9号）

⑧株式交付子会社の株式・新株予約権等の譲渡しの申込期日（10号）

⑨株式交付の効力発生日（11号）

上記②の下限は、株式交付が親子会社関係を創設するものであることから、株式交付子会社が効力発生日において株式交付親会社の子会社となるような数でなければならない（774条の3第2項）。また、上記⑤のとおり、株式交付親会社は、その株式以外の金銭等を対価として交付することはできるが、対価には必ず自社の株式を含めなければならない（同条1項3号）。株式交付子会社の株主が新株予約権等を行使することによって親子会社関係が崩れるおそれがあるため、株式交付親会社は、上記⑥のように、株式と併せて新株予約権等も取得することができることとされている。

　(2)　**株式交付計画の事前開示**　　株式交付親会社は、一定の日[18] から株式交付の効力発生日の後6ヶ月を経過する日までの間、株式交付計画の内容等を記載した書面（または記録した電磁的記録）を本店に備え置き（816条の2第1項2項、会社則213条の2）、株式交付親会社の株主（債権者保護手続を要する場合は債権者も）の閲覧等に供しなければならない（816条の2第3項）。事前の開示は、株主が株式交付計画の承認をするかどうかを判断する際の参考となる情報を提供し、また債権者には異議を述べるかどうかの判断材料を提供するところに意義がある。

　(3)　**株主総会の承認**　　(a)　**特別決議による承認**　　株式交付をしようとする株式交付親会社は、原則として、効力発生日の前日までに、株主総会の決議によって、株式交付計画の承認を受けなければならない（816条の3第1項）。株式交付が行われると、株式交付親会社において、新たな株主の出現による株主構成の変更および持株割合の変動が生じる。これは株式交付親会社の株主にとって重要な事項であるので、上記の株主総会決議は特別決議によることとされている（309条2項12号）。

　(b)　**承認が不要の場合**　　株式交付には株式交付親会社における株主総会の承認決議が不要となる簡易手続がある。簡易手続が認められるのは、

---

18)　「株式交付計画備置開始日」と呼ばれ、次の①から③のいずれか早い日をいう（816条の2第2項各号）。①株式交付計画の承認を受ける株主総会の日の2週間前の日、②株式交付親会社の株主に対し株式交付をする旨等を通知した日または公告した日のいずれか早い日、③債権者保護手続を要する場合において公告をした日または催告をした日のいずれか早い日である。

株式交付親会社の株主に与える影響が小さいと考えられる場合である。す
なわち、株式交付親会社が株式交付子会社の株主・新株予約権者等に交付
する対価の帳簿価額（1株当たりの純資産額に交付する株式数を乗じて得た
額）の総額が、株式交付親会社の純資産額（会社則213条の5）の5分の
1を超えない場合である（816条の4第1項本文）。5分の1の割合は定款
で引き下げることができる（同項かっこ書）。

　ただし、①株式交付によって株式交付親会社に「差損」[19]が生じる場合、
②株式交付親会社が公開会社でない場合、③株式交付親会社の株主の一定
割合（会社則213条の6）が株式交付に反対する旨を会社に通知した場合に
は、原則どおり、株主総会の特別決議による承認が必要である（816条の
4第1項ただし書・2項）。

　(4)　**株式の買取請求**　　株式交付に反対する株主は、株式交付親会社に
対し、自己の有する株式を公正な価格で買い取るよう請求することができ
る（816条の6第1項本文）。ただし、簡易手続の要件（816条の4第1項本
文）を満たし、株式交付計画の株主総会決議による承認が不要である場合
には、株式交付親会社およびその株主に及ぼす影響が軽微であると考えら
れるため、反対株主の株式買取請求権は認められない（816条の6第1項た
だし書）。

　株式買取請求をすることができる株主は、「反対株主」である（816条の
6第2項）。反対株主の定義は、事業譲渡や組織再編において株式買取請求
を行う「反対株主」と基本的に同じである（263頁注3）参照）。株式交付
親会社は、効力発生日の20日前までに、株式交付をする旨および株式交
付子会社の商号・住所を通知（一定の場合、公告で代用可能）しなければな
らない（同条3項4項）。このような通知・公告は、株主に株式買取請求権
の行使の機会を確保するためのものである。

---

19)　株式交付親会社が株式交付子会社の株式・新株予約権等の譲渡人に対して交付する金銭等（株式交
　付親会社の株式・社債・新株予約権を除く）の帳簿価額が、株式交付親会社が譲り受ける株式交付子
　会社の株式・新株予約権等の額を超える場合に、いわゆる「差損」が生じるという。差損が生じる場
　合、取締役はその旨を株主総会で説明しなければならない（816条の3第2項）。

株式買取請求を行う株主は、効力発生日の 20 日前の日から効力発生日の前日までの間に、買取請求をする株式の数を明らかにしなければならない（816 条の 6 第 5 項）。株式の買取価格について株主と株式交付親会社の協議が調えば、株式交付親会社は効力発生日から 60 日以内に当該株主に支払いを行い、30 日以内に協議が調わないときは、株主または株式交付親会社は、裁判所に価格決定の申立てをすることができる（816 条の 7 第 1 項 2 項）。

(5)　**債権者保護手続**　　株式交付子会社の株主に交付される対価が株式交付親会社の株式のみであれば、株式交付親会社の財産が外部に流出することはないため、債権者保護手続は不要である。これに対し、株式交付親会社が交付する対価のなかに金銭等が含まれている場合、会社の財産が流出することにより、その大きさによっては会社の財産状態が悪化して債権者が害されるおそれがある。

そこで、株式交付親会社が株式交付に際して株式交付子会社の株式・新株予約権等の譲渡人に対して交付する株式交付親会社の株式を除いた金銭等が株式交付親会社の株式を含む対価の総額の 20 分の 1 未満以外の場合には、株式交付親会社の債権者は、一定の期間（1 ヶ月以上）内に、株式交付親会社に対し異議を述べることができることとされている（816 条の 8 第 1 項・2 項ただし書、会社則 213 条の 7）。

株式交付親会社は、株式交付をする旨等の事項を官報に公告し、かつ、知れている債権者には各別に催告（一定の場合、各別の催告は不要）しなければならない（816 条の 8 第 2 項 3 項）。債権者が異議を述べた場合、株式交付をしても当該債権者を害するおそれがないときを除き、株式交付親会社はその債権者に弁済、相当の担保提供、または弁済のための相当の財産の信託をしなければならない（同条 5 項）。

(6)　**株式交付子会社の株式の譲渡しの申込み等**　　(a)　**株式交付親会社の通知、株式交付子会社の株式の譲渡しの申込み**　　株式交付親会社は、株式交付子会社の株式の譲渡しの申込みをしようとする者に対し、株式交付親会社の商号、株式交付計画の内容、交付対価について参考となるべき

事項、株式交付親会社の計算書類等に関する事項を通知しなければならない（774条の4第1項、会社則179条の2）。株式交付子会社の株式の譲渡しの申込みをしようとする者は、株式交付計画に定められた申込期日までに、氏名・名称および住所、譲り渡そうとする株式交付子会社の株式の数を記載した書面（株式交付親会社の承諾を得て、電磁的方法による提供も可能）を株式交付親会社に交付しなければならない（774条の4第2項3項）。

　株式交付子会社の株式・新株予約権等の譲渡しの申込期日（774条の3第1項10号）において、譲渡しの申込みがされた株式交付子会社の株式の総数が株式交付計画に定めた下限の数（同項2号）に満たない場合には、株式交付の手続は終了し、株式交付親会社は、株式の譲渡しの申込みをした者（申込者）に対し、遅滞なく、株式交付をしない旨を通知しなければならない（774条の10）。

　(b)　**申込者から譲り受ける株式数の決定**　　株式交付親会社は、どの申込者から何株を譲り受けるかを定めなければならない（774条の5第1項前段）。この場合、株式交付親会社は、申込者から譲り受ける株式の数の合計が株式交付計画に定めた下限の数を下回らない範囲内で、申込者に割り当てる株式の数を申込みをした数よりも減少することができる（同項後段）。

　株式交付親会社は、効力発生日の前日までに、申込者に対し、譲り受ける株式交付子会社の株式の数を通知しなければならず（774条の5第2項）、申込者は通知を受けた株式の数について譲渡人となる（774条の7第1項1号）。譲渡人は、効力発生日に、株式を株式交付親会社に給付しなければならない（同条2項）。

　(c)　**総数譲渡し契約を締結した場合**　　株式交付子会社の株主が、株式交付親会社が株式交付に際して譲り受ける株式交付子会社の株式の総数の譲渡し契約（総数譲渡し契約）を締結する場合、その契約締結において申込み・割当てが行われるため、上記(a)(b)の手続に関する規定は適用されない（774条の6）。総数譲渡し契約を締結した者は、譲渡しを約した株式の数について譲渡人となり、効力発生日に株式を株式交付親会社に給付し

なければならない（774条の7第1項2号・2項）。

　(d)　**譲渡しの無効・取消しの制限**　　株式交付子会社の株式の譲渡し
の申込み、株式交付親会社による譲り渡すべき株式交付子会社の株式の割
当て、総数譲渡し契約にかかる意思表示については、民法93条1項ただ
し書および94条1項の規定は適用されない（774条の8第1項）。株式交
付子会社の株式の譲渡人は、株式交付親会社の株主となった日から1年を
経過した後またはその株式について権利を行使した後は、錯誤、詐欺また
は強迫を理由として、株式交付子会社の株式の譲渡しの取消しをすること
ができない（同条2項）。民法の一般原則を適用すると会社の法律関係が
不安定なものとなるので、このような制限が設けられている。

　(7)　**株式交付の効力発生**　　株式交付の効力は、株式交付計画に定めら
れた効力発生日（774条の3第1項11号）に生じる。効力発生日に、株式
交付親会社は株式交付子会社の株式・新株予約権等を譲り受けて株主とな
り、株式交付子会社の株式の譲渡人は株式交付親会社の株主となる（774
条の11第1項2項）。

　ただし、次の場合には株式交付の効力は発生しない（774条の11第5項
各号）。すなわち、①効力発生日において債権者保護手続が終了していな
い場合、②株式交付を中止した場合、③効力発生日において、株式交付親
会社が給付を受けた株式交付子会社の株式の総数が株式交付計画に定めた
下限の数に満たない場合、④効力発生日において、株式交付子会社の株式
を株式交付親会社に譲り渡し、その対価として株式交付親会社の株式の交
付を受けてその株主となる者がない場合である。これらに該当する場合、
株式交付親会社は、株式交付子会社の株式の譲渡人に対し、遅滞なく、株
式交付をしない旨を通知し、譲渡人から給付された株式（または新株予約
権等）があるときは遅滞なく譲渡人に返還しなければならない（同条6項）。

◆発展学習　**効力発生日の変更等**
　株式交付親会社は、当初定めた効力発生日から3ヶ月以内の日への変更
であれば、株式交付の効力発生日を変更することができる（816条の9第

1項2項)。この変更には、株式交付子会社や株式交付子会社の株式の譲渡人の合意は必要でなく、株式交付親会社が単独で変更することができる。株式交付親会社は、効力発生日を変更するには、変更前の効力発生日（変更後の効力発生日が変更前の効力発生日より前の日である場合には、変更後の効力発生日）の前日までに、変更後の効力発生日を公告しなければならない（同条3項）。また、株式交付親会社は、効力発生日を変更したときは、ただちに、その旨および変更後の効力発生日を申込者に通知しなければならない（774条の4第5項）。株式交付親会社は、株式の譲渡しの申込みの状況などの事情に応じて、株主総会等の手続をやり直すことなく、簡易に効力発生日の変更をすることができるのである。

なお、組織変更の効力発生日の変更は780条に、吸収合併等の効力発生日の変更は790条に規定されている。

(8) **事後の開示**　　株式交付親会社は、効力発生日後遅滞なく、株式交付に際して株式交付親会社が譲り受けた株式交付子会社の株式の数その他の事項を記載した書面（または記録した電磁的記録）を作成し（816条の10第1項、会社則213条の9）、効力発生日から6ヶ月間、当該書面を本店に備え置き、株式交付親会社の株主（債権者保護手続を要する場合は債権者も）の閲覧等に供しなければならない（816条の10第2項3項）。事後の開示は、株式交付の無効の訴え（828条1項13号）を提起するか否かの判断材料を株主・債権者に提供する意義を持つ。

Ⅶ　キャッシュ・アウト──株式等売渡請求制度

❶………キャッシュ・アウトとは

キャッシュ・アウト（現金を対価として少数株主を会社から退出させること）の方法として、実務においては、全部取得条項付種類株式を使ってキャッシュ・アウトを行うことが一般的であった（TOPICS　**企業買収にお**

ける全部取得条項付種類株式と少数株主の締め出し 63頁参照)。

　しかし、全部取得条項付種類株式を使う方法は、全部取得条項付種類株式を発行する定款変更のための特別決議（108条2項7号・309条2項11号）と全部取得条項付種類株式の取得のための特別決議の両方が必要であり、迅速なキャッシュ・アウトは実行しにくい。そこで設けられたのが、株式等売渡請求制度である[20]。

❷………**特別支配株主による株式等売渡請求**

　会社法は、株式会社の総株主の議決権の10分の9以上を直接または間接に保有する株主を「**特別支配株主**」として、株式の売渡請求をすることを認めている（179条1項）。売渡請求の相手方は、他の株主全員である。特別支配株主は、自分以外の株主の有する株式の全部を現金を対価として売り渡すよう請求できる。特別支配株主はまた、株式の売渡請求をするときに、それと併せて新株予約権や新株予約権付社債についても売渡請求をすることが認められている（同条2項3項）。

❸………**株式等売渡請求の手続の概要**

　(1)　**請求の際に定めるべき事項**　　株式等売渡請求をするときには、この請求により株式等を売り渡すこととなる株主（売渡株主）および新株予約権者（売渡新株予約権者）に対して、交付する金銭やその割当てに関する事項、これらの株式等を特別支配株主が取得する日を定めて行わなくてはならない（179条の2第1項）。売渡株主等への個別の通知は必要ない。これは、法律関係を画一的に処理するためと、迅速なキャッシュ・アウト実現のためである。

　(2)　**取締役会の承認**　　特別支配株主は、株式等売渡請求をしようとするときは、対象の株式を発行している会社に通知し、取締役会の承認を受けなくてはならない（179条の3第1項3項）。これは少数株主の保護にも

---

20)　この制度は、平成26年改正によって創設された。

つながる手続である。

(3) **通知・公告および備置き手続**　(2)の承認をした会社は、取得日の20日前までに売渡株主等に対する通知または公告を行わなくてはならない（179条の4第1項2項）。この会社による通知・公告によって特別支配株主から売渡株主等への売渡請求がされたものとみなされるため（同条3項）、特別支配株主が取得日に売渡株式等の全部を取得するという効果が生じる（179条の9）。会社は、売渡株主への通知または公告のいずれか早い日から取得日後6ヶ月を経過する日までの間、特別支配株主の氏名や(1)で述べた事項、(2)の承認をしたことを記載・記録した書面または電磁的記録を本店に備え置かなくてはならない（179条の5第1項）。また、取得日から6ヶ月間、特別支配株主が取得した売渡株式等の数と法務省令で定める事項（売渡株式等の取得に関する事項）を記載・記録した書面または電磁的記録を本店に備え置かなければならない（179条の10）。

(4) **売渡請求の撤回**　特別支配株主は、(2)の取締役会の承認を受けた後は、取得日の前日までに会社の承諾（取締役会の決議）を得た場合に限って、売渡株式等の全部について、株式等売渡請求を撤回することができる（179条の6第1項2項）。会社が撤回の承諾をしたことは、遅滞なく売渡株主等に通知しなくてはならない（同条4項）。

❹………売渡株主保護のための制度

　株式等売渡請求制度は、株主総会決議を必要としないことから、少数株主保護のためにいくつかの制度が設けられている。以下ではその制度を紹介する。

(1) **差止請求**　株式等売渡請求が法令に違反する場合や会社の手続違反（179条の4第1項1号の通知。179条の5の書面等の備置きと売渡株主等による書面等の閲覧請求）の場合で売渡株主が不利益を受けるおそれがあるときは、売渡株主が特別支配株主に対し、売渡株式等の全部の取得をやめることを請求することができる（179条の7）。

(2) **売買価格の決定の申立て**　株式等売渡請求があった場合には、売

渡株主等は、取得日の 20 日前の日から取得日の前日までの間に、裁判所に対し、自分が有する売渡株式等の売買価格の決定の申立てをすることができる（179 条の 8）。この制度により、売渡株主等には自分の株式等が不当に安価で買い取られるという事態を未然に防ぐことが可能になる。

(3) **無効の訴え**　　売渡株主等には、取得日から 6 ヶ月以内であれば、株式等売渡請求による売渡株式等の全部の取得の無効を訴えをもって主張することが認められている（846 条の 2）。この場合の訴えの相手方は、特別支配株主である（846 条の 3）。

定款（全株懇定款モデル）

（監査役会設置会社・会計監査人設置会社・剰余金配当等を取締役会で決定する会社）

第1章　総則

（商号）

第1条　当会社は、○○○○株式会社と称し、英文では、○○○○と表示する。

（目的）

第2条　当会社は、次の事業を営むことを目的とする。

（1）・・・・・・

（2）・・・・・・

（3）・・・・・・

（4）前各号に付帯関連する一切の事業

（本店の所在地）

第3条　当会社は、本店を東京都○○区に置く。

（機関）

第4条　当会社は、株主総会および取締役のほか、次の機関を置く。

（1）取締役会

（2）監査役

（3）監査役会

（4）会計監査人

（公告方法）

第5条　当会社の公告方法は、電子公告とする。ただし、事故その他やむを得ない事由によって電子公告による公告をすることができない場合は、○○新聞に掲載して行う。

第2章　株式

（発行可能株式総数）

第6条　当会社の発行可能株式総数は、○○○万株とする。

（単元株式数）

第7条　当会社の単元株式数は、100株とする。

（単元未満株式についての権利）

第8条　当会社の株主は、その有する単元未満株式について、次に掲げる権利以外の権利を行使することができない。

（1）会社法第189条第2項各号に掲げる権利

（2）会社法第166条第1項の規定による請求をする権利

（3）株主の有する株式数に応じて募集株式の割当ておよび募集新株予約権の割当てを受ける権利

（4）次条に定める請求をする権利

（単元未満株式の買増し）

第9条　当会社の株主は、株式取扱規程に定めるところにより、その有する単元未満株式の数と併せて単元株式数となる数の株式を売り渡すことを請求することができる。

（株主名簿管理人）

第10条　当会社は、株主名簿管理人を置く。

2　株主名簿管理人およびその事務取扱場所は、取締役会の決議によって定め、これを公告する。

3　当会社の株主名簿および新株予約権原簿の作成ならびに備置きその他の株主名簿および新株予約権原簿に関する事務は、これを株主名簿管理人に委託し、当会社においては取り扱わない。

（株式取扱規程）

第11条　当会社の株式に関する取扱いおよび手数料は、法令または本定款のほか、取締役会において定める株式取扱規程による。

第3章　株主総会

（招集）

第12条　当会社の定時株主総会は、毎年6月にこれを招集し、臨時株主総会は、必要あるときに随時これを招集する。

（定時株主総会の基準日）

第13条　当会社の定時株主総会の議決権の基準日は、毎年3月31日とする。

（招集権者および議長）

第14条　株主総会は、取締役社長がこれを招集し、議長となる。

2　取締役社長に事故があるときは、取締役会においてあらかじめ定めた順序に従い、他の取締役が株主総会を招集し、議長となる。

（株主総会参考書類等のインターネット開示とみなし提供）

第15条　当会社は、株主総会の招集に際し、株主総会参考書類、事業報告、計算書類および連結計算書類に記載または表示をすべき事項に係る情報を、法務省令に定めるところに従いインターネットを利用する方法で開示することにより、株主に対して提供したものとみなすことができる。

（決議の方法）

第16条　株主総会の決議は、法令または本定款に別段の定めがある場合を除き、出席した議決権を行使することができる株主の議決権の過半数をもって行う。

2　会社法第309条第2項に定める決議は、議決権を行使することができる株主の議決権の3分の1以上を有する株主が出席し、その議決権の3分の2以上をもって行う。

（議決権の代理行使）

第17条　株主は、当会社の議決権を有する他の株主1名を代理人として、その

議決権を行使することができる。

2　株主または代理人は、株主総会ごとに代理権を証明する書面を当会社に提出しなければならない。

第4章　取締役および取締役会

（員数）

第18条　当会社の取締役は、○○名以内とする。

（選任方法）

第19条　取締役は、株主総会において選任する。

2　取締役の選任決議は、議決権を行使することができる株主の議決権の3分の1以上を有する株主が出席し、その議決権の過半数をもって行う。

3　取締役の選任決議は、累積投票によらないものとする。

（任期）

第20条　取締役の任期は、選任後1年以内に終了する事業年度のうち最終のものに関する定時株主総会の終結の時までとする。

（代表取締役および役付取締役）

第21条　取締役会は、その決議によって代表取締役を選定する。

2　取締役会は、その決議によって取締役会長、取締役社長各1名、取締役副社長、専務取締役、常務取締役各若干名を定めることができる。

（取締役会の招集権者および議長）

第22条　取締役会は、法令に別段の定めある場合を除き、取締役会長がこれを招集し、議長となる。

2　取締役会長に欠員または事故があるときは、取締役社長が、取締役社長に事故があるときは、取締役会においてあらかじめ定めた順序に従い、他の取締役が取締役会を招集し、議長となる。

（取締役会の招集通知）

第23条　取締役会の招集通知は、会日の3日前までに各取締役および各監査役に対して発する。ただし、緊急の必要があるときは、この期間を短縮することができる。

2　取締役および監査役の全員の同意があるときは、招集の手続きを経ないで取締役会を開催することができる。

（取締役会の決議の省略）

第24条　当会社は、会社法第370条の要件を充たしたときは、取締役会の決議があったものとみなす。

（取締役会規程）

第25条　取締役会に関する事項は、法令または本定款のほか、取締役会において定める取締役会規程による。

（報酬等）

第26条　取締役の報酬、賞与その他の職務執行の対価として当会社から受ける

財産上の利益（以下、「報酬等」という。）は、株主総会の決議によって定める。
（取締役の責任免除）
第27条　当会社は、会社法第426条第1項の規定により、任務を怠ったことによる取締役（取締役であった者を含む。）の損害賠償責任を、法令の限度において、取締役会の決議によって免除することができる。

2　当会社は、会社法第427条第1項の規定により、取締役（業務執行取締役等であるものを除く。）との間に、任務を怠ったことによる損害賠償責任を限定する契約を締結することができる。ただし、当該契約に基づく責任の限度額は、○○万円以上であらかじめ定めた金額または法令が規定する額のいずれか高い額とする。

第5章　監査役および監査役会

（員数）
第28条　当会社の監査役は、○名以内とする。
（選任方法）
第29条　監査役は、株主総会において選任する。

2　監査役の選任決議は、議決権を行使することができる株主の議決権の3分の1以上を有する株主が出席し、その議決権の過半数をもって行う。
（任期）
第30条　監査役の任期は、選任後4年以内に終了する事業年度のうち最終のものに関する定時株主総会の終結の時までとする。

2　任期の満了前に退任した監査役の補欠として選任された監査役の任期は、退任した監査役の任期の満了する時までとする。
（常勤の監査役）
第31条　監査役会は、その決議によって常勤の監査役を選定する。
（監査役会の招集通知）
第32条　監査役会の招集通知は、会日の3日前までに各監査役に対して発する。ただし、緊急の必要があるときは、この期間を短縮することができる。

2　監査役全員の同意があるときは、招集の手続きを経ないで監査役会を開催することができる。
（監査役会規程）
第33条　監査役会に関する事項は、法令または本定款のほか、監査役会において定める監査役会規程による。
（報酬等）
第34条　監査役の報酬等は、株主総会の決議によって定める。
（監査役の責任免除）
第35条　当会社は、会社法第426条第1項の規定により、任務を怠ったことによる監査役（監査役であった者を含む。）の損害賠償責任を、法令の限度において、取締役会の決議によって免除することができる。

2　当会社は、会社法第427条第1項の規定により、監査役との間に、任務を怠ったことによる損害賠償責任を限定する契約を締結することができる。ただし、当該契約に基づく責任の限度額は、○○万円以上であらかじめ定めた金額または法令が規定する額のいずれか高い額とする。

第6章　計算

（事業年度）
第36条　当会社の事業年度は、毎年4月1日から翌年3月31日までの1年とする。
（剰余金の配当等の決定機関）
第37条　当会社は、剰余金の配当等会社法第459条第1項各号に定める事項については、法令に別段の定めのある場合を除き、取締役会の決議によって定めることができる。
（剰余金の配当の基準日）
第38条　当会社の期末配当の基準日は、毎年3月31日とする。
2　当会社の中間配当の基準日は、毎年9月30日とする。
3　前2項のほか、基準日を定めて剰余金の配当をすることができる。
（配当金の除斥期間）
第39条　配当財産が金銭である場合は、その支払開始の日から満3年を経過してもなお受領されないときは、当会社はその支払義務を免れる。

事項索引

近藤光男　神戸大学名誉教授
志谷匡史　大阪学院大学法学部教授・神戸大学名誉教授
石田眞得　関西学院大学法学部教授
釜田薫子　同志社大学法学部教授

基礎から学べる会社法〔第5版〕

2007(平成19)年3月30日　初版1刷発行
2010(平成22)年3月30日　第2版1刷発行
2014(平成26)年9月15日　第3版1刷発行
2016(平成28)年3月15日　第4版1刷発行
2021(令和3)年3月30日　第5版1刷発行
2024(令和6)年6月15日　同　4刷発行

著　者　近藤光男・志谷匡史・石田眞得・釜田薫子
発行者　鯉渕　友南
発行所　株式会社　弘文堂　　101-0062　東京都千代田区神田駿河台1の7
　　　　　　　　　　　　　　TEL 03(3294)4801　振替 00120-6-53909
　　　　　　　　　　　　　　https://www.koubundou.co.jp
装　丁　笠井亞子
印　刷　三美印刷
製　本　井上製本所

© 2021 Mitsuo Kondo, Masashi Shitani, Masayoshi Ishida &
　　Kaoruko Kamata. Printed in Japan
ISBN978-4-335-35853-1